Delft Architectural Studies on Housing

Het luxe stads-appartement

The Luxury City Apartment

Editorial

In today's economic climate with housing production at a record low, it might seem odd to devote a publication to the luxury city apartment. Yet over the past few years, this very sector is where there have been surprising innovations in housing design. While the bulk of production entails the repetition of a few standard floor plans considered adequate, we see interesting indications for the future in projects for more expensive city apartments.

A serious look at innovations regarding the city apartment is justified, if only because an important part of the housing task has shifted to the densification of existing urban space. First, we can observe that the emphasis on social housing in the twentieth century came at the expense of housing typologies for those of the middle class who led an urban lifestyle. While social housing typologies are efficient and economical, they hardly offer anything in common with, for example, having a professional practice at home, putting up guests for a shorter or longer period, or distinguishing between private and public spaces within the apartment.

Second, we are seeing the rise of new urban lifestyles, such that even in a country like the Netherlands with a relatively undeveloped tradition in apartment construction, there is a real demand for more expensive city apartments that are bigger and more luxurious than the standard three-room flat. Since the 1990s, new groups of professionals have been eager to live in the city, including internationally outsourced expats, but also families with two working parents who would rather not move to the suburbs for a child-friendly environment. Moreover, there are the empty-nesters, active seniors without children, who want to return to the city in order to enjoy the high level of services.

The liberalization of the housing market in the Netherlands has offered both opportunities and fresh obstacles. New players are trying to break into the market with contemporary housing concepts (serviced apartments in the high-end sector) but at the same time it seems that there are hardly enough incentives in a tight market to truly innovate. In the Dutch situation, it still remains a fact that producers and municipal governments determine what is to be built and that the housing consumer comes off second best. In soft housing markets like in Berlin, this proves to be very different, just as it is in cities with a rich tradition of apartment construction, urban lifestyles and private development, such as New York or Brazil.

Distinctive characteristics of the luxury city apartment include high-quality finishing of the building's façades and lobbies and of the interiors of the dwellings. 'Starchitecture', which particularly in New York resulted in interesting housing projects and now is associated with the 'years of greed' leading to the credit crisis, is only a derivative of this desire for distinction and quality. Other important characteristics are differentiated floor plans, a variety of collective facilities, and the offering of highly diverse services. Historically, these characteristics can also be found in the production of the nineteenth century and the period between the wars.

A paradoxical aspect of the luxury city apartment is that it embodies one of the most important ideals of modern housing construction at the beginning of the twentieth century – namely, collective living with shared facilities. However, there are two important differences to be noted with respect to the utopian workers' palaces of yore. In the first place, the new collectivity is combined with a carefully designed and guarded privacy: the collective domain must never come at the expense of the private. In the second place, the luxury apartment emphasizes management and services which increase living comfort and guarantee the safety of the residents. A doorkeeper or caretaker is a matter of course in the projects documented here. Good management and excellent services are a primary condition for successful collective living.

From a social point of view, an aspect of the luxury city apartment that undoubtedly is hard to swallow is that it negates the dream of an egalitarian society still cherished by some politicians, planners and architects – with the Brazilian situation and its extreme differences between rich and poor as the corresponding nightmare. Nor do the essays, interviews and projects presented here offer any solution for this. The idea, however, is to draw lessons about how to make spacious and comfortable housing, also, if possible, for the market of less luxurious housing.

Redactioneel

In de huidige economische tijden met een ongekend lage woningbouwproductie is het wellicht merkwaardig om een publicatie te wijden aan het luxe stadsappartement. Toch zijn er de afgelopen jaren juist in dit segment opvallende vernieuwingen in het woningontwerp toegepast. Terwijl het gros van de productie een herhaling laat zien van enkele adequaat geachte standaardplattegronden, zien we juist in de projecten voor duurdere stadsappartementen interessante aanzetten voor de toekomst.

Er zijn verschillende redenen om de inventies op het gebied van het stadsappartement serieus te bestuderen, al was het maar omdat een belangrijk deel van de woningbouwopgave is verschoven naar de verdichting van bestaand stedelijk gebied. Ten eerste kunnen we observeren dat de nadruk van de 20^{e} eeuw op de sociale woningbouw ten koste is gegaan van woontypologieën voor de burgerlijke klasse met een stedelijke leefstijl. Sociale woningbouwtypologieën zijn efficiënt en economisch, maar ze bieden nauwelijks aanknopingspunten voor bijvoorbeeld een praktijk aan huis, het ontvangen van gasten voor korte of langere tijd, of het maken van onderscheid tussen privé en publieke ruimten binnen het appartement.

Ten tweede zien we de opkomst van nieuwe, stedelijke leefstijlen, waardoor er ook in Nederland, een land met een weinig ontwikkelde traditie in appartementenbouw, een reële vraag bestaat naar duurdere stadsappartementen die groter en luxer zijn dan de standaard driekamerflats. Sinds de jaren negentig willen nieuwe groepen professionals graag in de stad wonen, waaronder internationaal werkende *ex-pats*, maar ook gezinnen met twee werkende ouders die liever niet naar de buitenwijk verhuizen voor een kindvriendelijke woonsituatie. Daarnaast zijn er de *empty nesters*, actieve senioren zonder kinderen, die graag terugkeren naar de stad om te kunnen profiteren van het hoge voorzieningenniveau.

De liberalisering van de woningmarkt in Nederland blijkt zowel kansen als nieuwe belemmeringen op te leveren. Nieuwe spelers proberen de markt open te breken met nieuwe woonconcepten (serviced apartments in het hoge segment), maar tegelijkertijd blijken er bij een overspannen markt nauwelijks prikkels te zijn om werkelijk te innoveren. In de Nederlandse situatie geldt nog steeds dat producenten en gemeentebesturen bepalen wat er wordt gebouwd, en dat de woonconsument het nakijken heeft. In ontspannen woonmarkten als Berlijn blijkt dit geheel anders te zijn, net als in steden met een rijke traditie van appartementenbouw, stedelijke wooncultuur en private ontwikkeling, zoals in New York of Brazilië.

Onderscheidende kenmerken van het luxe stadsappartement zijn onder meer het kwalitatief hoge afwerkingsniveau van gevels, entreepartijen en de woninginterieurs. De 'starchitecture', die vooral in New York voor interessante woningbouwprojecten zorgde, en die nu wordt geassocieerd met de *years of greed* die tot de kredietcrisis hebben geleid, is slechts een afgeleide van deze wens tot distinctie en kwaliteit. Andere belangrijke kenmerken zijn de gedifferentieerde plattegrondopbouw, een keur aan gemeenschappelijke voorzieningen, en het aanbieden van de meest uiteenlopende diensten. Ook in de historische productie van de 19^{e} eeuw en het interbellum zijn deze kenmerken terug te vinden.

Een van de paradoxale aspecten van het luxe stadsappartement is dat het vorm geeft aan een van de belangrijkste idealen van het moderne bouwen uit het begin van de 20^{e} eeuw, namelijk collectief wonen met gedeelde voorzieningen. Er zijn echter twee belangrijke verschillen te noteren met de utopische arbeiderspaleizen van vroeger. In de eerste plaats wordt collectiviteit gecombineerd met een zorgvuldig vormgegeven en bewaakte privacy: het collectieve domein hoort nooit ten koste te gaan van het private. In de tweede plaats is er aandacht voor beheer en diensten die het wooncomfort vergroten, en die de veiligheid van de bewoners garanderen. Een conciërge of huismeester is niet meer dan een vanzelfsprekendheid in de hier gedocumenteerde projecten. Goed beheer en uitstekende service zijn een eerste voorwaarde voor succesvol collectief wonen.

Een sociaal gezien moeilijk te verkroppen punt van het luxe stadsappartement is ongetwijfeld het afscheid van de droom van een egalitaire samenleving die nog altijd leeft bij sommige politici, planners en architecten – met de Braziliaanse situatie en haar extreme verschillen tussen rijk en arm als schrikbeeld. De hier bijeengebrachte essays, interviews en projecten bieden hiervoor ook geen oplossing. Wel is het de bedoeling om lessen te trekken die een genereus en comfortabel wonen mogelijk maken, als het even kan ook voor de wat minder luxe bouw.

Olv Klijn &
Pierijn van der Putt

Fountainhead

Een on-Nederlands woningbouw experiment
An Un-Dutch Housing Experiment

Aquarel van Steven Holl van zijn ontwerp voor Fountainhead, Amsterdam, 1994
Aquarelle by Steven Holl for his design for Fountainhead, 1994

De lange jaren negentig, de periode 1989 tot 2001, is behalve een belangrijke bloeiperiode voor de Nederlandse architectuurproductie ook een sleutelmoment in de bezinning op de eigen Nederlandse identiteit. Cruciaal voor die bezinning was, aldus criticus Bart Lootsma, de verschijning in 1987 van het boek van de Brits-Amerikaanse historicus Simon Schama over de Nederlandse cultuur en mentaliteit van de Gouden Eeuw: *The Embarrassment of Riches*.[1] Schama betoogt in zijn boek dat de Nederlandse cultuur sinds de Gouden Eeuw wordt gekenmerkt door een collectieve vrees dat voorspoed door zelfoverschatting zal omslaan in tegenspoed. Het grote sociale dilemma in de Republiek was dan ook, aldus Schama, hoe rijkdom en moraal met elkaar te verzoenen. Geholpen door Calvijn en Erasmus kiezen de Nederlanders ervoor zoveel mogelijk af te zien van uiterlijk vertoon en al te hoogmoedig gedrag.

De actualiteit van deze geschiedenis is gelegen in het feit dat het huidige Nederlandse overlegmodel - het poldermodel - en een mentaliteit van 'doe maar gewoon dan doe je al gek genoeg' wel eens op dit morele dilemma terug te voeren zouden kunnen zijn. Ook de problematische positie van het begrip luxe in de Nederlandse architectuur en ontwerpcultuur houdt vermoedelijk hiermee verband. 'Nederlanders geven bijvoorbeeld van alle Europeanen per jaar het minste geld uit aan kleding. De stichtingskosten van gebouwen zijn vaak vele malen lager dan in de rest van Europa. En zoals in de Gouden Eeuw de welgestelden hun landhuizen buiten de stad bouwden en de grootte en luxe ervan in de stad openlijk bagatelliseerden, zo willen ook nu de opdrachtgevers van enkele van de belangrijkste landhuizen die de afgelopen jaren zijn gerealiseerd – het *Dutch House* van OMA en het *Moebiushuis* van Van Berkel & Bos – liever onbekend blijven en het adres geheim houden.'[2]

Tegelijkertijd zijn voor veel beginnende Nederlandse architecten de jaren negentig synoniem geworden met een periode van ongekende mogelijkheden. De combinatie van een snel verlopend internationaliseringproces, een pragmatische houding en de jeugdige leeftijd van Nederlandse architecten trekt, wederom volgens Lootsma, tot ver in de jaren negentig in binnen- en buitenland de aandacht.[3] Onder de noemer *Superdutch* tekent zich dan ook een nieuwe generatie architecten af. Nederland wordt gezien als architectonisch gidsland waar de 21^{e} eeuw al in de jaren negentig van de vorige eeuw is begonnen. Maar de euforie duurt niet lang. Aan het begin van de 21^{e} eeuw worden er kanttekeningen geplaatst bij de verworvenheden van de jaren negentig.[4]

De wordingsgeschiedenis van het project Fountainhead in het Oostelijk Havengebied van Amsterdam speelt zich af tegen de achtergrond van al deze ontwikkelingen. Wat begon als een betrekkelijk doorsnee appartementengebouw om aan de benodigde aantallen woningen per hectare te komen, groeide in een zich explosief ontwikkelende woningmarkt en dito architectuurklimaat uit tot een on-Nederlands experiment met luxe appartementen. Het oplossen van complexe ruimtelijke, technische en commerciële vragen blijkt inspirerend voor zowel architect als ontwikkelaar, maar kost ook tijd. Intussen veranderen de economische en maatschappelijke omstandigheden en wordt men gedwongen de plannen te herzien.

The extended 1990s, the period from 1989 to 2001, was not only an important period of growth for Dutch architecture but also a key moment for the Dutch in reflecting on their identity. Crucial to that reflection, according to critic Bart Lootsma, was the publication in 1987 of a book by British-American historian Simon Schama on the culture and mentality of the Dutch golden age: *The Embarrassment of Riches*.[1] Schama argues in his book that Dutch culture since the golden age has been characterized by a collective fear that inflated egos would turn prosperity into adversity. Therefore, the great social dilemma in the Republic, according to Schama, was how to reconcile wealth and morals. With the help of Calvin and Erasmus, the Dutch chose to renounce outward show and pompous behaviour as much as possible.

The topicality of this history lies in the fact that the present Dutch consultation model – the polder model – and a mentality of 'if you act normal, that's already crazy enough' could very possibly have its roots in this moral dilemma. It is likely that the problematic position of the concept of luxury in Dutch architecture and design is also related to this. According to Bart Lootsma in his book *SuperDutch: New Architecture in the Netherlands*, the Dutch spend the least money on clothing of all Europeans. Building costs are many times lower than in the rest of Europe. And just as the wealthy burgers of the golden age built their mansions in the countryside and played down their size and opulence when they were in town, today's owners of some of the most important country homes commissioned over the past years – the Dutch House by OMA and the Moebius House by Van Berkel & Bos – prefer to remain anonymous and keep their addresses secret.[2]

At the same time, the 1990s became synonymous with a period of unprecedented possibilities for many beginning Dutch architects. The combination of rapid internationalization, a pragmatic attitude and the youthfulness of Dutch architects attracted national and international attention until late in the 1990s, says Lootsma.[3] Under the label of 'Super Dutch', a new generation of architects took shape. The Netherlands was seen as a model country for architecture, where the twenty-first century had already started in the 1990s. But the euphoria did not last long. In the beginning of the twenty-first century, the achievements of the 1990s began to be revaluated.[4]

The genesis of the Fountainhead Project in Amsterdam's eastern harbour area, the Oostelijk Havengebied, took place against the background of all of these developments. What started out as a relatively average apartment building intended to satisfy the required number of dwellings per hectare, grew – within an explosively developing housing market and architectural climate – into an un-Dutch experiment with luxury apartments. While the solving of complex spatial, technical and commercial issues was inspiring for both architects and developers, it also took time. Meanwhile, the economic and social conditions changed, and it became necessary to revise the plans.

Although a long and eventful prehistory is sooner the rule than the exception for many large construction projects, it is useful to consider the history of the development of the Fountainhead project for a number of reasons. Seeing as the project that now will be delivered under this name has been changed drastically in relation to the original designs, it is important to document the conceptual, spatial, technical and commercial revamping of the original

Hoewel een lange en bewogen voorgeschiedenis voor veel grote bouwprojecten eerder regel is dan uitzondering, is het om een aantal redenen zinvol juist de wordingsgeschiedenis van het project Fountainhead nader te beschouwen. Aangezien het project, dat nu onder deze naam gerealiseerd zal worden, drastisch gewijzigd is ten opzichte van de oorspronkelijke ontwerpen, is het belangrijk de conceptuele, ruimtelijke, technische en commerciële vernieuwing van het oorspronkelijk experiment te documenteren. Minstens even belangrijk is het feit dat aan de hand van de wordingsgeschiedenis van Fountainhead een belangrijke omslag in het denken over het (luxe) wonen in Nederland beschreven kan worden. Een omslag, waarin niet alleen 'de koper' tot 'woonconsument' geworden blijkt, maar waarin de tolerante, optimistische samenleving steeds minder vanzelfsprekend als vertrekpunt wordt gehanteerd en beslissingen in toenemende mate worden gekleurd door gevoelens van angst of het uitsluiten van risico's.[5]

Oostelijk Havengebied

In 1995 wordt er een voorzichtige start gemaakt met de verkoop van de eerste 80 woningen op Borneo en Sporenburg. Voor de twee schiereilanden is een prikkelend stedenbouwkundig plan gemaakt door Adriaan Geuze en Wim Kloosterboer met hun bureau West 8. Samen met Java-eiland en het KNSM-eiland is Borneo-Sporenburg de verzinnebeelding van een ambitieus plan om het Oostelijk Havengebied te transformeren van een desolaat niemandsland tot een bruisend stedelijk woongebied.

Op dat moment is Amsterdam nog helemaal geen koopmarkt. Projectontwikkelaar New Deal, een samenwerkingsverband tussen vier woningbouwcorporaties en drie aannemers dat speciaal voor de ontwikkeling van het Oostelijk Havengebied in het leven is geroepen, besluit zijn projecten vanaf locatie te promoten en te begeleiden. Als in januari 1996 de boot van New Deal, een drijvend tijdelijk kantoor annex verkoopruimte naar een ontwerp van Heren 5 Architecten, in het gebied wordt afgemeerd, begint het idee te groeien dat Borneo en Sporenburg wel eens een groot succes kunnen worden.

Naast stroken laagbouw met een hoge dichtheid zijn in de plannen van West 8 drie 'meteorieten' opgenomen, grote volumes die als oriëntatiepunt dienen en die de relaties leggen met andere bouwwerken aan het IJ.[6] New Deal neemt twee van de drie blokken voor zijn rekening: De Sfinx en De Stoel, beide gelegen op Sporenburg.[7] Onder de naam 'Whale' wordt uiteindelijk het gebouw, dat in het oorspronkelijke ontwerp werd aangeduid met Sfinx, in 2000 opgeleverd, naar een ontwerp van Frits van Dongen. Vrijwel gelijktijdig realiseert BPF Bouwinvest met Koen van Velsen op het Borneo-eiland het gebouw Pacman.

De Stoel

In het stedenbouwkundig plan was voor het laatste superblok – De Stoel – een bouwblok met een *footprint* van 45 x 45 m voorzien. Het programma voor dit woonblok bestaat aanvankelijk vrijwel geheel uit woningen in het middensegment: appartementen van ongeveer 80 – 100 m^2.

De architectenselectie voor het hele Oostelijk Havengebied was gebaseerd op een nauwe samenwerking tussen de supervisor (A. Geuze, West 8), de gemeente (Ton Schaap, Dienst Ruimtelijke Ordening) en de verschillende ontwikkelaars. Alle drie de

experiment. At least equally important is the fact that the genesis of Fountainhead can be used to describe an important reversal of thought on luxury and average housing in the Netherlands – a reversal in which 'the buyer' has not only become a 'housing consumer' but in which a tolerant, optimistic society is taken less and less for granted as the starting point and decisions are increasingly coloured by feelings of fear or the avoidance of risks.[5]

Eastern Harbour Area

In 1995, a cautious start was made with the sale of the first 80 dwellings on Borneo and Sporenburg. For these two peninsulas, Adriaan Geuze and Wim Kloosterboer made an exciting urban design with their firm, West 8. Along with the Java Island and the KNSM Island, Borneo-Sporenburg is the symbolization of an ambitious plan to transform the eastern harbour area, Oostelijk Havengebied, from a desolate no-man's-land into a dazzling urban residential area.

Back then, Amsterdam was not at all a homebuyers' market. New Deal Property Developers, a collaborative association of four housing corporations and three contractors especially created for the development of the Oostelijk Havengebied area, decided to promote and supervise its projects on location. When the New Deal boat – a floating temporary office/sales space designed by Heren 5 Architecten – was moored in the area in January of 1996, the idea began to grow that Borneo and Sporenburg could very well be a big success.

In addition to strips of high-density low-rises, the West 8 plan includes three 'meteorites', large volumes that serve as orientation points and that visually relate to other buildings on the IJ harbour.[6] New Deal is responsible for two of the three blocks, De Sfinx and De Stoel, both situated on Sporenburg.[7] The building designated as 'Sfinx' in the original plan was ultimately built in 2000 under the name 'Whale', after a design by Frits van Dongen. At practically the same time, BPF Bouwinvest completed the Pacman building on Borneo with Koen van Velsen.

De Stoel

For the latter superblock – De Stoel – the urban design designated a footprint of 45 x 45 m. The programme for this housing block originally consisted almost completely of dwellings in the mid segment, apartments ranging from 80 to 100 m^2.

The selection of architects for the entire Oostelijk Havengebied was based on close collaboration between the supervisor (Adriaan Geuze, West 8), the city (Ton Schaap, Physical Planning Department) and the various developers. All three parties could nominate names to the list of architects, who were then approached on the basis of that. With the idea of wanting to make something special, New Deal asked American architect Steven Holl to design De Stoel. At that point, Holl was still virtually unknown in the Netherlands, but he had completed two apartment complexes in Japan – Fukuoka Housing and Makuhari Housing – that had attracted international attention.[8]

In 1994, Holl made a rough design for a project that he called 'Manifold Hybrid'. The building consists of a cube of 56 x 56 x 56 m and has 182 apartments spread over 16 floors. In addition to dwellings, the building also contains office spaces, a gallery, two cafés, a deli and a health club. Anticipating both new possibilities of the area and a rapidly developing demand for

partijen mochten namen aandragen voor lijstjes, op basis waarvan architecten werden benaderd. Met het idee in het achterhoofd iets bijzonders te willen maken vroeg New Deal voor De Stoel de Amerikaanse architect Steven Holl. Holl was op dat moment in Nederland nog vrijwel onbekend, maar hij had in Japan twee appartementencomplexen gerealiseerd – Fukuoka Housing en Makuhari Housing – die internationaal de aandacht trokken.[8]

In 1994 ligt er een schetsontwerp van Holl voor een project dat hij zelf omschrijft als *Project for Manifold Hybrid.* Het gebouw bestaat dan uit een kubus van 56 x 56 x 56 m, telt 182 appartementen, verdeeld over 16 verdiepingen. Het gebouw bevat naast woningen bovendien verschillende kantoorruimtes, een galerie, twee cafés, een aanlegplek voor een woonboot, een *deli* en een *health club.*

Anticiperend op zowel de nieuwe mogelijkheden van het gebied als de zich snel ontwikkelende vraag naar stedelijke woonvormen vatte Holl het gebouw op als een doorsnede van de stad. Het U-vormige blok had 11 verschillende typen appartementen die via verschillende routes waren ontsloten. Het centrum van het blok werd gevormd door een publiek toegankelijke haven, waar (woon) schepen zouden kunnen aanmeren. Een stelsel van zwarte, blauwe en geel gekleurde vlakken leidde bezoekers en bewoners door het gebouw. In drie van de vier gevels waren met grote raampartijen strategische uitzichten gemaakt. De westgevel van het gebouw opende zich volledig naar het water. Belangrijk voor de oriëntatie van de appartementen was het uitzicht op de skyline van Amsterdam. Daarnaast zorgt de in elkaar grijpende configuratie van de appartementen voor ruimtelijke interieurs.

Op de steiger was een café voorzien, net als op de 7e verdieping, waar zich tevens de *health club* met zwembad bevond. Met deze menging van functies introduceerde Holl een nieuw type woonblok dat ruimte bood voor een manier van wonen die eerder deed denken aan metropolitane condities, zoals in New York of Hong Kong dan aan Amsterdam. Vooruitlopend op de bouw van het blok omschrijft de Amerikaans-Nederlandse architect en criticus Aaron Betsky de werking van het ontwerp van Holl: 'Het dichte programma van het appartementenblok laat een dwarsdoorsnede van de stad zien, waarmee een strategisch begin gemaakt is om te komen tot een vorm van verticaal leven, nieuw voor Amsterdam. Afgedwongen dichtheid nodigt uit tot activiteit. Vanaf een appartement op de achttiende verdieping kan bijvoorbeeld een glimp worden opgevangen van een vriend, die het terras van het café op de zevende verdieping betreedt. Een snelle afdaling naar de zevende en een gesprek volgt. Evenzo kan een boot die het gebouw invaart en aanlegt zorgen voor de nodige activiteit.'[9] Het project van Holl blijft vervolgens een aantal jaren in de kast tot in 1998 het plangebied in volle ontwikkeling is en de verkoop van woningen in het gebied succesvol verloopt. Het succes van de verkoop van de omliggende woningen zet de ontwikkelaars bij New Deal aan het denken. Misschien zijn er ook andere mogelijkheden met dit project. Misschien is het realiseren van standaard flatjes eigenlijk helemaal niet zo'n logische stap. Zou het niet slimmer zijn hier iets heel anders te maken: de kroon op Sporenburg, het sluitstuk van het Oostelijk Havengebied?

Steven Holl wordt dan opnieuw benaderd als architect voor dit blok, maar de samenwerking met Holl blijkt ingewikkeld. Ontwikkelaar Gerard Comello van New Deal herinnert zich hoe Holl

other forms of urban housing, Holl conceived of the building as a cross section of the city. The U-shaped block had 11 different types of apartments that were accessed via different routes. The centre of the block was formed by a publicly accessible harbour, where (house)boats could be moored. A system of black, blue and yellow surfaces led visitors and residents through the building. In three of the four façades, large-windowed sections presented strategic views. The entire west façade of the building overlooked the water. An important feature in the orientation of the apartments was a view of the skyline of Amsterdam. Moreover, the interlocking configuration of the apartments created spacious interiors. A café was situated on the quay, and there was also one on the seventh floor, where the health club and a swimming pool were located.

With this mix of functions, Holl introduced a new type of housing block that offered space for a way of living that was more reminiscent of metropolitan conditions in New York or Hong Kong than in Amsterdam. Anticipating the construction of the block, the American-Dutch architect and critic Aaron Betsky described the effect of Holl's design: 'The dense programme of the apartment block presents a cross section of the city; this is a strategic start in achieving a form of vertical living new for Amsterdam. From an apartment on the eighteenth floor, for example, one can glimpse a friend sitting on the terrace of the café on the seventh floor. A quick descent to the seventh and you are having a conversation. A boat that sails up to the building and moors at the dock will similarly liven things up.'[9]

Holl's project remained in the closet for a number of years until 1998, when the development of the planning zone was well underway and sales of other residences in the area were going smoothly. The successful sale of those dwellings made the New Deal developers stop and think. Perhaps there were other possibilities for the project. Perhaps it was actually not such a logical step at all to build standard apartments. Wouldn't it be wiser to make something totally different here – the crown on Sporenburg, the finishing touch for the Oostelijk Havengebied?

Steven Holl was once again asked to be the architect for this block, but working with Holl proved complicated. Developer Gerard Comello of New Deal remembers how Holl was continually flying around the world and how he had to do his utmost as soon as Holl came anywhere near Amsterdam to 'pluck him out of the air for an appointment'. In an attempt to build up a better working relationship in which New Deal could keep in direct contact with a partner who had more time, Holl proposed doing the project together with Kees Christiaanse. Christiaanse had his own firm in the Netherlands and was a good friend of Holl's.

Besides having a practical side, adding Christiaanse to the team was also significant contextually. According to Comello, when it came to the point of actually having to start developing the plan and signing contracts, it turned out that Holl had a different interpretation of his role as architect than the people at New Deal had. 'He [Holl] wanted to have complete control over the plan. Although Holl trusted New Deal as a commissioner, he did not trust it as a sparring partner. He wanted to take charge of everything himself, whereas we were used to working closely with our architects,' says Comello. Probably this difference of approach also generated friction between Christiaanse and Holl. In the end, the latter agreed to hand the project over to Christiaanse.

Maquettefoto van het ontwerp van KCAP
Model of the KCAP design

Maquettefoto van het interieur van een van de appartementen
Model of the interior of one of the apartments

Gevelaanzichten
Views of the façade

voortdurend rond de wereld vloog en hoe hij zijn uiterste best moest doen om, zodra Holl in de buurt van Amsterdam was, 'hem uit de lucht te plukken voor een afspraak'. In een poging om een betere werkrelatie op te bouwen, waarin New Deal direct contact zou kunnen onderhouden met een partner die meer tijd voor het project zou hebben, stelde Holl voor om het project samen met Kees Christiaanse te doen. Christiaanse heeft zijn eigen bureau in Nederland en was goed bevriend met Holl.

De toevoeging van Christiaanse aan het team krijgt behalve een praktische dimensie ook een inhoudelijke betekenis. Op het moment dat daadwerkelijk met de ontwikkeling van het plan moet worden begonnen en er contracten moesten worden gemaakt, bleek, aldus ontwikkelaar Comello, dat Holl een andere interpretatie had van zijn rol als architect dan men bij New Deal had. 'Hij (Holl) wilde het plan volledig naar zich toe trekken. Holl vertrouwde New Deal weliswaar als opdrachtgever, maar niet als sparringpartner. Hij wilde alle touwtjes zelf in handen houden, terwijl wij juist gewend waren intensief met onze architecten samen te werken,' aldus ontwikkelaar Comello. Vermoedelijk heeft dit verschil van inzicht ook frictie opgeleverd tussen Christiaanse en Holl. Uiteindelijk heeft de laatste er mee ingestemd dat Christiaanse het project over zou nemen.

Fountainhead

Nadat in 1999 de beslissing is gevallen om met een nieuwe architect verder te gaan, besluit New Deal ook de uitgangspunten voor het gebouw op scherp te zetten. Fountainhead, zoals het project inmiddels heet, moest een gebouw worden, dat ver voorbij de gangbare appartementengebouwen zou reiken en waarin alles anders zou zijn. Onder aansturing van directeur Auke Mulder koos New Deal daarom voor een radicale ommezwaai in het woonprogramma. Holl had met zijn schets de ogen geopend en KCAP, het bureau van Christiaanse, werd gevraagd deze nieuwe mogelijkheden in een nieuw ontwerp te vertalen.[10]

Concreet betekende dit dat KCAP de bijna onvoorstelbare opgave kreeg om een ontwerp te maken voor een woongebouw binnen een envelop van 60 x 60 x 60 m en met appartementen die standaard niet alleen 200 tot 250 m^2 groot moesten zijn, maar bovendien horizontaal en verticaal koppelbaar.[11] Met andere woorden, kopers zouden tot op het moment van aankoop zelf kunnen bepalen of ze een huis over twee verdiepingen wilden hebben of juist alles op één laag wilden organiseren. Hoewel deze keuze vanuit de vraag naar nieuwe woonvormen en het succes van Borneo-Sporenburg als woongebied te verklaren is, betekende het tevens dat er een nieuwe en onbekende weg werd ingeslagen. Het ontwikkelen en verkopen van zoveel luxe appartementen in één project was (en is) een vrijwel niet bestaand métier in de Nederlandse woningbouw.

Met de keuze om een on-Nederlands woongebouw te ontwikkelen, kwam ook de vraag naar boven wie de potentiële kopers van de Fountainhead appartementen zouden zijn. Uiteraard waren er in Nederland, en ook in Amsterdam zelf, voorbeelden van luxe appartementen te vinden, denk bijvoorbeeld aan het excentrieke penthouse op het gebouw Byzantium van OMA, maar er was geen precedent waarin zoveel luxe appartementen in één keer gerealiseerd waren. Voor een betrouwbare marktvergelijking of een goed beeld van de wensen van toekomstige kopers

Fountainhead

After the decision was made to continue with a new architect in 1999, New Deal also decided to sharpen its fundamental goals for the building. Fountainhead, as the project now was called, had to be a building that would far surpass normal apartment buildings, and in which everything would be different. Under the guidance of director Auke Mulder, New Deal therefore decided to make a radical reversal in the housing programme. Holl had opened people's eyes with his sketch, and Christiaanse's firm, KCAP, was asked to translate these new possibilities into a new design.[10]

In concrete terms, this meant that KCAP was given the almost unimaginable task of creating a design for a residential building within an envelope of 60 x 60 x 60 m and with apartments that not only had to have a standard size of between 200 and 250 m^2 but also had to be connectable both horizontally and vertically.[11] In other words, buyers could determine at the moment of purchase whether they wanted to have a two-storey dwelling or everything on one floor. Although this decision can be explained by the demand for new forms of housing and the success of Borneo-Sporenburg as a residential area, it also meant that a new and unknown path was being explored. The development and sale of so many luxury apartments in one project was (and is) a method of operation that is virtually nonexistent in Dutch housing construction.

Deciding to develop an un-Dutch residential building also meant considering the question of who the potential buyers of the Fountainhead apartments would be. Naturally, there were examples of luxury apartments to be found in the Netherlands, and also in Amsterdam itself (think for instance of the eccentric penthouse on OMA's Byzantium building), but there was no precedent for delivering so many luxury apartments at once. For reliable market comparisons or a good picture of the desires of future buyers, developers and architects had to rely totally on foreign examples, and even these were scarce.

What was certain was that Fountainhead would be a complex building in terms of technology. According to the design engineer, locating the block partly on water and partly on land required different structural foundations to account for differences in soil settlements. It was important, therefore, that the building be light. To meet the requirements of both flexibility and weight, but also especially to fully take advantage of the fantastic panoramic quality of the location, KCAP designed an almost entirely glass building with a skyscraper-like steel construction. To guarantee optimal sunlight and views in all apartments, KCAP created large openings in a number of places in the original U-form with which Holl had worked – and which had also become an established part of the urban plan.

By using a special system of double-layered flooring on part of the floor surface, it would be possible to make a completely flexible floor plan for the dwellings. Practically all pipes and cables could be 'dragged' in this system, so that the positions of such functions as bathrooms, toilets and kitchens would not have to be determined in advance. Whereas in those days buyers were just becoming used to picking out a kitchen unit and tiles for the bathroom themselves, in Fountainhead one could buy a virtually empty shell and then design the layout to personal specifications with an interior architect.[12]

Doorsnede
Cross-sectional view

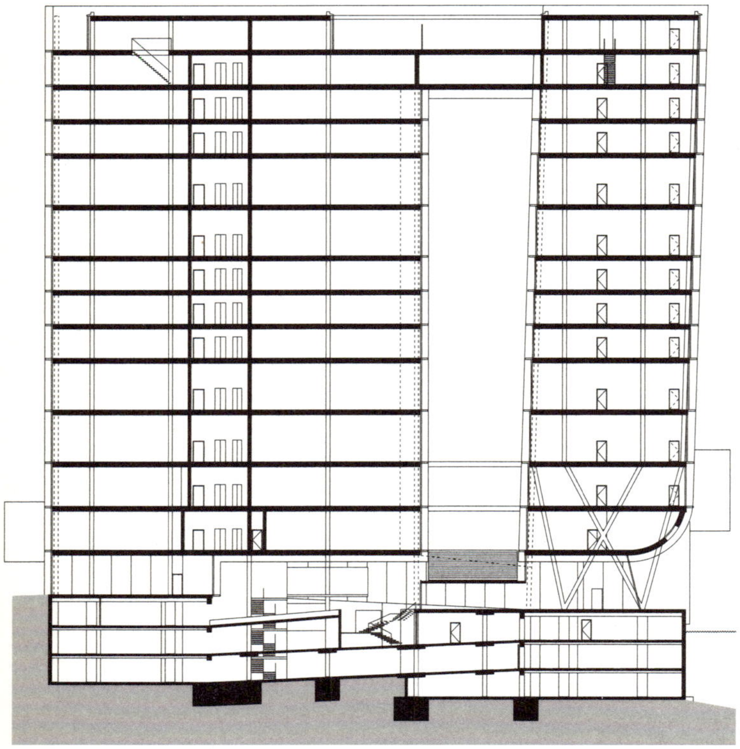

Plattegrond appartementen-verdieping
Ground plan at apartment level

Begane grond
Ground floor

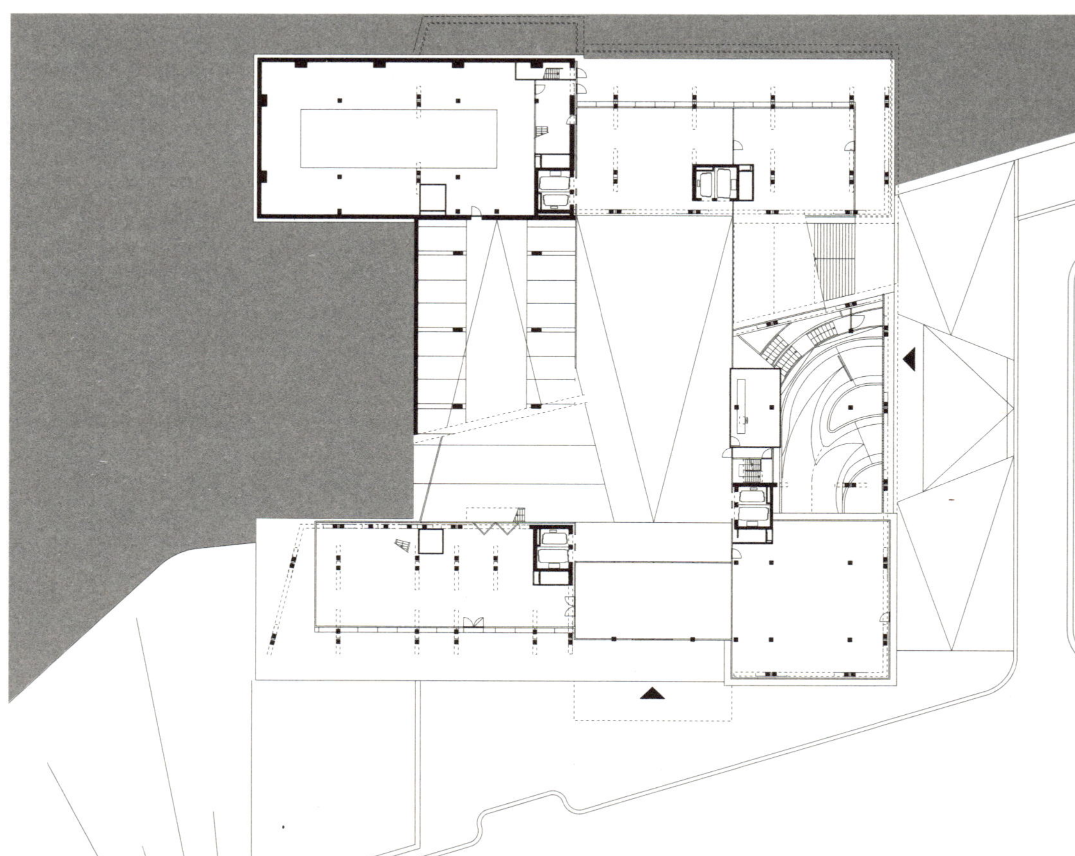

waren ontwikkelaar en architect volledig op buitenlandse voorbeelden aangewezen, en zelfs die waren schaars.

Vast stond dat Fountainhead in technisch opzicht een complex gebouw zou worden. De situering van het blok op de overgang tussen land en water zorgde volgens de constructeur voor verschillende zettingen van het gebouw en dus was het belangrijk om een licht gebouw te ontwerpen. Om aan zowel de eisen van flexibiliteit en gewicht tegemoet te komen, maar vooral ook om de fantastische weidsheid van de locatie ten volle te benutten, ontwierp KCAP een bijna volledig glazen gebouw met een wolkenkrabberachtige staalconstructie. Om in alle appartementen een optimale bezonning en uitzicht te garanderen, werd de oorspronkelijke U-vorm waarmee Holl was begonnen – en die ook was vastgelegd in het stedenbouwkundig plan – door KCAP op een aantal plekken voorzien van grote gaten.

Door gebruik te maken van een speciaal dubbellaags vloersysteem over een gedeelte van het vloeroppervlak zou het mogelijk zijn om volledig flexibele woningplattegronden te maken. Nagenoeg alle leidingen waren in dit systeem te 'verslepen', waardoor de positie van functies als badkamers, toiletten en keukens niet vooraf vast zou staan. Waar op dat moment kopers net gewend waren om bij een nieuw huis zelf een keuken en de tegels voor de badkamer uit te zoeken, zou men in Fountainhead een vrijwel leeg casco kopen om vervolgens met een interieurarchitect een invulling op maat te laten maken.[12]

Als doelgroep voor de Fountainhead werd gedacht aan een aantal typen kopers. Ten eerste bewoners van de Amsterdamse grachtengordel, aangezien de koopprijzen per vierkante meter waarschijnlijk vergelijkbaar zouden zijn. Een andere doelgroep waren ouderen die een villa in het Gooi hadden, maar terug wilden naar de stad om compacter, maar luxer te kunnen wonen. Tot slot zag men kansen voor succesvolle ondernemers om vanuit huis te werken in een woon-werkappartement.

Fountainhead als maquette

Een belangrijk punt, waarop al vroeg gestudeerd is, was de invulling van de plint van het gebouw. Om te voorkomen dat Fountainhead als een doofstom object in het omringende woonlandschap zou staan, was er stedenbouwkundig gezien een sterke voorkeur om een ondergrondse parkeergarage te maken met daarop publiek programma op maaiveld. Uitvoeringstechnisch werd hiermee het gebouw echter nog complexer, omdat de garage onder water zouden moeten worden aangelegd, wat een aanzienlijke verlenging van de bouwtijd betekende. Ook het werven van huurders of kopers voor de 4000 m^2 plint van het gebouw bleek niet eenvoudig.

Op het niveau van de woningen waren de problemen minder groot. Het idee van een vrij indeelbare plattegrond werd door KCAP vertaald naar een idee voor een volledig te openen gevel. Samen met een producent werd een systeem ontwikkeld, waarin alle delen van de glazen puien open te zetten zouden zijn, zelfs op 60 m hoogte en zonder brute kracht te hoeven gebruiken. Door toevoeging van een tweede huid, die als een soort vitrage op een kleine afstand voor de glasgevel zou hangen, kon vervolgens de mate van uitzicht of inkijk (lees de mate van privacy van de woningen) worden bepaald.[13] Om te bewijzen dat dit idee zou werken en dat het dus mogelijk was om vanuit het interieur een vrijwel ongehinderd uitzicht te garanderen, terwijl de blik van

Several types of buyers were viewed as target groups for Fountainhead. First of all, residents of Amsterdam's canal ring, seeing as the price per square meter probably would be equivalent. Another target group was older people who had a villa in the wealthy Gooi district, but wanted to move back to the city in order to live in more compact but more luxurious accommodations. Finally, the developers had their eye on successful entrepreneurs working at home in a combined live/work apartment.

Fountainhead as Scale Model

An important point which was studied at a very early stage was how to design the plinth course of the building. In order to keep Fountainhead from being a 'deaf and dumb' object in the surrounding residential landscape, there was a strong preference, urban-design-wise, for making an underground parking garage with a public programme above it at the ground level. This would make the building even more technically complicated to construct, however, because the garage would have to be built underwater, which considerably prolonged the period necessary for construction. Finding renters or buyers for the building's 4000 m^2 of plinth also proved no easy task.

As for the dwellings, the problems were less huge. KCAP took the idea of a freely divisible floor plan and translated it into an idea for a façade that could be completely opened. Together with a producer, KCAP developed a system in which all sections of the glass façades could be opened, even at a height of 60 m and without having to use brute force. Through the addition of a second skin, which would hang as a kind of net curtain at a short distance away from the glass façade, the amount of view from the inside or outside (read the degree of privacy of the apartments) could then be determined.[13] To prove that this idea would work and that it was thus possible to guarantee an almost unhampered view from the interior while people's gaze from the outside to the inside could be hindered at strategic places, KCAP had a large-scale model built.

The veiling façade was simulated on the front side of the scale model with the help of different perforated materials. By looking through small peepholes on the backside of the model, one could then see how the veil worked in each apartment. 'With this model, we were able to vanquish all doubts about our idea,' says Irma van Oort, project architect and partner at KCAP. The veil was then produced in different metallic materials such as copper, aluminium and wire gauze. By using different materials instead of varied perforations in the same material, it was also possible to make subtle distinctions in the gigantic dimensions of the building.

As the contours of an almost futuristic residential building began taking shape during the work on the preliminary design, a crucial question arose: Would people actually appreciate such an unknown product? Would there be buyers who would be willing to purchase a large, flexible, but primarily very empty apartment based only on a drawing? After all, most people at least want to know how many rooms a dwelling has. In other words, would people recognize the quality and possibilities of the apartments, or was New Deal somewhat overshooting its target in its enthusiasm to make something totally new?

One way of overcoming such a problem is to set up a number of furnished, ready-made apartments in order to convince buyers. But New Deal chose a different strategy. In the year 2000, the

buiten naar binnen op strategische plaatsen kon worden gehinderd, liet KCAP een grote maquette maken.

Aan de voorkant van de maquette was met behulp van verschillende geperforeerde materialen de sluiergevel gesimuleerd. Door kleine kijkgaatjes aan de achterkant van het model kon men vervolgens per woning zien hoe de sluier werkte. ‘Met dit model wisten we alle twijfel over ons idee weg te nemen,’ aldus Irma van Oort, projectarchitect en partner bij KCAP. De sluier werd vervolgens gematerialiseerd in verschillende metaalachtige materialen als koper, aluminium en gaas. Door gebruik te maken van verschillende materialen, in plaats van verschillende perforaties van hetzelfde materiaal, was het tevens mogelijk de gigantische afmetingen van het gebouw iets te nuanceren.

Als tijdens het werken aan het voorlopig ontwerp de contouren van een bijna futuristisch woongebouw duidelijk worden, dient zich een cruciale vraag aan: zouden mensen wel zo’n onbekend product waarderen? Zouden er kopers zijn die een groot, flexibel, maar vooral heel leeg appartement zouden kopen van tekening; de meeste mensen willen immers ten minste weten hoeveel kamers een woning heeft. Met andere woorden: zou men de kwaliteiten en de mogelijkheden van de woningen herkennen, of schoot New Deal in zijn enthousiasme iets volkomen nieuws te maken zijn doel voorbij?

Een van de mogelijkheden om dit probleem te ondervangen, is een aantal appartementen kant-en-klaar in te richten, en daarmee kopers te overtuigen. Maar New Deal kiest een andere strategie. In plaats van te denken over een paar voorbeeldwoningen vraagt men in 2000 interieurarchitect Evelyne Merkx met haar bureau Merkx + Girod na te denken over mogelijkheden voor de inrichting van alle appartementen. Merkx + Girod werkt verschillende indelingen en variaties uit. Vervolgens wordt er een bijeenkomst georganiseerd, waarvoor een select groepje bekende Amsterdammers werd uitgenodigd, ongeveer tien mensen uit de kunst- en de zakenwereld. Opzet van de bijeenkomst was meer duidelijkheid te krijgen over de verlangens van deze doelgroepen en het aanwakkeren van een zogenaamde fluistercampagne. Christiaanse en Merkx lichtten het ontwerp toe en vertelden over hun beeld van luxueus wonen. Vooral het voorzieningenniveau en de mate van openbaarheid van deze voorzieningen bleek een aandachtspunt. Anders dan waar Holl in zijn eerste schets van uit was gegaan, bleken de meeste potentiële kopers wel de luxe te willen die normaal gesproken bij een goed hotel hoort, maar waren zij ook zeer beducht voor hun privacy. Een semi-publieke lobby was dan ook uit den boze. Maar ook het delen van andere voorzieningen lag gevoelig. De meeste potentiële kopers wilden bijvoorbeeld niet het gevoel hebben samen met mensen uit de buurt te moeten fitnessen of elkaar in het zwembad tegen te komen.

Fountainhead gestopt, stop Fountainhead

De reacties op het ontwerp waren overwegend positief. Nadat de fluistercampagne haar werk had gedaan, leek er een groep serieus geïnteresseerden te ontstaan en werd besloten tot een voor-verkoopcampagne om daarmee de markt meer specifiek te verkennen. Hiervoor wordt een boekje met een blauw fluwelen kaft gemaakt, waarin de mogelijkheden aan de hand van thematische benamingen van de mogelijke appartementen worden getoond. Ook krijgt KCAP opdracht Fountainhead uit te werken

property developers asked interior architect Evelyne Merkx and her firm Merkx + Girod to think about possibilities for the interiors of all the apartments. Merkx + Girod worked out different layouts and variations. Then the firm organized a gathering to which a select group of well-known Amsterdammers were invited – around ten people from the worlds of art and business. The purpose of the gathering was to gain more clarity about the desires of this target group and to stir up a so-called whisper campaign. Christiaanse and Merkx explained the design and spoke about their concept of luxury housing. Particular points of interest proved to be the level of services and the degree to which those services were open to the public. In contrast to what Holl had assumed in his first sketch, most of the potential buyers wanted the luxury normally provided by a good hotel, but they also were very concerned about their privacy. A semi-public lobby was therefore out of the question. But the sharing of other services was also a sensitive point. Most of the potential buyers, for instance, did not want to feel they had to share the fitness room with people from the neighbourhood or to meet them in the swimming pool.

Fountainhead Stopped, Stop Fountainhead

The reactions to the design were for the most part positive. After the whisper campaign had done its work, a group of people seemed to be seriously interested and the property developers decided to launch a presales campaign in order to scout out the market more specifically. For that purpose, they put together a booklet with a blue velvet cover, showing the possibilities based on thematically named concept apartments. KCAP was also commissioned to work out Fountainhead to the construction-ready level, meaning that all necessary documents, permits and even price agreements with contractors and suppliers were drawn up, and therefore technically the building could be built. But then things went wrong.

Worldwide uncertainty after the attacks in New York, deteriorating economic predictions, a dip (which later proved small) in the market, but especially a shift in New Deal’s Supervisory Board caused the project to be called off at the last moment, at the end of 2001. The shift in the Board, which took place as a result of takeovers, had given the ‘builders’ more of a say, and they felt that it was too risky to go ahead with the project. One of their most important objections was that the time needed for construction was estimated to be a minimum of three years. In an uncertain period internationally and in a downward real estate market, they did not expect to find enough buyers who were prepared to purchase on paper and thus finance the project.[14]

For two years after that, virtually nothing happened. Starting in 2003, new plans cautiously began to be considered. After having worked long and intensively on an extreme experiment, KCAP again agreed to become involved as architect for the redeveloped building. The reasoning was pragmatic. ‘It’s a pity that it didn’t work out, but it would be even more frustrating to see somebody else make a building on that site, because something will certainly be built there.’

New Deal is no longer involved in the project. Fountainhead is now being developed by Fountainhead Enterprise, a collaborative effort between the housing organizations De Key and Eigen Haard. In the meantime, the new design for Fountainhead has

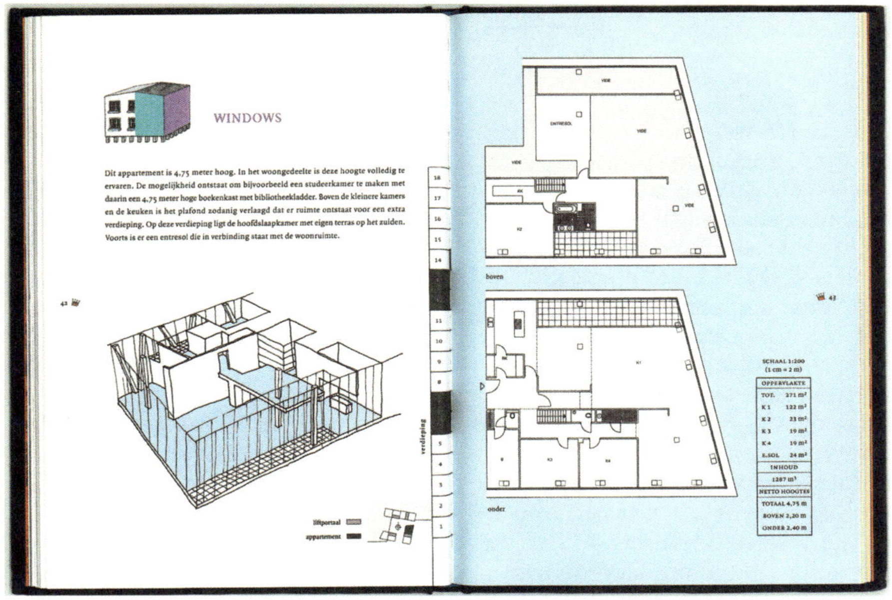

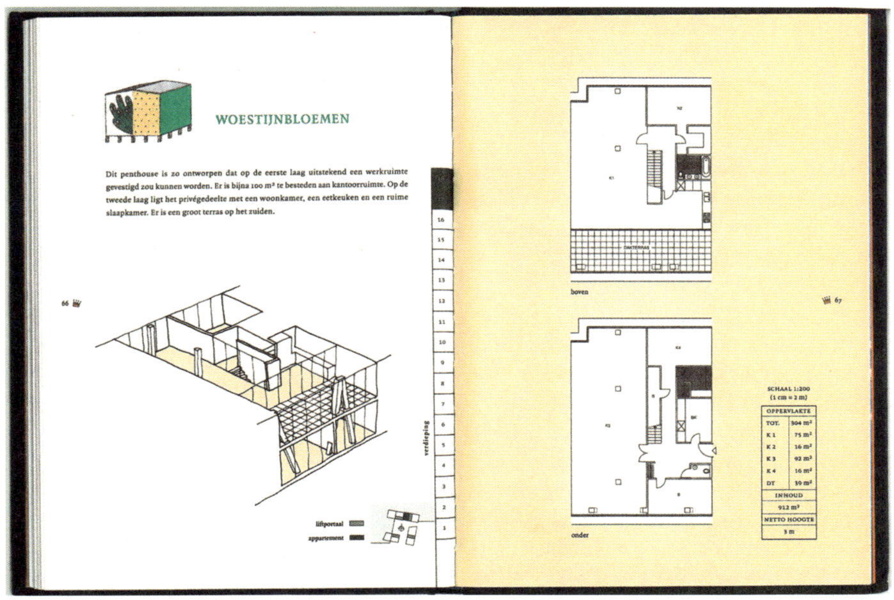

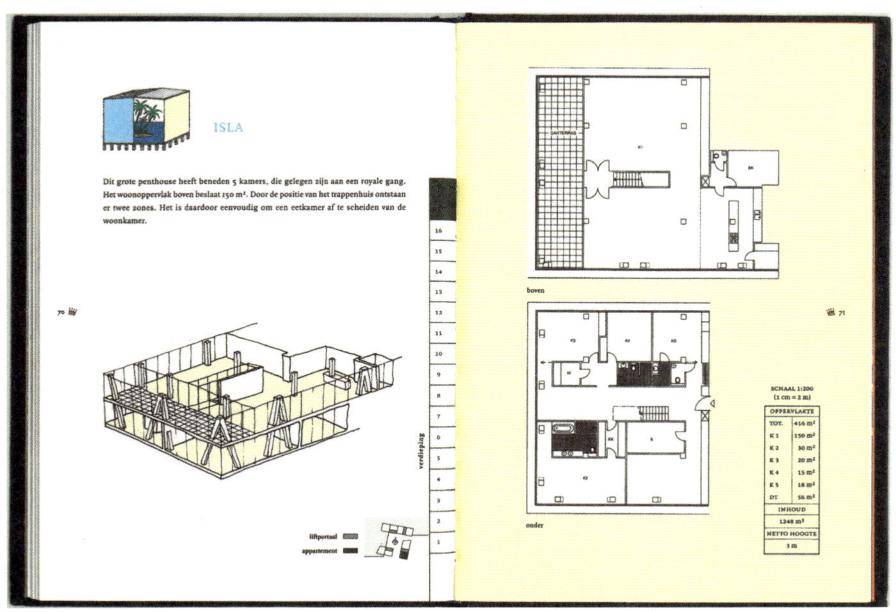

Pagina's uit het 'blauwe boekje', een luxe brochure met inrichtingsvoorstellen en voorbeeldplattegronden, om potentiële kopers over de streep te trekken
Pages from the 'blue booklet', a luxurious brochure containing suggestions for interiors and sample floor plans in order to win over potential buyers

tot bouwvoorbereidingsniveau. Dat betekent dat alle benodigde documenten, vergunningen en zelfs prijsafspraken met bouwers en leveranciers gemaakt waren en het gebouw in technische zin dus gerealiseerd kon worden. Maar dan gaat het mis.

De wereldwijde onzekerheid na de aanslagen in New York, de verslechterende economische voorspellingen, een (achteraf kleine) hapering van de markt, maar vooral een verschuiving in de Raad van Commissarissen van New Deal zorgen ervoor dat het project op het laatste moment wordt afgeblazen.

Eind 2001 besluit de Raad van Commissarissen van New Deal om te stoppen met de ontwikkeling van Fountainhead. Kort daarvoor had in de raad door overnames een verschuiving plaatsgehad. Het gevolg was dat de 'bouwers' meer inbreng kregen en zij vonden de risico's te hoog om door te gaan met het project. Een van de belangrijkste bezwaren was de bouwtijd die op minimaal drie jaar geschat werd. Op een onzeker moment – internationaal gezien – en in een neergaande vastgoedmarkt verwachtte men dat er niet voldoende kopers gevonden zouden kunnen worden die bereid waren van papier te kopen en zo het project te financieren.[14]

Twee jaar is er vervolgens zo goed als niks gebeurd. Vanaf 2003 is er voorzichtig over nieuwe plannen nagedacht. Na lang en intensief gewerkt te hebben aan een extreem experiment heeft KCAP besloten wederom als architect bij het herontwikkelde gebouw betrokken te willen zijn. De redenering is pragmatisch. 'Het is jammer dat het niet gelukt is, maar het is nog meer frustrerend om iemand anders op die plek een gebouw te zien maken, want gebouwd wordt er.'

New Deal is niet meer bij het project betrokken. Fountainhead wordt nu ontwikkeld door Fountainhead Enterprise, een samenwerkingsverband van woonstichting De Key en woningstichting Eigen Haard. Inmiddels is het nieuwe ontwerp voor Fountainhead net zover uitgewerkt als het punt waar het vorige plan strandde. Voor een programma van 238 appartementen tussen de 80 – 120 m^2, in een 20 verdiepingen hoog gebouw van 64 x 64 x 63 m, één basisschool, 2650 m^2 bedrijfsruimte en 274 parkeerplaatsen, heeft KCAP een compleet nieuw ontwerp gemaakt. In plaats van een licht gebouw van glas en staal is er gekozen voor een betonnen gebouw, gebouwd met de kenmerkende Nederlandse tunneltechniek. Ondergronds parkeren is uit het plan gehaald. De plint van het gebouw bevat nog steeds de publieke functies. Daarboven wordt geparkeerd en dan volgen de woningen. Het gebouw krijgt een geschubde gevel, bestaande uit geabstraheerde erkers die bewoners vanuit net verschillende standpunten over de omgeving doen kijken. En daar ligt nu nog het enige probleem. Buurtbewoners zijn gewend geraakt aan de lege plek in hun wijk en hebben zich verenigd onder de naam 'Stop de Fountainhead'. In november 2008 heeft de Raad van State de bezwaren tegen het nieuwe bestemmingsplan die het project mogelijk maakt, afgewezen.

Het ziet er naar uit dat er ruim 15 jaar na de eerste schets van Holl de laatste meteoriet van het Oostelijk Havengebied wordt ingevuld, zoals het oorspronkelijk bedacht is – en ook al twee keer eerder in het gebied gebeurd is – als een sculptuur opgebouwd uit normale flatwoningen.

been worked out up to the stage where the earlier plan had stranded. For a programme of 238 apartments ranging from 80 to 120 m^2, in a 20-storey building of 64 x 64 x 63 meters, with 1 primary school, 2650 m^2 of business accommodations and 274 parking places, KCAP has made a completely new design. Instead of a light building of glass and steel, it has chosen a concrete building based on the characteristic Dutch tunnel technique. Underground parking has been scrapped from the plan. The plinth course of the building still has public functions. Cars are parked above that, and then come the dwellings. The building will have a plated façade comprised of abstract bay windows that afford the residents views of the surrounding area from slightly different standpoints. And that's the one big remaining problem. Neighbourhood residents, who have become used to the open piece of land in their district, have organized under the name 'Stop the Fountainhead'. In November 2008, the Council of State rejected objections against the new zoning plan that makes the project possible.

More than 15 years after Holl's first sketch, it looks like the last meteorite of the Oostelijk Havengebied will be completed as it originally was intended – and has already happened twice before in the area – as a sculpture comprised of normal apartments.

Bewonersprotest tegen de bouw van Fountainhead
Residents protest against the construction of Fountainhead

Notes

1 Bart Lootsma, *Superdutch: de tweede moderniteit van de Nederlandse architectuur*, Nijmegen: SUN, 2000, 15.
2 Ibid., 16.
3 Bart Lootsma, 'De tweede moderniteit van de Nederlandse architectuur', in: *Superdutch.*
4 Direct na het verschijnen van Superdutch is er scherpe kritiek op de beschreven situatie. Rem Koolhaas uit zijn kritiek tijdens Indesem 2001. Roemer van Toorn beschrijft de zo bejubelde generatie Nederlandse architecten als verdwaalden in het paradijs in *Architectuur in Nederland. Jaarboek 2001-2002.* En in 2005 besteedt *OASE* onder de titel *After the party* een heel nummer aan de vraag hoe het verder moet met de architectuur in Nederland en Europa.
5 Vrij naar Ton Schaap. 'Het IJ en de stad', in: Ton Schaap, *Amsterdam*, Rotterdam: Uitgeverij 010, 2008, 21.
6 De andere bouwwerken zijn: het Shell-gebouw, het Piraeus-gebouw en de Oranjesluizen.
7 New Deal bestaat bij oprichting uit een samenwerkingsverband tussen vier woningbouwcorporaties en drie aannemers: De Doelen, Onze Woning, Dr. Schaepman en Eigen Haard, aangevuld met Coöperatief bouwbedrijf Moes, Intervam en Muwi Bouwgroep.
8 Dat Steven Holl niet helemaal onbekend was, blijkt onder andere uit het feit dat hij in 1995 in Den Haag een villa realiseerde en tussen 1996 en 2000 een uitbreiding van het kantoor van woningbouwcorporatie Het Oosten in Amsterdam.
9 Aaron Betsky, in: *de Architect*, 4 (1995), 46.
10 Het bureau van Christiaanse heette op dat moment nog Ir. Kees Christiaanse Architects & Planners; in 2002 werd deze naam officieel afgekort tot KCAP.
11 Het kleinste appartement zou 135 m^2 moeten zijn, het grootste 400 m^2.
12 Deze opzet van het gebouw zorgde er uiteraard wel voor dat na de oplevering van het 'lege' gebouw een geweldige logistieke puzzel zou moeten worden opgelost, wanneer elke koper met zijn eigen architect aan de slag wilde.
13 Behalve vanuit privacy-overwegingen gaven ook klimaatberekeningen aan welke delen van de gevel open en welke meer gesloten zouden moeten zijn; beide overwegingen zijn gehanteerd om de uiteindelijke gevelcompositie te maken.
14 In een poging om de Fountainhead toch door te laten gaan, zijn er gesprekken geweest met Vesteda, die op dat moment bezig was zich een positie op de Amsterdamse markt te verwerven. De aandeelhouders van New Deal hebben de (gedeeltelijke) verkoop van het project aan Vesteda geblokkeerd, omdat dit voor hen zou betekenen dat ze een deel van hun beoogde winst zouden moeten inleveren.

Notes:

1 Bart Lootsma, *SuperDutch: New Architecture in the Netherlands* (New York: Princeton Architectural Press, 2000), 15.
2 Ibid., 16.
3 Ibid.
4 Directly after the publication of *SuperDutch*, there was sharp criticism of the situation it described. Rem Koolhaas expressed his critique during Indesem 2001. Roemer van Toorn depicted the highly-lauded generation of Dutch architects as lost in paradise in *Architecture in the Netherlands: Yearbook 2001-2002* (Rotterdam: Nai Publishers, 2002). And in 2005, *OASE* devoted an entire issue, entitled *After the Party*, to the question of how architecture in the Netherlands and Europe could proceed from there.
5 Freely adapted from Ton Schaap, 'Het IJ en de stad', in: Ton Schaap, *Amsterdam* (Rotterdam: Uitgeverij 010, 2008), 21.
6 The other construction projects are the Shell Building, the Piraeus Building and the Oranje Locks.
7 New Deal was founded as a collaborative effort between four housing corporations (De Doelen, Onze Woning, Dr. Schaepman, Eigen Haard) and three contractors (Coöperatief bouwbedrijf Moes, Intervam, Muwi Bouwgroep).
8 That Steven Holl was not entirely unknown is shown by the fact that he completed, among other things, a villa in The Hague in 1995 and an extension for the offices of housing corporation Het Oosten in Amsterdam between 1996 and 2000.
9 Aaron Betsky, *De Architect*, no. 4 (1995), 46.
10 At that moment, Christiaanse's firm still was called Ir. Kees Christiaanse Architects & Planners; in 2002, the name was officially shortened to KCAP.
11 The smallest apartment was supposed to be 135 m^2, the largest 400 m^2.
12 This scheme for the building meant that after the 'empty' shell was completed, a tremendous logistical puzzle would have to be solved if every buyer wanted to work with their own interior architect.
13 In addition to privacy considerations, climate factors also indicated which parts of the façade should be open and which more closed; both considerations were used in the final composition of the façade.
14 In an attempt to nonetheless continue developing Fountainhead, talks were held with Vesteda, which at that time was establishing a position for itself on the Amsterdam market. New Deal shareholders blocked the (partial) sale of the project to Vesteda, because this would have meant that they would have to relinquish part of their projected returns.

Het huidige ontwerp
The current design

Vincent Kompier

Tussen Amsterdam en Berlijn
Amsterdam versus Berlin

Paradoxen van de markt voor luxe appartementen
Paradoxes of the Luxury Apartment Market

Appartementencomplex Beisheimcenter, Berlijn, van David Chipperfield Architects
The Beisheim Center apartment complex in Berlin, by David Chipperfield Architects

Luxe wonen is duur. Maar duur wonen is niet per definitie luxe. Dat blijkt uit een vergelijking tussen Amsterdamse en Berlijnse luxe stadsappartementen. In Amsterdam wordt een luxe appartement uitgevoerd in spuitstuc en stalen opdekdeuren, terwijl men daar in Berlijn zijn neus voor ophaalt. Ook de gemiddelde woninggrootte in beide steden loopt sterk uiteen. Wat ligt er ten grondslag aan deze verschillen?

Marktvraag, het gevoerde beleid en historische gegevenheden blijken de condities te bepalen voor wat men als luxe verkoopt. Dit artikel beoogt via een vergelijking tussen de twee hoofdsteden inzicht te geven in de (on)mogelijkheden van het ontwikkelen van luxe appartementen. Daarbij worden marktvraag en beleid in verband gebracht met het niveau van de services en de afwerking, en met de kwaliteit van de woningplattegronden.

Luxe appartementen in Amsterdam

Amsterdam is in tegenstelling tot Berlijn nooit de zetel geweest voor koningen, keizers en hoge regeringsfunctionarissen. Dit historische gegeven heeft een directe weerslag op de luxe woningbouwtraditie en het eigentijds aanbod. In de Nederlandse hoofdstad is maar één hoofdkenmerk voor luxe appartementen te noemen: ruimte. Daarbij is de stelregel: hoe groter, hoe luxer. Ten tweede is de ligging bepalend voor de status, en daarmee de 'luxe'. De grachtengordel in Amsterdam-Centrum, Amsterdam-Zuid en Zuideramstel zijn de stadsdelen waar de meeste luxe appartementen zijn ontwikkeld.

Amsterdam is binnen Nederland de stad met de hoogste vierkante meterprijs. Een gemiddeld appartement kostte in 2008 rondom de 227.000 euro in de hoofdstad; voor heel Nederland was die 191.000. Een prijs zegt veel, maar niet alles over de mate van luxe van een appartement. Als gezegd, de ontstaansgeschiedenis bepaalt mede de mate van luxe van appartementen. Daarbij kan in Amsterdam onderscheid gemaakt worden tussen 'oude' luxe en 'nieuwe' luxe.

Oude luxe

In Amsterdam zijn wijken met luxe appartementen bijna altijd specifiek als luxekwartier opgezet. Zo ook de wijken in de 'witte wig', het gebied dat vanuit Amsterdam-Centrum uitwaaiert via de stadsdelen Oud Zuid en Zuideramstel naar het zuiden en dat zijn naam dankt aan de overwegend westerse bevolkingssamenstelling. In de in dit gebied gelegen Vondelparkbuurt zijn rond 1900 vrijstaande villa's verrezen met een zeer groot oppervlak. Een half vrijstaande villa van 500 m^2 kost er rond de vijf miljoen euro. Door de grootte zijn veel van deze villa's opgesplitst in appartementen. De luxe is een combinatie van degelijke bouw, hoog afwerkingsniveau, ruimte, groene woonomgeving en parkeerruimte op de eigen kavel of op straat. Een deel van stadsdeel Zuideramstel in Berlage's plan Zuid is eveneens als luxe woonwijk aangelegd. Zo zijn appartementen aan de Minervalaan gemiddeld drie keer zo groot als het Amsterdamse gemiddelde, dat rond de 60 m^2 ligt. De afwerking is hoog. Daarnaast is de status van de buurt luxebepalend. Het groen is beter onderhouden, de woondichtheid lager en de parkeermogelijkheden groter. Allemaal belangrijke voorwaarden voor een luxekwartier.

Nieuwe luxe

Het Amsterdamse woonbeleid is tot midden jaren negentig

Luxurious housing is expensive. But expensive housing is not by definition luxurious. This is evident from a comparison between luxury apartments in the cities of Amsterdam and Berlin. A luxury apartment in Amsterdam is finished with spray plastering and steel lipped doors, while people in Berlin turn up their noses at that. The size of the average living quarters in the two cities is also poles apart. What underlies these differences?

Market demand, implemented policy and historical factors determine the conditions for what is sold as luxury. This essay attempts to shed light on the possibilities and impossibilities of developing luxury apartments by comparing the two capitals. It associates market demand and policy with the level of services and finishing and with the quality of the floor plans of the dwellings.

Luxury Apartments in Amsterdam

Amsterdam, unlike Berlin, has never been the seat of kings, emperors and high government officials. This historical fact has had a direct repercussion on the luxury housing tradition and on the contemporary supply. In the Dutch capital, there is only one chief characteristic for luxury apartments: space. The maxim here is 'the bigger, the better'. Secondly, location determines status, and thus the level of 'luxury'. The canal ring in the centre of Amsterdam and the districts of Amsterdam-Zuid and Zuideramstel are the areas in which most luxury apartments are developed. Within the Netherlands, Amsterdam is the city with the highest price per square meter. In 2008, an average apartment cost around €227,000 in the capital; for the entire country, this was €191,000. Price says a lot, but not everything, about an apartment's level of luxury. As mentioned, historical development also determines the luxuriousness of an apartment. Moreover, a distinction can be made between 'old' and 'new' luxury in Amsterdam.

Old Luxury

In Amsterdam, districts with luxury apartments are almost always laid out as areas specifically intended for luxury. This is also true for the districts in the 'white wedge', the area that fans out from central Amsterdam through the Oud Zuid and Zuideramstel districts to the south and owes its name to the predominantly Western makeup of its population. In the Vondelpark neighbourhood situated in this area, very large detached villas were built around 1900. Today, a 500-m^2 semi-detached villa near the park costs around five million euros. Because of their size, many of these villas have been split up into apartments. The luxury is a combination of solid construction, high-quality finishing, spaciousness, a green environment and parking space on the property or on the street. Part of the Zuideramstel district was also built as a luxury residential district in Berlage's 'Plan Zuid'. Apartments on the Minervalaan in the southern part of Amsterdam are generally three times as large as the Amsterdam average, which is around 60 m^2. The finishing is high-quality. What's more, the status of the neighbourhood prescribes luxury. The upkeep of greenery is better, the population density lower and the possibilities for parking greater – all very important conditions for a luxury district.

New Luxury

The city of Amsterdam's housing policy until the mid-1990s was strongly determined by the public housing task. Luxury apartments

Lobby

Plattegrond standaard woonverdieping
Ground plan of standard floor

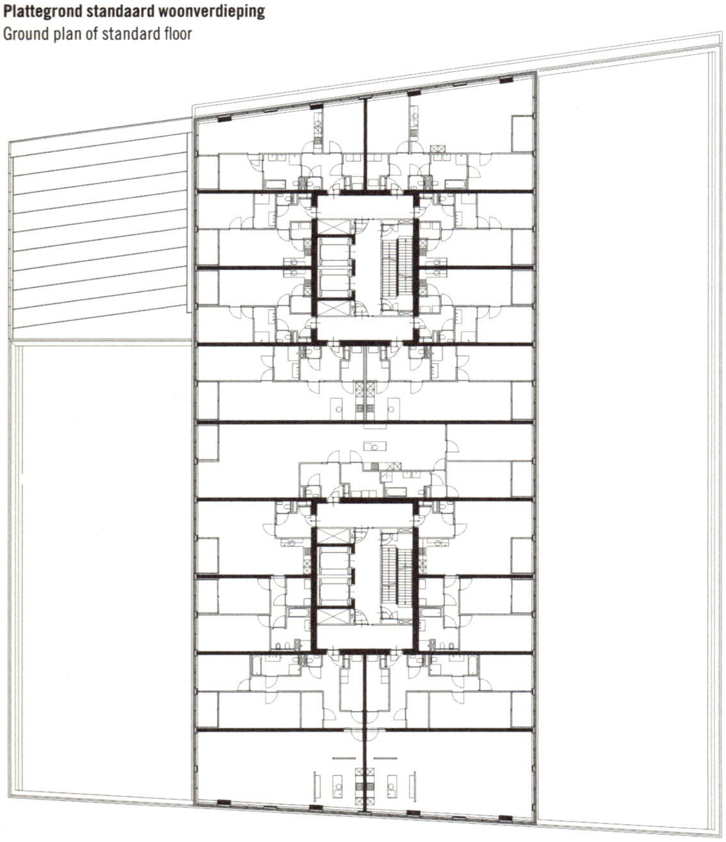

Appartementengebouw New Amsterdam aan de Zuidas, Amsterdam, van de Architekten Cie.
The New Amsterdam apartment building in the Zuidas, by the Architecten Cie

sterk bepaald door de volkshuisvestingsopgave. Luxe appartementen werden vooral in grachtenpanden gerealiseerd. Panden die tot die tijd als kantoor werden gebruikt, kregen weer een woonbestemming. Langs en aan het Vondelpark verschenen nieuwe appartementenblokken in retro-architectuur.

Begin jaren negentig leidt de omslag van hoofdzakelijk bouwen voor de sociale sector tot bouwen voor de vrije markt tot een paradoxale situatie. Onder druk van marktmechanismen, specifiek voor de Amsterdamse situatie, dalen aanbod en kwaliteit van het luxe segment. De reële betaalbaarheid van de woning wordt namelijk uitgangspunt voor de woningontwikkeling en -uitrusting. Deze betaalbaarheid is gerelateerd aan wat het gros van de kopers maximaal aan hypotheek kan financieren. Met andere woorden: bijna alle appartementen worden duur, maar daarmee nog niet luxe.

De ontwikkeling van het KNSM-eiland in het Oostelijk Havengebied illustreert dit. Hier zijn voor het eerst op grotere schaal nieuwbouwappartementen in de vrije sector gebouwd. De woningen, ontwikkeld door Verwelius en Eurowoningen, en ontworpen door de gebroeders Wintermans, Wiel Arets en Jo Coenen, zijn aan de buitenkant duidelijk onderscheidend ten opzichte van sociale woningbouwappartementen. Maar het onderscheid beperkt zich tot de buitenkant. Het oppervlak ligt rond de 100 m^2; differentiatie in grootte komt amper voor. De plattegronden hebben eenzelfde type indeling: een grote woonkamer met een open keuken, een grote en een kleine slaapkamer, en een badkamer. De afwerking is van eenzelfde standaardkwaliteit als in de sociale woningbouw: spuitstuc op de betonnen plafondplaten met v-vormige naden, stalen opdekdeuren. Alleen de keuken konden de kopers zelf kiezen. Destijds werden deze appartementen als luxe nieuwbouwappartement aangemerkt. De luxe wordt bepaald door oppervlak, overdekte parkeerplek en de locatie. Niet door afwerking, specifieke indeling of een bijzondere plattegrond.

Eind jaren negentig neemt de differentiatie in de koopsector toe. Een range aan ontsluitingstypes (galerij, corridor, portiek), typologieën (maisonnettes, eenlaagse appartementen, grondontsloten woningen, studio's, lofts, Corbusier-Unité-types) en woninggrootte (van 35 - 150 m^2) bepaalt de nieuwbouwproductie. De ultieme optelsom van bovengenoemde differentiatie is het project Silodam van architectenbureau MVRDV uit 1995. Daar zijn 142 een- tot vijfkamerwoningen gerealiseerd. De verschillen tussen de woningen zijn niet verborgen achter een uniforme façade; MVRDV wilde de diverse onderdelen van het gebouw juist een specifiek karakter geven. De gevel maakt door andere raamindeling, kleur en gevelbeplating de woningdifferentiatie zichtbaar. De auto wordt automatisch geparkeerd. In dit complex zijn – als toppunt van differentiatie – 15 sociale huurwoningen gerealiseerd. Daarmee verliest het complex het luxepredicaat. Menging van sociale huur en koop tot op het schaalniveau van het gebouw is heel lang het adagium geweest. Maar in echt luxe wooncomplexen komt geen menging met sociale huurwoningen voor.

Woninggrootte mag dan in Amsterdam het voornaamste kenmerk van luxe zijn, relatief gezien komt men er in de hoofd-

were mainly developed in canal-side houses. Premises which until that time had been used as offices once again became residential. Around and along the Vondelpark, new retro-architecture apartment blocks were constructed.

A reversal in the early 1990s from chiefly building for the public sector to building for the open market led to a paradoxical situation. Under the pressure of market mechanisms specifically related to the Amsterdam situation, the supply and quality of the luxury segment declined. Real affordability became the basic principle for developing and outfitting the residence. This affordability was related to what the majority of the buyers could maximally finance through mortgages. In other words, almost all apartments became expensive, but not necessarily luxurious.

The development of the KNSM Island in the Oostelijk Havengebied, Amsterdam's eastern harbour area, illustrates this. Here, new apartments were built on a larger scale in the unregulated sector for the first time. The exteriors of the dwellings, developed by Verwelius and Eurowoningen and designed by the Wintermans brothers, Wiel Arets and Jo Coenen, are clearly distinguishable from public housing apartments. The distinction is limited to the exterior, however. The surface areas of the units are around 100 m^2, with hardly any differentiation in size. The floor plans all have the same type of layout: a large living room with an open kitchen, a large and a small bedroom, and a bathroom. The finishing is the same standard quality as in public housing: spray plastering on concrete ceiling slabs with V-shaped seams, steel lipped doors. The only thing that buyers could choose themselves was the kitchens. At the time, these apartments were regarded as luxury new apartments. The luxury was determined by the surface area, a covered parking space and the location – not by the finishing, a specific layout or special floor plan.

In the late 1990s, differentiation in the owner-occupied sector increased. A range of entrances (gallery, corridor, walk-up), typologies (maisonettes, one-storey apartments, street-linked dwellings, studios, lofts, Corbusier-Unité types) and sizes (from 35 m^2 to 150 m^2) determined the production of new housing. The ultimate example of such differentiation is the Silodam project by the MVRDV architectural firm from 1995, where 142 dwellings ranging from one to five rooms were delivered. Nor are the differences between the residences hidden behind a uniform façade, for MVRDV was intent on giving the various parts of the building a specific character. The façade highlights the differences between the dwellings through different kinds of window layouts, colours and façade panelling. Cars are parked in an automated parking garage. As the epitome of differentiation, 15 public-sector rental dwellings are included in this complex. Because of this, the complex loses the designation of 'luxury'. The mixing of public rental and owner-occupied dwellings proportionate with the scale of the building has been the adage for a very long time, but in true luxury residential complexes, there is no mixing with public housing rentals.

Although size may be the chief characteristic of luxury in Amsterdam, people in the capital have a comparatively raw deal. The average size of a newly built apartment in 1995 was 105 m^2 of usable surface area; in 1999, this rose slightly to 106 m^2.

Crystal Court, Amsterdam, van Tangram Architekten
Crystal Court by Tangram Architekten

Plattegrond woonverdieping
Floor plan of residential level

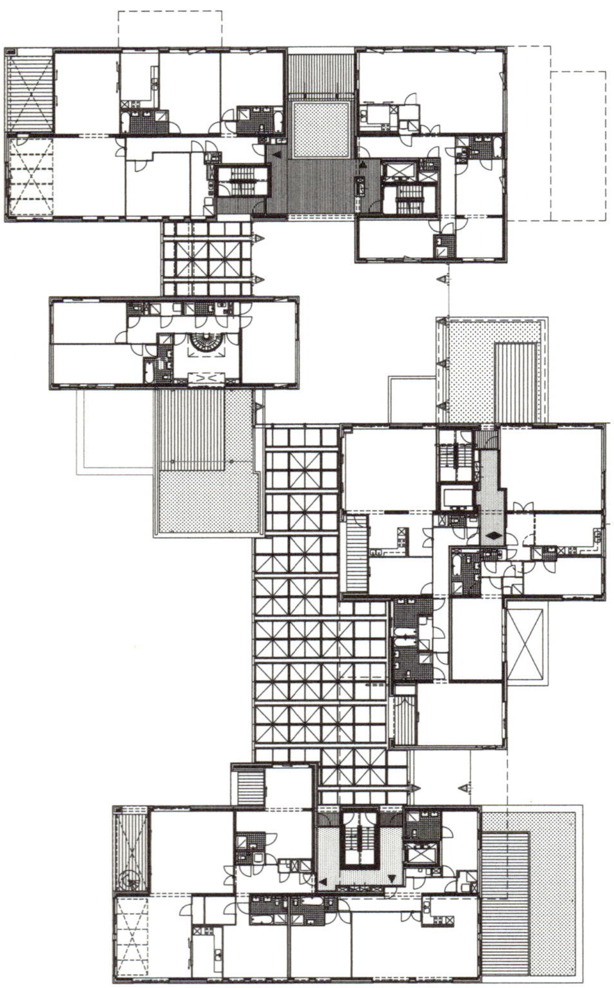

Lobby

stad echter bekaaid van af. Het gemiddelde oppervlak van een nieuwbouwappartement was in 1995 nog 105 m^2 gebruiksoppervlak, in 1999 was dit gestegen tot 106 m^2. In 2007 lag het gemiddelde op 108 m^2. Er zijn geen uitschieters naar boven te vinden die het gemiddelde omhoogtrekken. Naar beneden overigens ook niet.

Belangrijkste oorzaak hiervoor is de grote druk op de Amsterdamse woningmarkt. In gebieden met een hoge economische druk (vooral in de binnenstad en De Pijp) worden voornamelijk kleine woningen gerealiseerd. De door de gemeente gehanteerde residuele grondprijssystematiek stimuleert de bouw van grote woningen ook niet. De grondprijs die door de gemeente (de praktisch exclusieve grondeigenaar in Amsterdam) wordt gerekend, is de (geschatte) marktwaarde minus de realisatiekosten (bouwkosten; winst en risico van de ontwikkelaar). Omdat de marktwaarde zo hoog ligt, is het verhoudingsgewijs gunstiger om kleine woningen te realiseren. Deze brengen voor ontwikkelaar en gemeente meer op. Amsterdam stimuleert alleen in de sociale sector de bouw van grote woningen met vier of vijf kamers. Voor de vrije sector, en daarbinnen het luxe segment, is het grondprijsbeleid beperkend.

Nieuw segment

Amsterdam kent sinds een kleine tien jaar een groeiend luxe huursegment. Door de sterke internationalisering als gevolg van de eerste internet-boom destijds komen meer buitenlandse bedrijven naar Amsterdam. Deze groep zoekt wegens de tijdelijkheid van verblijf eerder een huur- dan een koopwoning. Het bedrijf betaalt de huisvestingskosten en daarmee heeft deze groep grote invloed op de (prijs)ontwikkeling van luxe appartementen. Een luxe huurappartement begint bij 1200 euro met uitschieters naar 20.000 euro per maand. De modus van luxe verhuur ligt rond de 1700 tot 1900 euro per maand. Dat is een gemeubileerd twee- tot driekamerappartement van circa 100 m^2.

Deze nieuwe groep bewoners – *expats* genaamd – stelt hogere eisen dan wat wordt aangeboden. Zo zijn Amerikanen gewend aan minimaal twee badkamers. Dat komt in Amsterdam bijna niet voor, net zo min als een lift, parkeerplaats of portier. Het gebrek aan expatkwaliteiten begint het imago van wereldstad Amsterdam te schaden. '*In Amsterdam (...) wordt je telkens weer getroffen door (...) de fraaie geleding en detaillering van de gevels. Wie achter de gevels kijkt stuit op kleine kamers, steile trappen, weinig bergruimte, primitief sanitair en keukens waar het spreekwoordelijke gesprek aan de keukentafel een fantasie blijft omdat er helemaal geen plaats is voor een tafel*,' aldus socioloog Paul Schnabel in zijn artikel *Amsterdam terug naar Amsterdam*. Amsterdam kan expats niet de leefstijl bieden die internationaal standaard is, en qua voorzieningen en woningaanbod is de stad nog zeker geen Brussel, expatstad bij uitstek. '*De kaalheid van de entreehal van veel nieuwbouwblokken verraadt de afwezigheid van een conciërge. De allure blijft beperkt tot de buitenkant*.' Dat is het probleem; het gros van het koopwoningenaanbod komt in de categorie 'gemiddeld' terecht.

Uitschieters

Het is echter niet allemaal kommer en kwel in Amsterdam en dat is vooral te danken aan een nieuwe speler op de Nederlandse luxe appartementenmarkt: Vesteda. Deze ontwikkelaar heeft zich gespecialiseerd in luxe huurappartementen en richt zich onder

In 2007, the average came to 108 m^2. There are no peaks to pull the average up, but no dips to pull it down, either.

The most important reason for this is the great pressure on the Amsterdam housing market. In areas with high economic pressure (especially the centre and De Pijp), what is primarily developed are small dwellings. Nor does the city's residual land pricing system stimulate the construction of large dwellings. The price that the city (practically the sole owner of land in Amsterdam) calculates for land is the estimated market value minus the costs of realization (construction costs; profit and risk of the developer). Because the market value is so high, it is comparatively more advantageous to deliver small units. This brings in more for the developer and for the city. Amsterdam only stimulates the construction of large units with four or five rooms in the public housing sector. For the private sector, including the luxury segment, the city's land pricing policy is restrictive.

New Segment

For almost ten years now, Amsterdam has had a growing luxury rental segment. Greater internationalization as a result of the first Internet boom is bringing more foreign companies to Amsterdam. This group of people tends to seek rentals rather than purchase housing because of the temporary nature of their stay. The company pays the cost of their accommodations and therefore this group has a great influence on the price and development of luxury apartments. A luxury rental apartment starts at €1,200, occasionally peaking at €20,000 per month. Generally, though, luxury rents range from €1,700 to €1,900 – for a furnished two or three room apartment of approximately 100 m^2.

This new group of residents, known as ex-pats, demands higher standards than what is available. Americans are used to at least two bathrooms, for instance. That is almost nonexistent in Amsterdam, just like a lift, parking place or doorman. The lack of ex-pat qualities is beginning to mar Amsterdam's image as a world metropolis. 'In Amsterdam . . . you are struck time and again by . . . the beautiful articulation and detailing of the facades. Those who look behind the facades will stumble upon small rooms, steep stairways, very little storage space, primitive plumbing and kitchens where the proverbial talk around the kitchen table remains a fantasy because there isn't any room for a table,' says sociologist Paul Schnabel in his article *Amsterdam terug naar Amsterdam*. Amsterdam cannot offer ex-pats the lifestyle that is the international standard, and in terms of facilities and housing supply, the city is certainly no Brussels, the ex-pat city *par excellence*. 'The barrenness of the entrance halls in many new housing blocks betrays the absence of a doorman. The allure remains limited to the exterior.' That is the problem; the bulk of the private property supply ends up in the 'average' category.

Exceptions

All is not gloom and doom in Amsterdam, however, and that is especially thanks to Vesteda, a new player on the Dutch luxury apartment market. This developer has specialized in luxury rental apartments, and among other things aims specifically at the ex-pat market, particularly the highest segment, for example with the Detroit complex on the Oostelijke Handelskade. In addition to spacious apartments (up to 200 m^2), the service includes a doorman, swimming pool, sports club membership and domotic

meer specifiek op (het hogere segment van) de expatmarkt, bijvoorbeeld met het complex Detroit aan de Oostelijke Handelskade. Naast ruime appartementen (tot 200 m^2) bestaat de service uit een portier, zwembad, sportclublidmaatschap en domotica, waarmee boodschappen zijn te bestellen en de zonwering naar beneden te halen. De architectuur van Bob van Reeth geeft het complex door afwerking (natuursteen, roestvrijstaal, glas) en grootte (atrium over acht verdiepingen) een chique, internationale, bijna hotelachtige uitstraling.

Een tweede bijzonder Vesteda-project is New Amsterdam aan de Zuidas, ontworpen door de Architekten Cie. '*Je komt niet binnen, je maakt je entree*,' aldus de site. Wellicht is het wat overdreven, maar de afwerking van New Amsterdam is ongekend, '*Luxury living re-invented*' volgens de projectwebsite. De appartementen variëren van 50 (studio) - 240 m^2, hebben een verdiepingshoogte van meer dan 3 m en zijn uitgerust met designmeubelen, luxe inbouwkeuken en apparatuur als breedbeeld tv, ADSL-verbinding en hifi-installatie. Daarnaast zijn er, net als voor Detroit, extra services en ook gastenverblijven. Het bed- en badlinnen kan op aanvraag worden ververst.

In de koopsector is het project Crystal Court van architectenbureau Tangram een uitschieter. Aan het Gijsbrecht van Aemstelpark in Buitenveldert zijn 36 appartementen gebouwd. De appartementen zijn eigenlijk gestapelde villa's, waarbij het woonprogramma zich naar boven toe vergroot. Alle appartementen zijn daardoor in opzet en typologie verschillend, en hebben optimaal uitzicht, privacy en bezonning. Kopers kregen bij de bouw invloed op de vormgeving van de plattegrond. Deze kon tot in een vrij ver stadium van de bouw aangepast worden door gebruik te maken van infra-platen voor de vloeren tussen de appartementen. Dit geeft een grote mate van vrijheid, en dus luxe. De conciërge woont in het complex en biedt diverse vormen van service aan, zoals wasservice en catering.

Toekomstige luxe in Amsterdam

Voor unieke kwaliteiten als grootte, verdiepingshoogte, afwerking, ligging, ruimtelijkheid, licht en volume wil de consument grof geld neerleggen. Maar paradoxaal leidt toename van het aantal *dure* appartementen niet tot groter aanbod van *luxe* appartementen. Het gemiddelde appartement in uitstraling, afwerking en grootte blijft in de bouwproductie de norm. Daarnaast leidt meer woningbouw in de marktsector niet tot grotere differentiatie in plattegronden en typologie, ondanks de opleving eind jaren negentig. De norm is: hoe groter het appartement, hoe meer oppervlak voor de 'living' ofwel woonkamer, waarbij de (design-) keuken in een hoekje een kwijnend bestaan leidt. Aparte keukens en/of eetkamers komen in nieuwbouw nauwelijks voor. Bij oude luxe appartementen biedt een aparte keuken met eetgedeelte grotere flexibiliteit in bruikbaarheid van de woning. Bij nieuwbouw gaat grootte voor flexibiliteit. Hetzelfde geldt voor de slaapkamers. De mode van de 'master'-bedroom leidt tot een ruime (meer dan 20 m^2) slaapkamer, met daarbij een kleine tweede slaapkamer van maximaal 10 m^2. Functionele neutraliteit, een belangrijk kenmerk dat de plattegrondontwikkeling in de (sociale) woningbouw sterk heeft bepaald, is in de vrije markt vrijwel losgelaten. Dat werpt een schaduw op de toekomstige gebruiksmogelijkheden van de luxe appartementen.

networks that can be used to order groceries and lower awnings. The architecture by Bob van Reeth gives the complex a chic, international, almost hotel-like atmosphere through its finishing (in natural stone, stainless steel, glass) and size (an atrium spanning eight storeys).

Another exceptional Vesteda project is New Amsterdam in the Zuidas, designed by De Architekten Cie. 'You don't come in, you make an entrance', according to the site. Somewhat exaggerated, perhaps, but the finishing of New Amsterdam is unparalleled: 'Luxury living re-invented', according to the project's website. The apartments vary from 50 m^2 (studio) to 240 m^2, have over 3-m-high ceilings and are outfitted with designer furniture, luxury built-in kitchens and equipment such as broad-screen TV, ADSL and hi-fi systems. In addition there are, just as with Detroit, extra services and also guest quarters. Bed and bath linens can be changed upon request.

An outstanding example in the private ownership sector is the Crystal Court project by Architectenbureau Tangram, comprising 36 apartments built on the Gijsbrecht van Aemstelpark in Buitenveldert. The apartments are actually stacked villas, whose volume increases as the levels get higher. As a result, all of the apartments are different in layout and typology, and have optimal views, privacy and sunlight. While the complex was being built, buyers were allowed to have a say in the configuration of their floor plans, which could be adjusted up until a relatively late stage of construction because of the use of infra-plates for the floors between the apartments. This affords a great deal of freedom and therefore luxury. The caretaker lives in the complex and offers various types of services, such as washing and catering.

Future Luxury in Amsterdam

For unique qualities such as size, ceiling height, finishing, location, spaciousness, light and volume, the consumer is prepared to plunk down a small fortune. Paradoxically, however, an increase in the number of *expensive* apartments does not lead to a greater supply of *luxury* apartments. The average apartment – in terms of atmosphere, finishing and size – remains the norm in housing production. In addition, more housing in the market sector do not lead to a greater differentiation in floor plans and typologies, despite the upturn in the late 1990s. The norm is the bigger the apartment, the larger the living room, where the designer kitchen languishes in a corner. Separate kitchens and/or dining rooms are hardly to be found in new buildings. With old luxury apartments, a separate kitchen with a dining section offered greater flexibility in the use of the dwelling. With new buildings, size is more important than flexibility. The same goes for bedrooms. The vogue of the master bedroom has led to a spacious bedroom (over 20 m^2) with a small second bedroom of maximum 10 m^2. Functional neutrality, an important characteristic that has greatly influenced the development of the floor plan in public housing construction, has been practically abandoned in the open market. That casts a shadow over possibilities for the future use of such luxury apartments.

A third restrictive aspect for the construction of luxury apartments are the regulations regarding the external appearance of buildings expressed in visual quality plans. These plans are based largely on the city's present appearance. Besides location

Een derde voor luxe appartementenbouw beperkend aspect is het welstandsbeleid, zoals dat in beeldkwaliteitplannen vorm krijgt. Deze plannen worden sterk gebaseerd op het huidige beeld van de stad. Luxe appartementencomplexen moeten het naast ligging en ruimte hebben van exclusiviteit en een zekere mate van extravertheid. Beeldkwaliteitplannen laten dit niet toe. Dat leidt tot de paradox van de verborgen kwaliteit, zoals Marinus Oostenbrink het in de publicatie *Formats for Living* noemt. De unieke kwaliteiten van de individuele woning worden ondergeschikt gemaakt aan de noodzaak (of: drang) tot eenvormigheid en samenhang in het totaalbeeld. Zo worden er nauwelijks luxe penthouses gebouwd, omdat deze een ongewenste verbijzondering van het gevelbeeld en daklandschap opleveren.

Luxe in Berlijn

Berlijn was in tegenstelling tot Amsterdam wel een hofstad en traditiegetrouw kent Berlijn een aantal wijken waar veel luxe appartementen zijn te vinden: Wilmersdorf, Charlottenburg en Dahlem. Door de groei van de stad vanaf 1871 zijn veel luxe appartementen ontwikkeld. Het streven naar status werd destijds in de rijk geornamenteerde gevels uitgedrukt. Ook binnen kende de luxe ogenschijnlijk geen grenzen. Parket in alle kamers, marmer in de entreehal; vleugeldeuren, rijk geornamenteerde plafonds, houtreliëf op de kozijnen, aparte rookkamer, muziekkamer, eetkamer. De woningen hebben vaak een aparte ingang voor personeel. Deze 'oude' luxe wordt hoog gewaardeerd. Een zevenkamerwoning van 340 m^2 uit 1897 in de Uhlandstrasse kost er 6200 euro per maand. (ofwel: meer dan 18 euro per vierkante meter). Van een luxe appartement is sprake vanaf een koopprijs van circa 5000 euro per vierkante meter. In huur, gebruikelijk uitgedrukt per vierkante meter, vanaf 12 tot circa 18 euro per vierkante meter, met uitschieters tot boven 20 euro per vierkante meter. Maar Berlijn is als hoofdstad in tegenstelling tot het Hollandse Amsterdam geen koploper; München en Hamburg kennen een veel duurdere woningmarkt.

Het koopsegment kent een breed spectrum: van mini-appartementen van 35 m^2, uitgerust met alle mogelijke vormen van service, tot penthouse – annex galerie van 2500 m^2. Deze brede differentiatie is mogelijk vanwege de ontspannen woningmarkt in Berlijn. Werden er in 1997 meer dan 30.000 nieuwbouwwoningen opgeleverd, na de millenniumwisseling zakte de productie dramatisch in. Het aandeel nieuwbouwappartementen in de productie is van 73% in 1998 tot gemiddeld 29% gedaald. Op dit moment wordt de leegstand geschat op circa 100.000. In bijna alle gevallen zijn dit appartementen die door hun ligging of staat van onderhoud niet aantrekkelijk genoeg zijn.

Omdat de markt ontspannen is lijkt luxe ontwikkelen eenvoudig. Maar niets is minder waar. De ontspannen woningmarkt vereist juist hoge kwaliteit, zoals vloerverwarming, inbouwkeuken van een goed merk, drempelloos parket in de gehele woning, granieten aanrechtbladen, hoogwaardige badkamers, videofoon en alarminstallatie, verhoogde geluidsisolatie en hoge warmteisolatie.

Een voorbeeld is het nieuwbouwcomplex Fellini Residences in de Alte Jacobsstrasse in Berlin-Mitte. Het door architect Marc Kocher geheel in Italiaanse stijl ontworpen gebouw telt 70 appar-

and spaciousness, luxury apartment complexes must count on exclusivity and a certain amount of flair. Visual quality plans do not permit this. That leads to the paradox of hidden quality, as Marinus Oostenbrink called it in the publication *Formats for Living*. The unique qualities of the individual dwelling are subordinated to the necessity (or pressure) for uniformity and coherence in the total image of the city. As a result, hardly any luxury penthouses are built, because these produce an undesirable particularization of the façades and roofs in the cityscape.

Luxury in Berlin

Berlin, in contrast to Amsterdam, was a court capital, and true to tradition, the city has a number of districts in which many luxury apartments are found: Wilmersdorf, Charlottenburg and Dahlem. From 1871 onwards, a great number of luxury apartments were built as the city began to expand. In those days, the desire for social status was expressed through richly ornamented façades. Luxury seemingly also knew no limits in the interiors. Parquet floors in all of the rooms, marble in the entrance hall, folding panelled doors, richly ornamented ceilings, wooden relief on the window casings, a special smoking room, music room, dining room. The dwellings often had a separate entrance for employees. This 'old' luxury is highly valued. A seven room residence of 340 m^2 dating from 1897 in the Uhlandstrasse costs €6,200 per month (or more than €18 per square metre). An apartment considered luxurious sells for around €5000 per square metre, and up. In terms of rent, which is customarily expressed by the square metre, a luxury apartment costs from €12 to around €18 per square metre, with exceptions to above €20 per square metre. But in contrast to Amsterdam in the Netherlands, Berlin is not a leader as a capital city; Munich and Hamburg have a much more expensive housing market.

The home-ownership sector spans a wide range, from mini apartments of 35 m^2 replete with all kinds of services to penthouse-galleries of 2,500 m^2. This broad variety is possible because of the soft housing market in Berlin. In contrast to 1997, when over 30,000 new housing units were constructed, production after the turn of the millennium dropped dramatically. The percentage of newly built apartments decreased from 73 per cent in 1998 to an average of 29 per cent. Vacancy is currently estimated to be at around 100,000 units; in almost all cases, these are apartments that are not desirable enough because of their location or state of repair.

Seeing as the market is soft, one would think that luxury development would be simple. Nothing is further from the truth. The soft housing market demands high quality, such as underfloor heating, a top-brand built-in kitchen, parquet floors without thresholds throughout the entire house, granite countertops, high-quality bathrooms, videophone and alarm installations and extra insulation for sound and heat.

One example of this quality is the new Fellini Residences complex in the Alte Jacobsstrasse in Berlin-Mitte. The building, entirely designed in Italian style by architect Marc Kocher, has 70 apartments. A 150-m^2 three-room apartment of the 'Venezia' type goes for €735,000. Fellini Residences quite obviously is targeting an international group of people who, thanks to low prices (always less than half of Amsterdam levels per square metre), have caused

tementen. Een driekamerwoning van 150 m^2 – type *Venezia* – moet 735.000 euro opbrengen. De Fellini Residences richt zich overduidelijk op een internationaal publiek, dat dankzij de lage prijs (per vierkante meter nog altijd minder dan de helft van Amsterdam) voor een 'boom' op de onroerendgoedmarkt zorgt. De appartementen kunnen geheel ingericht opgeleverd worden door de Nederlandse interieurarchitect Eric Kuster. De woningen meten tussen 60 - 260 m^2 en zijn hoogwaardig afgewerkt. Alle hardhouten binnendeuren zijn kamerhoog. De eikenhouten plankenvloeren zijn voorzien van vloerverwarming met in de woonkamer een zandstenen open haard. In alle kamers is een digitaal soundsysteem aangelegd en het schakelmateriaal is van roestvrijstaal. In de badkamer staat een tweepersoons granieten bad en hangt een verwarmde badkamerspiegel. De Siematic keuken heeft een inbouw espressoautomaat. Om de kopers te overtuigen wordt veel uit de kast gehaald om de verkoop te stimuleren. Er is vlakbij de bouwlocatie een volledige modelwoning een-op-een gebouwd. Als een uitgesneden stuk taart kan het modelappartement goed bekeken worden: aan de buitenkant de zandstenen gevel, aan de binnenkant de douche waar water uit sproeit. Het bed is al opgemaakt.

*Babyboomers en Baugruppe*n

Twee groepen op de Berlijnse markt verdienen extra aandacht, omdat zij de afnemers van luxe appartementen zijn. Nog nooit in de geschiedenis was een bepaalde groep zo rijk: de babyboomgeneratie. Zij wil haar dubbele pensioenen verzilveren en doet dat graag in Berlijn. Zij zoekt een goed geoutilleerd (tweede) appartement met minimaal één logeerkamer, liefst met eigen badkamer. Ook een werkkamer wordt zeer gewaardeerd; deze heeft een psychologische waarde en laat zien dat de 65-plusser nog actief in het leven staat. Het toekomstbestendig appartement vertaalt zich in drempelloze kamers. Een ander bijzonder aspect is de voorkeur van deze groep voor loggia's in plaats van dakterrassen. Met de toenemende klimaatverandering wordt het dakterras een steeds onaangenamere plek om te vertoeven. De loggia dient plaats te bieden aan een tafel met vier stoelen.

Het Diplomatenpark in Tiergarten is zo'n luxe appartementencomplex met loggia's. Aan de groene long van de stad, het park Tiergarten, worden 12 stadsvilla's gerealiseerd. De woninggrootte varieert van 130 tot over de 400 m^2; ze kosten rond de 9000 euro per vierkante meter. De stadsvilla van architect Fischötter heeft bovenin een penthouse met zwembad. Alle woningen hebben twee loggia's: één op het westen en één op het oosten. Ook beschikken ze over een open haard, een attribuut dat net als de tweede badkamer standaard aan het worden is in het luxe segment.

Een voorbeeld van uitermate luxe huurappartementen zijn de full-servicewoningen in het Beisheimcenter op de Potsdamer Platz. De bewoners van de 36 appartementen (tussen de 150 – 310 m^2), ontworpen door David Chipperfield, kunnen gebruik maken van de service van de buurman, het Ritz-Carlton hotel. Huurprijzen beginnen vanaf 10.000 euro per maand.

Een tweede groep is de Baugruppen. Dat zijn mensen die gezamenlijk als opdrachtgever fungeren en daarmee tot 30% op de ontwikkelkosten kunnen besparen. Maar besparen is niet het

a boom in the real estate market. Apartments can be bought completely furnished, done up by Dutch interior architect Eric Kuster. The units range from 60 m^2 to 260 m^2 and have high-grade finishing. All of the hardwood interior doors are floor-to-ceiling. The oak floors have underfloor heating, with a sandstone fireplace in the living room. A digital sound system with stainless steel switches is installed in all of the rooms. The bathroom has a two-person granite bathtub and a heated mirror. The SieMatic kitchen has a built-in espresso machine. No holds have been barred to convince buyers to purchase a residence. A full-scale model apartment has been constructed close to the site. Buyers can inspect it from all sides, like a slice cut from the cake: the sandstone façade on the exterior, the water flowing from the shower in the interior. The bed is already made up.

Babyboomers and Baugruppen

Two groups on the Berlin market deserve extra attention, because they are the main purchasers of luxury apartments. Never before in history has a group been as rich as the baby boomer generation. They want to capitalize on their double pensions and enjoy doing this in Berlin. They are looking for a well-appointed first or second apartment with at least one guest room, preferably with its own bathroom. A workroom is also highly appreciated; this has psychological value and shows that the retiree is still active. The future-proof apartment translates into rooms with no thresholds. Another special aspect is this group's preference for loggias instead of roof terraces – for what with global warming, the roof terrace is becoming an increasingly unpleasant place to be. The loggia must be roomy enough to accommodate a table with four chairs.

The Diplomatenpark in Tiergarten is one such luxury apartment complex with loggias. Along the Tiergarten Park, the city's 'green lung', 12 townhouses are being developed. The size of the dwellings varies from 132 m^2 to over 400 m^2; they cost around €9,000 per square metre. The townhouse designed by architect Fischötter has a penthouse with a swimming pool. All of the dwellings have two loggias, one facing west, the other east. They also have a fireplace, an attribute that is becoming standard in the luxury segment, just like the second bathroom.

An example of extraordinarily luxurious rental apartments are the full-service dwellings in the Beisheimcenter on the Potsdamer Platz. The residents of the 36 apartments (ranging from 150 m^2 to 310 m^2), designed by David Chipperfield, can make use of the services of their neighbour, the Ritz-Carlton hotel. Rents start at €10,000 a month.

A second group of purchasers is the *Baugruppen* (do-it-yourselfers). These are people who function as commissioners and therefore can save up to 30 per cent on development costs. But saving is not their main goal, as the attractiveness lies in choosing the bathrooms, the materials for walls and floors, Internet and domotics and the floor plan, which can be laid out any way you want when you do it yourself. *Baugruppen* can be found in both new and existing buildings. Target groups are two-earner households with or without children who have good incomes. Depending upon finishing and location, prices vary from €2,000 to €5,000 per square metre. What is special about the *Baugruppen* is that they pay extra attention to materials,

Lobby van Beisheimcenter, Berlijn, van David Chipperfield Architects
Lobby of Beisheim Center, Berlin, by David Chipperfield Architects

Voorgevel
Elevation

Plattegrond woonverdieping
Floor plan of residential level

hoofddoel, want de aantrekkelijkheid zit in badkamers, materiaalkeuze voor wanden en vloeren, internet en domotica en de plattegrond, die door het 'zelf bouwen' naar wens kan worden uitgevoerd.

Baugruppen komen in bestaande bouw en in nieuwbouw voor. Doelgroepen zijn goedverdienende tweeverdieners, met of zonder kinderen. De prijs varieert, afhankelijk van afwerking en ligging, tussen de 2000 en 5000 euro per vierkante meter. Bijzonder is dat de Baugruppen de aandacht voor materialisering, afwerking en detaillering vergroten. Zij bouwen niet, zoals ontwikkelaars, voor de verkoop en nemen daardoor wezenlijk andere beslissingen over interieur, indeling, afwerking en uiterlijk van de woning. Daarnaast worden er in de nieuwbouwprojecten van de Baugruppen vaak nieuwe, energiebesparende technieken toegepast. Zij zoeken het optimum tussen investering, verbruikskosten en comfort. En vooral dat laatste geeft uiteindelijk de doorslag.

Conclusies luxe appartementen

De marktvraag tussen Amsterdam en Berlijn is duidelijk verschillend. In Berlijn wordt het luxe segment voornamelijk gestimuleerd door Europese kopers van buiten Berlijn en Europa; de Berlijnse luxe appartementenmarkt is een internationale markt. In Amsterdam stimuleren de expats voornamelijk de (luxe) huurmarkt, niet het luxe koopsegment. Ruimte en locatie zijn essentieel voor het luxe appartement, ongeacht Berlijn of Amsterdam. Toch zijn er grote verschillen. Waar in Berlijn ruimte in overvloed is, en daarmee de vierkante meterprijs laag, is de noodzaak tot echte kwaliteit hoog. Kwaliteit in uitrusting, afwerking, ligging, maar ook in marketing en verkoop. In Amsterdam blijft ruimte het belangrijkste onderscheidende aspect. De kwaliteit van de afwerking komt duidelijk op de – verre – tweede plaats. Want door de hoge marktdruk stellen kopers geen hoge eisen. '*Luxe is het vinden van een aannemer die het appartement uitvoert zoals jij het wilt,*' aldus een ontwikkelaar (Luxe wonen 2001).

Een tweede conclusie is dat het Amsterdamse grondprijsbeleid niet stimulerend voor kwaliteit, en daarmee voor luxe appartementenbouw is. Door marktdruk en residuele grondprijsbenadering wordt aan de belangrijkste voorwaarde voor luxe – ruimte – nauwelijks voldaan. In haar drang om voor alle burgers de ruimte zo eerlijk mogelijk te verdelen, vergeet de gemeente dat het grondprijsbeleid nivelleert en daarmee geen recht doet aan de verscheidenheid aan woonwensen. In Amsterdam geen appartementen met een hoog afwerkingsniveau, een grote mate van services en een kwalitatief hoge en luxe uitstraling en architectuur, maar middelmaat met een hoge prijs. In Berlijn wordt zeer consumentgericht ontworpen, want de klant is koning, zo niet keizer. Afwerking, degelijkheid, maar ook marketing en communicatie worden volledig vraaggestuurd, en niet aanbodgestuurd, zoals in Amsterdam. Wil Amsterdam zich daadwerkelijk tot 'metropool' ontwikkelen, iets wat het huidige gemeentebestuur zegt voor te staan, dan zal er aan de luxe appartementenmarkt nog flink verbouwd en verbeterd moeten worden.

workmanship and finishing. Unlike developers, they do not build in order to sell and therefore make substantially different choices about the interior, layout, finishing and appearance of the dwelling. Moreover, the new housing projects of the *Baugruppen* often incorporate new, energy-saving techniques. They seek the optimum between investing, user costs and comfort. Especially the last is what ultimately clinches the deal

Conclusions about Luxury Apartments

Demand in the cities of Amsterdam and Berlin is clearly different. In Berlin, the luxury segment is primarily stimulated by buyers from outside of Berlin and/or Europe; the Berlin luxury apartment market is an international one. In Amsterdam, ex-pats primarily stimulate the luxury rental market, not the luxury home-ownership segment. Spaciousness and location are essential for the luxury apartment, no matter whether it is in Berlin or Amsterdam. Yet there are great differences. Whereas space is plentiful in Berlin, and therefore the price per square meter is low, the need for real quality is great – not only quality of equipage, finishing and location but also of marketing and sales. In Amsterdam, space remains the most important distinguishing aspect. The quality of the finishing clearly takes (a distant) second place. Because of strong market pressure, buyers do not make high demands. 'Luxury is finding a contractor who finishes the apartment the way you want it,' according to a developer (*Luxe wonen* 2001).

A second conclusion is that Amsterdam's land pricing policy does not stimulate quality and therefore also does not stimulate the construction of luxury apartments. Due to market pressure and the city's residual land pricing approach, the most important condition for luxury – space – is scarcely satisfied. In its urge to divide space as fairly as possible among all citizens, the municipal government forgets that its land pricing policy works as a leveller and thus does not do any justice to the diversity of people's wishes as to where they want to live. In Amsterdam, there are no beautifully-finished apartments with a large range of services and a luxurious atmosphere emanating from high-quality architecture, but instead: mediocrity at a high price. In Berlin, designs are very consumer-oriented because the customer is king – if not emperor. Finishing, workmanship, but also marketing and communications are completely driven by demand and not supply, as in Amsterdam. If Amsterdam truly wants to develop into a 'metropolis', which is what the present city government claims it advocates, then a considerable amount of alterations and improvements still have to be made in the luxury apartment market.

Voor dit artikel is gesproken met:
- Jan Boeles, Wohnen Medien Kultur Berlin
- Joost van Lingen, JLG Real Estate Amsterdam
- Frank van Beek, Lingotto Amsterdam

Literatuur:
MARK magazine, 7 (december 2008 - januari 2009)
Formats for living, Arcam pocket 12, Amsterdam: Arcam en Architectura & Natura Press, 2000
Luxe wonen, Stuurgroep Woningbouw Amsterdam, 2001
Paul Schnabel, 'Amsterdam terug naar Amsterdam', in: *Uitgebreid Amsterdam, 50 jaar Amsterdamse Raad voor de Stadsontwikkeling*, Bussum: Uitgeverij Thoth, 2007
'Berlijn dankt zijn leefbaarheid aan het rijke culturele leven', interview met Hans Stimmann, in: *NAW Dossier* #25, Bouwfonds MAB Ontwikkeling, zomer 2007
IBB Wohnungsmarktbericht 2008; Investitionsbank Berlin 2009
Kristien Ring (DAZ), *auf.einander. bauen; Baugruppen in der Stadt*, Berlijn: Jovis Verlag, 2007

Internet:
http://www.diplomaten-park.de/
www.immobilienscout24.de

For this essay, the author has spoken with the following people:
- Jan Boeles, Wohnen Medien Kultur Berlin
- Joost van Lingen, JLG Real Estate Amsterdam
- Frank van Beek, Lingotto Amsterdam

Reading:
'Berlijn dankt zijn leefbaarheid aan het rijke culturele leven', interview with Hans Stimmann, in: *NAW Dossier* #25 (Bouwfonds MAB Ontwikkeling, summer 2007)
Formats for living, Arcam pocket 12 (Amsterdam: Arcam and Architectura & Natura Press, 2000)
IBB Wohnungsmarktbericht 2008 (Berlin: Investitionsbank, 2009)
Luxe wonen (Amsterdam: Stuurgroep Woningbouw Amsterdam, 2001)
MARK magazine, no. 7 (December 2008 - January 2009)
Kristien Ring (DAZ), *auf.einander.bauen; Baugruppen in der Stadt* (Berlin: Jovis Verlag, 2007)
Paul Schnabel, 'Amsterdam terug naar Amsterdam', in: *Uitgebreid Amsterdam, 50 jaar Amsterdamse Raad voor de Stadsontwikkeling* (Bussum: Uitgeverij Thoth, 2007)

Internet:
http://www.diplomaten-park.de/
www.immobilienscout24.de

Olv Klijn
& Harald Mooij

Nieuw elan voor de flatwoning
New Elan for the Apartment

Interview met/with Huub Smeets

Het Céramique-terrein gezien vanaf de bovenste verdieping van de woontoren, ontworpen door de Portugeese architect Alvaro Siza
The Céramique terrain seen from the top floor of the residential tower, designed by the Portuguese architect Alvaro Siza.

Het luxe appartement speelt in de Nederlandse woningbouwgeschiedenis een bescheiden rol. Vanaf begin jaren negentig neemt echter de interesse voor gestapeld wonen als volwaardig alternatief voor de grondgebonden woning toe. Behalve meer waardering voor het luxe appartement als woonvorm dringt ook langzaam de strategische waarde van deze typologie door. Het gestapeld wonen biedt in potentie immers interessante mogelijkheden om bijvoorbeeld actuele vraagstukken als verdichting en binnenstedelijk bouwen van antwoorden te voorzien.

In Nederland heeft Vesteda zich vanaf eind jaren negentig ontwikkeld tot een van de specialisten op het gebied van luxe huurappartementen. Onder leiding van directievoorzitter Huub Smeets zijn in de afgelopen jaren veelbesproken projecten gerealiseerd in Maastricht, Eindhoven, Amsterdam en Rotterdam.

Vesteda is een beleggingsfonds. Maar ook marktleider in het hogere huursegment in Nederland met een bezit van ongeveer 30.000 woningen en een balanswaarde van meer dan 5 miljard euro. Bovendien heeft Vesteda in minder dan tien jaar tijd verschillende markante gebouwen weten te realiseren op toplocaties in verschillende Nederlandse steden. Stuk voor stuk indrukwekkende feiten, maar hoe omschrijft u zelf het bedrijf waarvan u directievoorzitter bent?

Wat Vesteda als vastgoedonderneming bijzonder maakt, is dat we een ontwikkelende belegger zijn en dat is iets heel anders dan een gemiddelde ontwikkelaar. Behalve rendementsgedreven is Vesteda architectuurgedreven. Onze strategie is gericht op schaalverkleining en kwaliteitsvergroting; rendement door kwaliteit zou je het kunnen noemen.

Vesteda is in 1998 ontstaan uit de herstructurering van de vastgoedportefeuille van het Algemeen Burgerlijk Pensioenfonds (ABP). Vanaf 1999 is het zich gaan specialiseren in de duurdere huursector; deze focus is sinds mijn aantreden als directievoorzitter in 2003 versterkt. Als gevolg van demografische ontwikkeling en de welvaartsgroei in de jaren negentig voorzagen wij een duidelijke vraag naar duurdere huurwoningen. Mede door deze inschatting hebben we besloten de verhuur van de door ons ontwikkelde projecten volledig zelf uit te voeren. Wij zijn de enige in Nederland, en waarschijnlijk zelfs Europa, die het zo doen.

Liggen er behalve demografische en economische ontwikkelingen ook ruimtelijke ontwikkelingen aan de aanpak van Vesteda ten grondslag?

The luxury apartment plays a modest role in the history of Dutch housing. Since the early 1990s, however, there has been a growing interest in stacked dwellings as a satisfactory alternative for street-linked dwellings. In addition to increasing appreciation for the luxury apartment as a form of housing, the strategic value of this typology is also gradually becoming recognized. After all, stacking potentially offers interesting solutions for such topical issues as density and inner-city housing. Vesteda has grown since the late 1990s into one of the specialists in the field of luxury rental apartments in the Netherlands. Under the guidance of CEO and Chairman of the Board Huub Smeets, the company has completed bespoke projects in Maastricht, Eindhoven, Amsterdam and Rotterdam over the past several years.

Vesteda is an investment fund. But also a market leader in the higher rental sector in the Netherlands, owning some 30,000 housing units with a book value of over 5 billion euros. Moreover, in less than ten years' time, Vesteda has delivered various striking buildings at top locations in several Dutch cities. Both of these facts are impressive, but how would you yourself describe the company of which you are CEO and chairman?

What makes Vesteda special as a real estate group is that we are an investing developer, and that is very different from your average developer. Besides being driven by returns, Vesteda is driven by architecture. Our strategy is aimed at decreasing our scale of operations and increasing its quality; returns through quality, you might say.

Vesteda was established in 1998 as a result of the restructuring of the real estate portfolio of ABP, the Dutch national pension fund for civil servants and educators. Vesteda has specialized in the higher rental sector since 1999, and this has been given greater focus since I became Chairman of the Board in 2003. We predicted a clear demand for more expensive rental housing as a result of demographic developments and increased prosperity during the 1990s. Partly because of that evaluation, we decided to keep the management of letting out the projects we develop entirely within our own hands. We are the only ones in the Netherlands, and probably even Europe, who do that.

Besides demographic and economic developments, do spatial developments also underlie Vesteda's approach?

Ja, men zou kunnen zeggen dat aan de strategie van Vesteda een hele concrete opgave ten grondslag heeft gelegen: het Céramique-terrein in Maastricht. De herinrichting van het voormalige Sphinx-Céramique terrein was het eerste 'sleutelproject ruimtelijke inrichting', waarmee eind jaren tachtig een nieuwe aanpak van de stedelijke vernieuwing in gang is gezet. Maastricht gold in die tijd als een voorbeeldstad. Niet alleen werd er hier gestreefd naar vernieuwing binnen de bestaande stad, maar geholpen door een grote continuïteit in zowel het bestuur als de top van het ambtenarenapparaat werden in Maastricht hoge eisen gesteld aan de kwaliteit van de bestaande stad. Zo werd eind jaren zestig al het verpauperde Stokstraatgebied getransformeerd tot (exclusief) winkelgebied. In de jaren tachtig gevolgd door het Boschstraatkwartier, een aantrekkelijk woongebied met een flinke dichtheid aan bebouwing.

Het Céramique-terrein besloeg 23,5 ha en vormde een 'lege' plek in de stad. Het fabrieksterrein doorbrak de continuïteit van de binnenstad en belemmerde een organische groei van de stad. Toen de stad medio 1987 de kans kreeg het gehele terrein aan te kopen heb ik, vanuit mijn toenmalige functie als directeur Stadsontwikkeling, gezocht naar een kapitaalkrachtige partner om het project van de grond te krijgen. Dat werd het ABP dat namelijk op zoek was naar een vooruitstrevende manier van beleggen in onroerend goed op toplocaties in Nederland.

In de overeenkomst tussen gemeente en ABP stond te lezen dat beide partijen hoge ambities hadden. Céramique moest niet zomaar een invulling worden, maar een nieuwe multifunctionele stadswijk met een bovenlokale uitstraling. Een belangrijk onderdeel van het plan (en het onderliggende rekenmodel) vormde de realisatie van 1600 woningen. Dit betekende dat men gedwongen was om over gestapelde woningbouw na te denken.

Gestapeld wonen werd in die tijd niet bepaald als voorbeeld van luxe beschouwd. Hoe is er met dit mentaliteitsprobleem omgegaan?

Op dat moment was de flatwoning in de Nederlandse beeldvorming inderdaad synoniem aan een sociale huurwoning. Daar kwam nog eens bij dat de Nederlandse woningmarkt ook toen al één van de slechts functionerende van Europa was. Zo was (en is) er een geweldige kloof tussen huren en kopen, aangezien het huren overgereguleerd is en de koopsector door de hypotheekrente aftrek ondersteund wordt.

Dat we bij de invulling van het Céramique-terrein in staat zijn gebleken tegen de heersende opvattingen in aantrekkelijke alternatieven van gestapeld wonen te realiseren, is vooral het gevolg geweest van een gelukkige samenloop van omstandigheden. Het project kwam onder grote druk tot stand. De stad vroeg om de aanpak van het terrein, NV Koninklijke Sphinx stelde een korte deadline voor verkoop van de grond, het ABP zocht naar een vooruitstrevende manier van beleggen en het Rijk wilde publiek-private samenwerking stimuleren. Dit alles kwam op het juiste moment samen, waardoor gemeente en ABP nog in hetzelfde jaar dat het terrein gekocht werd, aan Jo Coenen de opdracht konden geven een masterplan voor het Céramique-terrein te maken.

In het ontwerp van Coenen stond het idee van verzoening centraal.

Yes, one could say that Vesteda's strategy is based on a very concrete assignment, the Céramique terrain in Maastricht. The redevelopment of the former Sphinx-Céramique terrain was the first government designated 'key spatial planning project', which sparked a new approach to urban renewal in the late 1980s. Maastricht was considered a model city at the time. Not only did it strive for renewal but it also placed high requirements on the quality of what already existed in the city, thanks to great continuity in both the city council and civil servants at the top level. In the late 1960s, for example, the impoverished Stokstraat district was transformed into an exclusive shopping area. Next came the Boschstraat quarter in the 1980s, an attractive residential area that is quite densely built up.

The Céramique terrain spanned 23.5 hectares and was an 'empty' spot in the city. This factory site broke the continuity of the inner city and obstructed organic growth. When the city got the chance to buy the entire site in mid-1987, I sought, in my then capacity as Maastricht's director of urban planning and development, for a wealthy partner to get the project off the ground. That was ABP, which happened to be looking for a progressive way of investing in real estate at top locations in the Netherlands.

The agreement made between the city and ABP shows clearly that the two parties had high ambitions. Céramique was not to be simply 'filled in', but was to become a new, highly alluring and multifunctional city district. An important part of the plan (and the basic calculation model) was the delivery of 16,000 residential units. This meant that the planners were forced to think in terms of stacked housing.

The stacked dwelling was not exactly considered a model of luxury in those days. How was this image problem dealt with?

At that time, people in the Netherlands indeed considered apartments synonymous with social rental housing. On top of that, the Dutch housing market was one of the most poorly functioning in Europe, already back then. There was (and still is) a tremendous gap between renting and buying, given that rentals are over-regulated and the home-ownership sector is supported by the mortgage deduction.

The fact that we were able to develop attractive alternatives with stacked housing on the Céramique site despite prevailing attitudes was due to the first-rate location in Maastricht, the attractive urban plan by architect Jo Coenen and the commitment to invest from the outset in high-quality public space. There was also a fortunate combination of circumstances. The project came about under extreme pressure. The city wanted the site to be developed, NV Koninklijke Sphinx had set a short deadline for the sale of the land, the ABP was looking for a progressive manner of investing and the national government wanted to stimulate public/private collaboration. This all came together at the right moment, so that within the same year that the site was bought, the city and ABP commissioned Coenen to make a master plan for the Céramique terrain.

Central to Coenen's design is the idea of rapprochement. Céramique was meant to give the city new élan by tastefully blending with the surrounding areas. With that in mind, Coenen

De *health club* zoals die voor het eerst door Versteda gerealiseerd is in het appartementencomplex Cortile, ontworpen door Bruno Albert

The health club as it was originally built by Versteda is in the Cortile apartment complex, designed by Bruno Albert.

De collectieve binnenruimte in één van de twee gebouwen van het *Piazza Céramique*, ontworpen door Jo Janssen en Wim van den Bergh

The communal interior space in one of the two buildings of the *Piazza Céramique* complex, designed by Jo Janssen and Wim van den Bergh

Het Céramique moest door zorgvuldige aansluiting voor nieuw stedelijk elan zorgen. Coenen nodigde hiertoe een keur aan buitenlandse architecten uit. Waarom was de inbreng van deze architecten cruciaal?

De Italiaanse voorbeelden zoals Rossi en Snozzi, Spanjaarden als Cruz & Ortiz en het werk van Alvaro Siza en Mario Botta waren noodzakelijk om hardnekkige denkbeelden te doorbreken. In Nederland waren – en zijn – er immers verschillende mensen die vinden dat architectuur overgelaten moet worden aan de smaak van de mensen. Als directievoorzitter van Vesteda, maar ook destijds als directeur Stadsontwikkeling, denk ik daar anders over. Hoewel het commercieel aantrekkelijk lijkt vooral de buitenkant van de woning op de modegrillen van het grote publiek af te stemmen, houdt populisme op de lange termijn geen stand. Doordat wij bij Vesteda steeds beter weten wat onze huurders willen, zowel in termen van gebruik als in uitstraling, zijn we steeds beter in staat dat in goede architectuur te vertalen. In het geval van Céramique betekent dit dat mensen zich bewust vestigen in Maastricht, omdat daar geboden wordt waarnaar ze op zoek zijn.

Welke rol speelt de architectuur als het gaat om het stadsappartement, of beter gezegd: waaraan dient de architectuur van appartementen volgens Vesteda te voldoen?

Het verhuren van woningen is een andere activiteit dan het verkopen van woningen. Een huurder is namelijk veel kritischer dan een koper. Op het moment dat een huurder zijn nieuwe woning betrekt moet alles kloppen, zowel in de woning, in het gebouw en in de openbare ruimte er omheen. Zijn er op een van deze niveaus gebreken, dan is de kans groot dat een huurder met de noorderzon vertrekt. Een koper echter accepteert veel, kijk maar naar IJburg: daar wonen mensen in de duurste huizen van Nederland maanden of zelfs jaren in een woestijn.

Concreet betekent dit dat Vesteda grote waarde hecht aan de inzet van architectuur. Persoonlijk beschouw ik architectuur zelfs als inspiratiemotor en duurzaamheidsfactor. Een goede architect kijkt immers altijd breed en denkt na over de lange termijn. Goede architectuur reikt dan ook verder dan de grenzen van een gebouw en is gebaseerd op ideeën over de stad, openbare ruimte en over woonvormen.

Hoe zorgt Vesteda ervoor dat dergelijke architectuur tot stand komt? Hoe geeft zij bijvoorbeeld sturing aan architecten?

Sturing begint met de architectenkeuze, daar besteden wij veel aandacht aan. Ook richting aannemers zijn wij streng. In onze contracten met uitvoerende partijen hebben wij als een van de weinigen tolerantiegraden opgenomen. Dat is het fanatisme, de hardnekkigheid waarmee wij onze rol als opdrachtgever serieus nemen.

Ook voorafgaand aan de selectie van architecten en bouwers proberen wij ons huiswerk goed te doen. Het op elkaar afstemmen van woonproduct, complexvoorzieningen, klantsegment en locatie is voor Vesteda dan ook zeer belangrijk. Aan de programmering van de plintniveaus en de inrichting van de entreegebieden van onze woongebouwen besteden wij buitengewoon veel aandacht. De organisatie van de plattegronden van de woningen,

invited a selection of foreign architects. Why was the input of these architects crucial?

Examples of the work of Italians like Rossi and Snozzi, Spaniards like Cruz & Ortiz and the work of Alvaro Siza and Mario Botta were necessary in order to cut through intractable ideas. In the Netherlands, there were – and are – various movements with the prevailing conviction that architecture should be primarily left to popular taste. As the CEO of Vesteda, but also as director of urban planning and development at the time, I think differently about that. Although it would seem commercially attractive to tailor a residential building's exterior in particular to the tastes of the broader public, populism does not hold up in the long run. Because we at Vesteda are gaining an increasingly clearer idea of what our renters want in terms of both function and allure, we are becoming more and more capable of translating that into good urban design and architecture. In the case of Céramique, this means that people purposely settle in Maastricht because it offers what they are looking for.

What role does architecture play when it comes to city apartments, or rather, what requirements does Vesteda feel that the architecture of apartments must satisfy?

Letting out high-end housing units is a different activity than selling them. The fact is, a renter is much more critical than a buyer. At the moment that a renter moves into his new home, everything must be perfect, in not only the unit itself and the building but also the public space around it. Should anything be lacking at one of these levels, the chance is great that the renter will take off at the drop of a hat. A buyer, however, accepts a lot – just look at the new IJburg district in Amsterdam, where people are living in the midst of a desert in the most expensive homes of the Netherlands for months or even years.

Concretely, this means that Vesteda places great value on the commitment to architecture and public space. Personally, I even consider architecture to be a source of inspiration and a factor in durability. After all, a good architect always has a broad outlook and thinks about the long term. Good architecture always goes beyond the boundaries of the building and is based on ideas about the city, public space, identity and forms of housing.

How does Vesteda ensure that such architecture comes about? For instance, how does it steer architects in the proper direction?

Steering begins with choosing the architect; we put a lot of time and thought into that. We are also very rigorous when it comes to contractors. In our contracts with parties who carry out the work, we are one of the few to include tolerance limits. That shows the fanaticism, the tenaciousness with which we take our role as commissioner seriously.

Prior to selecting architects and builders, we also try to do our homework well. It is very important for Vesteda to find the right combination of housing product, complex facilities, consumer sector and location. We put an extraordinary amount of attention into the programming of the plinth course levels of our residential buildings and into the look of the entrance areas. The layout of the

de kwaliteit van de gebruikte materialen, en de afwerking en inrichting van sanitaire ruimten en keukens staan boven aan onze lijst.

Kunt u aangeven hoe zich binnen Vesteda dit denken over wonen in termen van life-style en voorzieningenniveau heeft ontwikkeld?

Sinds het ontstaan van Vesteda hebben wij een verregaande belangstelling ontwikkeld in het herkennen van structurele ontwikkelingen en trends in relatie tot wonen. Wij zijn dan ook geïnteresseerd in zowel demografische, economische als maatschappelijke veranderingen in onze samenleving.

Om deze ontwikkelingen te kunnen vertalen naar de wensen en eisen van toekomstige huurders is het weinig zinvol om te denken in traditionele categorieën, gebaseerd op gezinssamenstelling. In plaats daarvan werken wij met onderscheid op basis van leefstijlen. Zo onderscheiden wij voor de hand liggende groepen als *expats* en zorgbewoners, maar ook minder algemeen erkende en nieuwe groepen als de 'doorstarter', de 'weloverwogen huurder', de 'urgente huurder', de 'genieter' en de 'niet-Europese Nederlander'. Hoewel de tijdshorizon en de motieven van deze leefstijlgroepen sterk verschillen, biedt huren voor allen een comfortabele oplossing op maat. De producten die wij voor deze verschillende groepen ontwikkelen, variëren van betrekkelijk gewone appartementen tot *serviced apartments* en *business apartments.*

Welke maatstaven, inspiratiebronnen en referenties hanteert Vesteda bij de ontwikkeling van haar woonconcepten?

De door Vesteda geformuleerde denkbeelden over woonproducten zijn het resultaat van samenwerking tussen een beperkt aantal mensen. Behalve door mijn eigen ideeën over architectuur en inspiratie, is het door Vesteda gehanteerde idee over kwaliteit van wonen mede bepaald door onze directeur Conceptontwikkeling Mark Rabbie.

Zo hebben we bijvoorbeeld, om in te spelen op de gegroeide behoefte aan comfort, het concept van het al genoemde *serviced apartment* volledig ontwikkeld. Een dergelijk appartement biedt een tijdelijke huisvesting in de vorm van een luxe gemeubileerde woning, specifiek bedoeld voor klanten in het hoge segment van de markt. Ook het concept van de *health club* hebben we sinds de realisatie van het appartementencomplex Cortile (Bruno Albert, 1998-2003, Céramique) in verschillende projecten verder ontwikkeld. Hiermee bieden we onze huurders exclusief de mogelijkheid om gebruik te maken van een zwembad, sauna en fitnessvoorzieningen. Enkele jaren geleden hebben we in onze projecten ook een videofoon annex computer geïntroduceerd. Dit systeem van domotica noemen we de 'Woonbode' en heeft zich intussen ontwikkeld tot een *touch-screen*, waarop de volledige woning te programmeren is.

Maar luxe heeft niet alleen te maken met techniek of faciliteiten, het gaat ook om de organisatie van de woning zelf en het woongebouw. Ook de flexibiliteit van de indeling van de woning is een belangrijk aspect in ons idee over luxe.

Kunt u aan de hand van een voorbeeld verduidelijken hoe typologie en flexibiliteit de woonkwaliteit bepalen?

floor plans of the dwellings, the quality of the materials used, and the finishing and outfitting of sanitary rooms and kitchens are at the top of our list.

Can you indicate how this thinking about housing in terms of lifestyle and services has developed at Vesteda?

Ever since the founding of Vesteda, we have developed a far-reaching focus on recognizing structural developments and trends in relation to housing, so naturally we are interested in economic and social changes in our society. To be able to translate these developments into the desires and demands of future renters, it does not make much sense to think in terms of traditional categories based on family makeup. Instead, we work with distinctions based on lifestyle. For instance, we make a distinction between the obvious groups such as ex-pats and people needing special care but also less commonly recognized and new groups such as the 'restarter', the 'selective renter', the 'urgent renter', the 'epicurean' and the 'non-European Dutch'. Although the time horizons and the motives of these lifestyle groups vary greatly, renting offers all of them a comfortable tailor-made solution. The products that we develop for these different groups vary from relatively ordinary apartments to serviced apartments and business apartments.

What criteria, sources of inspiration and references does Vesteda use in developing its housing concepts?

The concepts that Vesteda formulates about its housing products are the result of collaborative efforts between a small number of people. In addition to my own ideas on architecture and inspiration, Vesteda's take on the quality of housing is also determined by our director of concept development, Mark Rabbie.

Additionally, we have developed the concept of the serviced apartment that I just mentioned, in order to capitalize on the growing demand for comfort. Such apartments offer temporary housing in the form of a luxury furnished residence specifically intended for customers in the high-end market. After having introduced the health club concept in the Cortile apartment complex in Céramique (Bruno Albert, 1998-2003), we have continued to develop it further in other projects. Health clubs offer our renters the exclusive use of a swimming pool, sauna and fitness facilities. Several years ago, we also introduced a videophone/computer in our projects. We call this domotics system the 'House Messenger'; by now it has developed into a touchscreen, with which the entire dwelling can be programmed.

But luxury is not only about technology or facilities; it also involves the organization of the residential unit itself and of the building. The flexibility of the layout of the dwelling is also an important aspect of our concept of luxury.

Can you clarify how typology and flexibility determine the quality of housing by giving an example?

A good example is one of the most recently completed buildings on the Céramique site: the Piazza Céramique by Jo Janssen Architecten and Wim van den Bergh. In answer to the growing demand for live/work housing, they came up with very interesting

Een mooi voorbeeld is een van de meest recent opgeleverde gebouwen op het Céramique-terrein: het *Piazza Céramique* van Jo Janssen Architecten en Wim van den Bergh.

Om de groeiende vraag naar woon-werkwoningen te beantwoorden, hebben zij zowel typologisch als stedenbouwkundig hele interessante oplossingen bedacht. Geïnspireerd op de grandeur van Zuid-Europese voorbeelden van eind 19e en begin 20e eeuw hebben zij woon-werkwoningen bedacht die verder gaan dan het typisch Nederlandse appartement met een werkkamer. Door gebruik te maken van een dragende buitengevel en een dragende binnenring met alle dienende functies, zijn Janssen en Van den Bergh erin geslaagd appartementen te maken met twee gezichten. Het resultaat is appartementen met twee voordeuren, beiden gelegen aan een imposante, collectieve binnenruimte die zowel bewoners als bezoekers met 'grandeur' onthaalt.

De collectieve binnenruimte in de twee grootste kubische volumes van Piazza Céramique zijn ontstaan vanuit stedenbouwkundige overwegingen. Om de woonkwaliteit te optimaliseren, hebben Janssen en Van den Bergh voorgesteld om op de enigszins afgelegen locatie van het complex een ensemble te maken, waarin het buitenste naar binnen is gekeerd. Dat wil zeggen dat de buitenzijden van de omringende blokken als buitenzijde van het eigen complex zijn beschouwd en er een compositie is gemaakt van drie bouwblokken op een plint, in plaats van de door Coenen voorgeschreven randbebouwing. Twee van de drie volumes zijn vervolgens zo ontworpen dat ze van binnenuit betreden worden. Bij het betreden van elk van beide gebouwen breekt de bezoeker via een opzettelijk nauwe entree door de harde donkere bakstenen gevel van het bouwblok heen om daarna te worden overweldigd door het licht en de verticaliteit van het atrium van elk appartementengebouw. Hoewel de atria van de blokken verschillen is hun werking hetzelfde, ze vormen het representatieve hart van zowel het werken als het wonen in deze gebouwen.

Het is duidelijk dat Vesteda steeds beter in staat is zeer specifieke woonwensen van passende en vernieuwende antwoorden te voorzien. Kunt u tot slot van dit gesprek kort schetsen wat belangrijke nieuwe focuspunten voor Vesteda zijn, als het gaat om appartementen?

Naast continue aandachtsgebieden zoals energie en duurzaamheid kan ik ten minste twee belangrijke nieuwe focuspunten noemen. Ten eerste heeft Vesteda recent aangegeven een bredere scope te hebben dan alleen het luxe segment. Een belangrijk aandachtsgebied voor de komende jaren is daarom het versterken van de portefeuille in het middensegment. Dat betekent dat we ons zelf de opdracht hebben gesteld om te bewijzen dat huren in het middensegment wel degelijk meer dan een middelmatige woonkwaliteit kan betekenen.

Een andere nieuwe focus betreft herbestemming van vooral kantoorpanden tot luxe appartementengebouwen. Zo hebben we in Maastricht samen met architect Hubert-Jan Henket net het voormalige gebouw van Waterleiding Maatschappij Limburg (WML) verbouwd tot 21 luxe appartementen en vier ruime stadswoningen. In Amsterdam realiseren we een vergelijkbaar project. Samen met de Zwitserse architecten Baumschlager Eberle maken we daar van het voormalige ABN Amro kantoor aan de Vijzelstraat een schitterend woongebouw.

solutions both in terms of typology and urban design. Inspired by the grandeur of southern European models at the end of the nineteenth and beginning of the twentieth century, they conceived of live/work housing that goes further than the typical Dutch apartment with a workroom. By using a supporting exterior façade and a supporting inner ring containing all service functions, Janssen and Van den Bergh succeeded in making apartments with two countenances. The result is apartments with two front doors, both situated on an imposing, collective interior area that greets residents and visitors with grandeur.

The collective interior area in the two largest cubic volumes of Piazza Céramique were inspired by urban design considerations. In order to optimize the quality of housing on the rather remote location of the complex, Janssen and Van den Bergh proposed an inward-facing ensemble. That is to say, the outer sides of the encircling blocks are considered the exterior of the complex itself, and there is a composition of three residential blocks on a plinth, instead of buildings lining the edge of the site, as prescribed by Coenen. Two of the three volumes are designed such that they are entered from the interior. To set foot in both of these buildings, visitors must break through the hard, dark brick façade of the block by walking through a purposely narrow entrance, to then be met by the overwhelming light and verticality of the atrium of each apartment building. Although the atriums of the blocks are different, they function in the same manner – as the representative heart of both working and living in these buildings.

Vesteda is clearly becoming increasingly capable of providing suitable and innovative answers for very specific housing requirements. In conclusion of this talk, can you give a brief description of what Vesteda's important new focal points are when it comes to apartments?

Apart from ongoing areas of concern such as energy and durability, I can name at least two important new focal points. First, Vesteda has recently declared that its scope is broader than the luxury sector. Therefore, an important area of attention for the coming years is strengthening the portfolio in the mid sector. This means that we have assigned ourselves the task of proving that renting in the mid sector can definitely mean more than an average housing quality. Another new focus is the reallocation of office buildings as luxury apartment buildings. In Maastricht, we have just worked with architect Hubert-Jan Henket on converting the former office of the Stoomverkoopmaatschappij (or PLEM) into 21 luxury apartments and four spacious townhouses. In collaboration with 'Stadgenoot', we are doing a similar project in Amsterdam, where, together with the Swiss architects Baumschlager Eberle, we are converting the former ABN Amro office on the Vijzelstraat into a magnificent residential building.

Olv Klijn
& Harald Mooij

In New York kun je nooit voorspellen wie er komt te wonen...

In New York, You Can Never Predict Who Is Going to Live There . . .

Interview met/with Winka Dubbeldam

Het Greenwich Street Project (NYC) bestaat uit nieuwbouw van 11 lagen met een gevouwen gevel. De nieuwbouw omarmt een gerenoveerd pakhuis
The Greenwich Street Project (NYC) comprises a new eleven-storey building with a folded façade. The new building envelops a renovated warehouse.

Het appartement als woningtype wordt in Nederland niet direct met luxe geassocieerd. In verschillende delen van de wereld kent juist deze combinatie een lange traditie. Steden waar hoogbouw en hoge dichtheid de norm zijn, zien blijkbaar kans de diverse woonwensen van de pluriforme stedelingen in gestapelde vorm te verwezenlijken.

De van oorsprong Nederlandse architect Winka Dubbeldam woont en werkt in New York, waar ze met haar bureau Archi-Tectonics onder andere diverse ontwerpen voor woningen en woongebouwen in het hogere marksegment op haar naam heeft staan. Het Greenwich Street Project (2004) combineert de renovatie en verhoging van een oud pakhuis met belendende nieuwbouw in downtown Manhattan. Het telt 22 appartementen voor 'loft-style living' met gemeenschappelijke voorzieningen.

Het ontwikkelen van appartementen in het duurdere segment is een trend waarvoor in Nederland pas sinds kort een markt lijkt te bestaan. Het appartement als woningtype is in Nederland nooit erg populair geweest. In Amerika lijkt de waardering voor het appartement als volwaardige manier van wonen veel positiever. Hoe komt dat?

In Nederland wil iedereen nog steeds het liefst een huis met een tuin. Maar in New York zijn geen tuinen, behalve misschien in Brooklyn. Het is hier ook niet zo aantrekkelijk om buiten te zitten. Het is vaak te heet, of er is teveel lawaai en vieze lucht. Een privé buitenruimte is dan niet zo belangrijk. Het luxueuze appartement is te zien als een vervanging voor een huis met tuin. Die tuin wordt dan gecompenseerd door ruimtes binnen het gebouw die prettig zijn, zoals een gym, een spa, een *wineroom*, dat soort dingen. Er wordt een soort mini-stad gecreëerd in het gebouw, wat tegelijk een oplossing is voor het drukke stadsleven met weinig vrije tijd: in plaats van na je werk nog weg te moeten voor sport of ontspanning, kan dat gewoon in het gebouw. Dat is een vervanging voor in je tuin zitten, denk ik. Iedereen vindt dat heel luxueus, maar ik vind het eigenlijk veel luxueuzer om een tuin te hebben.

De luxe van het luxe stadsappartement zit dus vooral in de extra voorzieningen die in het gebouw zijn ondergebracht en niet zozeer in de appartementen zelf?

Ja, dat geloof ik wel. De voorzieningen zijn exclusief voor de bewoners van het appartementengebouw. Meestal is er een gym, als je geluk hebt zit er een zwembad bij, een *screening room* waar

As a housing type in the Netherlands, the apartment is not immediately associated with luxury. In various parts of the world, however, this combination has a long tradition. Cities where skyscrapers and high density are the norm clearly see the stacked form as a way of fulfilling the housing requirements of their diversified residents. Dutch-born architect Winka Dubbeldam lives and works in New York, where she and her firm Archi-Tectonics have designed, among other things, various dwellings and residential buildings for the higher sector of the market. The Greenwich Street Project (2004) combines a renovated and heightened old warehouse with adjoining new construction in downtown Manhattan. It comprises 25 apartments for loft-style living with shared facilities.

The development of apartments for the more expensive sector is a trend that in the Netherlands only recently seems to have found a market. The apartment has never been a very popular type of housing in the Netherlands. In the USA, there seems to be a much more positive attitude towards the apartment as a fully acceptable form of housing. Why is that?

In the Netherlands, everybody still prefers a house with a garden. In New York, however, there are no gardens, except perhaps in Brooklyn. Also, it is not so inviting to sit outside here. It's often too hot, or there is too much noise and the air is dirty. Then a private outdoor space is not so important. The luxury apartment can be seen as a replacement for a house with a garden. That garden is compensated by enjoyable spaces within the building – such as a gym, a spa, a wine room, that sort of thing. A kind of mini city is created in the building, which simultaneously offers a solution for a busy urban lifestyle with little free time. Instead of having to go out again for fitness or recreation after coming home from work, you can simply do that in the building. According to me, it's a replacement for sitting in your garden. Everybody thinks it's very luxurious, but I actually feel it's much more luxurious to have a garden.

So the luxury of the luxury city apartment is primarily to be found in the extra facilities housed in the building and not particularly in the apartments themselves?

Yes, I believe so. The facilities are exclusively for the residents of the building. Usually there is a gym, and if you are lucky there is also a swimming pool, a screening room where you can watch

Interieur van een loftappartement in het Greenwich Street Project
Interior of a loft apartement in the Greenwich Street Project

je films kunt kijken en vaak een *winecellar* waar je je wijn kunt opslaan in een geconditioneerde ruimte. Soms heeft het gebouw als geheel een tuin, of een heel mooie lobby, waar je een beetje kunt rondhangen als je wilt. De lobby is er vooral voor de status, het is meer dan alleen een entree. Er is een portier, die afhankelijk van de luxe van het gebouw 24 uur aanwezig is of bijvoorbeeld acht uur. De faciliteiten geven het gebouw luxe, de appartementen zelf zijn meestal niet zo groot.

Nee? Wat moeten wij ons voorstellen bij een gangbaar luxueus appartement, of bestaat er niet zoiets als een gangbaar appartement?

Dat is in de vrije markt natuurlijk heel wisselend. Maar een beetje gangbaar is misschien de maat van een loft in Soho? Die is zo'n 2500 sq ft, ofwel zo'n 250 m^2, ongeveer een loft met vier slaapkamers. De loft van nu is natuurlijk iets heel anders dan de authentieke lofts in Soho. Dat waren oude fabriekspanden uit 1890, waarin kunstenaars woonden met een *makeshift* keukentje en een douche op planken. Dat was één grote open ruimte met zelfgebouwde kamerschermen of gordijnen. Het was niet echt een appartement met slaapkamers of een aparte keuken, maar een creatieve oplossing van mensen met weinig geld. Het idee van die grote open ruimte is sinds de jaren tachtig heel hip geworden; nieuwe appartementen worden nu als 'loft' ontworpen en verkocht. Dat heeft eigenlijk weinig met de oude loft te maken. En omdat de prijs van onroerend goed zo gigantisch omhoog is gegaan, zijn ze voor die kunstenaars met weinig geld allang niet meer te betalen.

Het loft-appartement is te beschouwen als een typisch Amerikaanse toevoeging aan de ideeën over stedelijk wonen. Het combineert de dichtheid van gestapelde woningen met de suggestie van veel ruimte voor de afzonderlijke bewoners. Zit de luxe van de loft ook werkelijk in die grote ruimte, of is het eigenlijk niet anders dan gewoon een groot appartement?

Of een loft van nu nog iets te maken heeft met de ruimtelijkheid

films and often a wine cellar where you can store your wine in a controlled atmosphere. Sometimes the building has a communal garden or a very beautiful lobby, where you can hang out if you wish. The lobby is primarily for status; it's more than just an entrance. There is a doorman, who depending upon the luxury of the building is present 24 hours a day or, for instance, eight hours. The facilities and services are what give the building luxury; the apartments themselves are usually not very big.

Really? How should we picture the typical luxury apartment, or is there no such thing as a typical apartment?

That's highly varied in the free market, naturally. But maybe the size of a loft in SoHo is a bit typical? That's about 2500 ft^2, or about 250 m^2, which is more or less a loft with three bedrooms. Today's lofts are of course very different from the authentic lofts in SoHo. They were old factory buildings from around 1890 in which artists lived with a makeshift kitchen and a shower on planks. The loft was one big open space with homemade room dividers or curtains. It was not really an apartment with bedrooms or a separate kitchen, but a creative solution by people with little money. Since the 1980s, the idea of the large open space has become very hip; new apartments are now designed and sold as 'lofts', but they actually have very little to do with the old lofts. And because the price of real estate has risen so drastically, artists with little money have not been able to afford them for a long time.

The loft apartment can be considered a typical American contribution to the ideas on urban housing. It combines the density of stacked dwellings with the suggestion of plentiful space for the individual residents. Is the luxury of the loft really all about the large open space, or is it actually nothing more than simply a large apartment?

Whether or not a loft has something to do with the spaciousness of the old lofts is highly dependent on the client. In our project in Greenwich Street, we especially used the principle of the old loft. I found it interesting to preserve that freedom of interpretation, because in New York you can never predict who is going to live there. We installed piping, air conditioning, lighting and sprinklers everywhere, but for the rest, the lofts are completely open spaces with high ceilings. That's very different from other housing – much more difficult to sell, too. Many people have a hard time trying to imagine what to do with such an empty space. As architects, we tend to forget that.

For just that reason, clients often play it safe and develop dwellings that are attractive for a broad target group. Yet your clients dared to develop a building with dwellings that are harder to sell. How would you describe these clients?

I have never worked for developers like some of the ones you have here, the large firms that make gigantic buildings in which everything must be as cheap as possible – buildings that after a while also simply collapse: they purposely use material that gives out after a certain point. I have never worked for such people. Usually I work for private clients who are interested in architecture, like with the Greenwich Street Project: that was a man of around

van de oude lofts, hangt sterk van de opdrachtgever af. In ons project in Greenwich Street hebben we het idee van de loft vooral gebruikt als principe. Omdat je in New York nooit kunt voorspellen wie er komt wonen, vond ik het interessant om die vrijheid van invulling te behouden. We hebben overal leidingen, airconditioning, verlichting en sprinklers ingebouwd, maar verder zijn het helemaal open ruimtes met hoge verdiepingen. Dat is iets heel anders dan andere woningen, veel moeilijker te verkopen ook. Veel mensen vinden het lastig zich voor te stellen hoe je zo'n lege ruimte zou kunnen invullen. Dat vergeten wij gauw, als architect.

Juist daarom kiezen opdrachtgevers vaak voor zekerheid en ontwikkelen ze woningen die voor een brede doelgroep aantrekkelijk zijn. Toch durven jouw opdrachtgevers het aan om een gebouw met moeilijker verkoopbare woningen te ontwikkelen. Hoe zou je deze opdrachtgevers omschrijven?

Ik heb nooit voor ontwikkelaars gewerkt, zoals je ze hier hebt: grote firma's die gigantische gebouwen maken, waarin alles zo goedkoop mogelijk moet. Gebouwen die na verloop van tijd ook gewoon instorten: er wordt bewust materiaal gebruikt dat het na een bepaalde tijd begeeft. Voor dat soort mensen heb ik nooit gewerkt. Meestal werk ik voor privé opdrachtgevers, die geïnteresseerd zijn in architectuur. Zoals bij het Greenwich Street Project. Dat was een jongen van een jaar of 34, die als bankier in Londen voldoende geld had verdiend en geïnteresseerd was om iets in de States te ontwikkelen. Ik ben voor hem locaties gaan zoeken, heb het gebouw aan Greenwich Street gevonden en zo zijn we begonnen. Dat is dus een heel ander soort opdrachtgever; gewoon iemand die persoonlijk geïnteresseerd was in architectuur, die kunst verzamelde en het leuk vond om zoiets te doen. En ik zou het ook niet anders willen, dat lijkt me heel frustrerend.

Dus zoals je in Nederland voor iemand misschien een mooie villa maakt, heb jij een appartementengebouw voor een particuliere opdrachtgever kunnen maken. Dat soort opdrachtgevers zijn er dus in New York te vinden? In Nederland, of zelfs in Europa zou dat veel ingewikkelder zijn. Hebben zij bijgedragen aan het architectuurklimaat in New York, aan de waardering voor architectuur?

Toen wij het gebouw in Greenwich Street deden, was er behalve de Richard Meier Towers helemaal niets. Greenwich Street was een vergeten gebied, buiten Soho. Maar binnen een paar jaar – binnen een jáár zelfs – nadat ons gebouw in de New York Times was gepubliceerd, werden er vijf gebouwen omheen gebouwd. Het was ongelooflijk, zo snel als dat ging. Ons gebouw veroorzaakte een *building boom* en een enorme chaos, maar de mensen eromheen zijn er heel blij mee, want het betekent dat ook de waarde van hun eigen onroerend goed omhoog gaat. En nu is het een heel hippe buurt geworden.

Een appartementengebouw met ongewoon open plattegronden en luxe voorzieningen in een nieuwe buurt: wat voor soort mensen kopen daar een woning? En hoe gaan zij om met die open, lege ruimte?

De zoon van Robert de Niro woont er; een beroemde fotograaf, een beroemde filmster... Maar ook gewoon mensen uit *midtown*: een bankier, advocaten, iemand met een eigen bedrijf in het

34 who had earned enough money in London and was interested in developing something in the USA. I had originally designed his loft in SoHo, and after that, I went looking for locations for him. I found the building on Greenwich Street and that's how we started. So that's a completely different kind of client, just somebody who was personally interested in architecture, who collected art and thought it fun to do something like that. And I would not want it any other way, for I think it would be very frustrating.

In other words, just as you might make a beautiful villa for somebody in the Netherlands, you were able to make an apartment building for a private client in New York. So it's possible to find that kind of client here? In the Netherlands, or even in Europe, that would be much more complicated. Have such people contributed to the architectural climate in New York, to the appreciation of architecture?

When we did the building on Greenwich Street, there was nothing there except for the Richard Meier Towers. Greenwich Street was a forgotten area, outside SoHo. But within a few years – within one year even – after our building was publicized in the *New York Times*, five buildings sprang up around it. It was unbelievable, how fast it happened. Our building caused a building boom and an enormous chaos, but the people in the area are very happy about it because it means that the value of their own property went up. And now it has become a choice residential neighbourhood.

An apartment building with uncustomary open floor plans and luxury services in a new neighbourhood – what kind of people buy a home there? And how do they deal with the open, empty space?

The son of Robert de Niro lives there; a famous photographer, Cindy Sherman; and a famous film star . . . but also ordinary people from uptown and Wall Street: a banker, lawyers, somebody with their own company in organizing events; I myself live there too. Lots of creative people, but you would have that here anyway, because it's downtown.

Most of them hire an architect to design the interior of their home. I myself have done two apartments in the building. One was 350 m^2, for a 28-year-old photographer, which also became a real loft: entirely open, with a 'backbone' of bogwood to organize the private areas. Only the guest bedroom and bathroom have a door. The other space was smaller, about 175 m^2, for a family with a young daughter; that one has a lot more rooms and looks more like an ordinary apartment.

When architects design a luxury apartment, are there aspects that require extra special attention? For example, is greater attention placed on the materials and detailing than in ordinary dwellings?

That varies according to the architect, I think. I myself can't stand the corridors and small rooms of the traditional apartment. I try to keep the space as open and flowing as possible. Also, there is more money with luxury apartments, of course; you can work much more with natural materials, do research on what transparency is, how it is experienced in the home . . . People have a greater appreciation for architecture and are willing to pay

organiseren van *events*; ikzelf woon er ook. Veel creatieve mensen, maar dat heb je sowieso hier omdat het *downtown* is.

De meesten huren een architect in voor de inrichting van hun woning. Ik heb zelf ook twee appartementen in het gebouw gedaan. Eén voor een fotograaf van 28 jaar, dat is ook echt een loft geworden: helemaal open, alleen de slaap- en badkamer voor de gasten hebben een deur. Het andere was voor een gezin met een dochtertje, dat heeft veel meer kamers en lijkt meer op een gewoon appartement.

Zijn er bij het ontwerp van een luxe appartement aspecten die extra veel aandacht krijgen? Is er bijvoorbeeld meer aandacht voor het materiaal en het detail dan in gewone woningen?

Dat verschilt denk ik per architect. Zelf heb ik een hekel aan de gangen en kleine kamertjes van het traditionele jaren dertig appartement. Ik probeer de ruimte zo open en vloeibaar mogelijk te houden. Ook is er hier natuurlijk meer geld; je kunt veel meer werken met materialen, onderzoeken wat transparantie is, hoe je dat in de woning ervaart… Mensen hebben meer waardering voor architectuur en betalen graag wat meer voor een goede architect. Ze zien het als een goede investering. Het is New York, dus je krijgt je geld gegarandeerd terug. Het verkoopt zelfs extra goed met de naam van een architect. Zelf ben ik hier wel een beetje bekend en dat wordt door de opdrachtgever gebruikt voor de verkoop. Er is zeker waardering voor het werk van de architect.

Het interieur wordt dus ontworpen door een architect. Tot hoe ver kan die betrokkenheid gaan, word je ook gevraagd voor het uitzoeken van de meubels, de stoffering van het appartement, of zelfs het ontwerpen van iemands lifestyle?

Het is hier gebruikelijk dat iemand anders de afwerking doet. Dan is er naast de architect nog een *interior decorator*. Maar ik doe het zelf vaak wel, omdat ik het interieur niet zie als *decoration*, maar als architectuur. En soms adviseer ik inderdaad ook over iemands garderobe.

Het contact tussen architect en opdrachtgever is dan ook intensiever dan bijvoorbeeld in Nederland gebruikelijk is. Er ontstaat een sterke persoonlijke band, die overigens vaak weer ophoudt wanneer de opdracht voorbij is. Voor een groot interieur van bijvoorbeeld 5000 sq ft^2 – 500 m^2 – duurt dat een jaar tot 14 maanden, voor een kleiner appartement misschien een halfjaar, zoiets.

Het luxe interieur van vroeger verschilt van dat van nu, niet alleen in stijl, maar ook in de mogelijkheden van ruimte, constructie en materiaal. Zijn er ontwikkelingen te noemen die van invloed zijn op de architectuur van het luxe appartement van nu, waarmee jij in je werk ervaring hebt?

Wat erg verandert, is de manier waarop je dingen kunt maken. We ontwerpen bijvoorbeeld nu een *townhouse* voor de eigenares van een groot bedrijf dat mode ontwerpt, hier en in China. Daar doen we ook het interieur van, waarvoor we onderdelen in China laten maken, met lasercutters en 3D-printers en dat soort dingen. Bijvoorbeeld een trapscherm met allemaal kleine telescopische openingen erin, die het daglicht van boven door het hele huis verspreiden. Bijna barok.

Impressie van een buitenruimte in een project aan Chestnut Street
Impression of an outdoor space in a project on Chestnut Street

more for a good architect. They see it as a good investment. This is New York, so you are guaranteed to get your money back. Apartments sell even better with the name of an architect behind them. I am a bit known here and the client uses that as a selling point. There certainly is appreciation for the architect's work.

So, the private interior is designed by an architect. Just how far can that involvement go; are you also asked to choose the furniture, the soft furnishings for the apartment, or even to design someone's lifestyle?

It is customary here for someone else to do the finishing work. In that case, there is also an interior decorator in addition to the architect. But I also often do it myself, because I do not see the interior as *decoration*, but as architecture. And sometimes I indeed advise someone about their drapes, tableware, bedding and so forth.

The contact between architect and client is more intensive than is customary in the Netherlands, for instance. There is a strong personal relationship, which often stops once the assignment is completed, by the way. For a large interior of 5000 ft^2 – 500 m^2 – for example, that relationship will last anywhere from a year to 14 months, for a smaller apartment perhaps a half year, something like that.

The luxury interior of the past is different from that of today, not only in terms of style, but also of possibilities for space, construction and materials. Are there any developments influencing the architecture of today's luxury apartment with which you have had experience in your own work?

What is changing tremendously is the manner in which you can make things. For example, we are now designing a townhouse in Chelsea for the owner of a large fashion design company with shops all over the world and production in China. We are also doing the interior, for which we are having some components made in China with laser cutters and 3-D printers and that sort of thing. For instance, a staircase screen full of small telescopic

De technologie om over zo'n afstand een product te ontwerpen en te produceren, is pas recentelijk ver genoeg ontwikkeld. Betekent dit iets voor de ontwerpvrijheid die je hebt als architect? Kun je alle bouwdelen die je bedenkt op deze manier maken?

Het is heel nieuw. En het is ontzettend gemakkelijk. Wij sturen hen de 3D-files en zij hoeven het alleen maar te printen. Er kan heel weinig fout gaan. Maar het blijft duur, dus je kunt financieel gezien niet alle bouwdelen internationaal produceren. Als je slim kiest, kan het soms wel. Bij Greenwich Street bijvoorbeeld is het glas gebogen in Barcelona, de kozijnen komen uit Hong Kong en de geveldelen zijn samengesteld in Phuket. Dat was een paar jaar eerder nooit mogelijk geweest.

Samengevat is een luxe appartement anno 2009 in New York een niet heel grote woning met een bijzonder eigen interieur, in een gebouw met mooi ontworpen collectieve ruimtes, een bijzondere architectuur en eigentijds materiaalgebruik. Is dit ook de opgave voor de nabije toekomst?

Het appartementengebouw met voorzieningen bestaat al een tijdje. Een nieuwe trend waar iedereen nu mee bezig is, zijn hotels met appartementen. Dat is eigenlijk het omgekeerde: hotels hebben altijd al gedeelde voorzieningen en daar mogen nu ook appartementen gebruik van maken. Het is eigenlijk een oud New Yorks principe, het *residential hotel*, dat nu op een interessante manier terugkomt: luxe vijfsterrenhotels met appartementen erop die ook gebruik kunnen maken van roomservice, schoonmaken, de gym en de spa van het hotel.

Maar je koopt dan het appartement? Je bent de eigenaar van zo'n appartement?

Ja, of je koopt een *share*. Meestal heeft een hotel twee versies. Je hebt dan naast het hotel, waar je gewoon kamers huurt, ook de hotel-condo en de condo-met-hotelservice. De hotel-condo wordt ingericht door het hotel en daar koop je een *share* van. Wanneer je er niet bent, wordt het verhuurd. Zo levert het appartement geld op als je er niet bent. Dat is heel geschikt voor mensen die bijvoorbeeld veel in Miami moeten zijn, maar er niet vast willen wonen. De condo-met-hotelservice is je eigen appartement, dat richt je helemaal zelf in. Het wordt niet verhuurd, maar maakt wel gebruik van de hotelservice.

Onze Chestnut Tower in Philadelphia is bijvoorbeeld zo'n gebouw. De meeste hotels bieden alle drie de opties, omdat een ontwikkelaar dan meer mogelijkheden heeft met een verschillend aanbod. Het is erg interessant, omdat het volgens mij ook echt over de Amerikaanse cultuur gaat. Het idee dat je in een hotel woont, is niet erg Europees.

Tegelijk ben ik er nog niet achter, wie dat nou eigenlijk in Amerika doen, behalve als tijdelijke oplossing. Het blijft ook hier iets specifieks. Maar je hebt mensen die hun hele leven in zo'n hotel blijven wonen, ook in hetzelfde. Eerlijk gezegd, begrijp ik dat niet. Maar het is voor een architect wel heel interessant.

openings that spreads the daylight coming from above throughout the entire house. Somewhere between science and baroque.

The technology for designing and producing products from afar has only recently been developed to a workable level. How does this affect the creative freedom that you have as an architect? Can you make all of the components that you design for a building in this manner?

It's fairly new. And extremely easy. We send them the 3-D files and they just have to print it. Very little can go wrong. But it remains expensive, so from a financial standpoint you cannot produce all of the components of your building internationally. If you choose cleverly, though, sometimes you can. For the façade of Greenwich Street, for example, the glass was curved in Barcelona, the aluminium window frames were extruded in Hong Kong and the components of the façade were assembled in Brooklyn. A few years earlier, that would not have been possible.

To sum up, a luxury apartment anno 2009 in New York is a not-very-large dwelling with a custom-made interior, in a building with beautifully designed collective spaces, unique architecture and contemporary use of materials. Is this also the picture for the near future?

The serviced apartment building has existed for some time. The new trend that everybody is focusing on now is luxury hotels with apartments. It's actually turning things around: hotels have always offered shared services and now apartments are also allowed to make use of them. In fact, it's an old New York principle – the residential hotel, which is now coming back in an interesting manner: luxury five- or six-star hotels with added or adjacent apartments that can also make use of the hotel's room service, cleaning, gym and spa.

But then you buy the apartment? You are the owner of such an apartment?

Yes, or you buy a share. Usually a hotel has two versions. In addition to the hotel, where you simply rent rooms, you also have the hotel-condo and the condo with hotel service. The hotel-condo is furnished and equipped by the hotel and you buy a share in it. When you are not there, it is rented out. That way, the apartment brings in money in your absence. This is very suitable for people who, for example, have to be in Miami a lot, but do not wish to live there permanently. The condo with hotel service is your own apartment, which you furnish and decorate entirely yourself. It is not rented out to others, but you have use of the hotel service.

Our Chestnut Tower in Philadelphia is an example of such a building. Most hotels offer all three options, because a developer has more possibilities with a varied offering. It's very interesting, because I believe it really has something to do with the American culture. The idea of living in a hotel is not very European.

Often such people are either very rich and have several apartments or else they travel a lot for their work. It remains a specific thing here too, although you also have people here who live their whole lives in such a hotel, sometimes even the same one. Quite honestly, I don't understand that. But as a new typology, it certainly is very interesting for an architect.

Paul Meurs

De clubgedachte
The Club Idea

De gestapelde luxe van São Paulo
The Stacked Luxury of São Paulo

Appartementengebouwen met uitwaaierende terrassen en zwembaden, São Paulo
Apartment buildings with fanned terraces and swimming pools, São Paulo

Iets meer dan een eeuw geleden was São Paulo nog een nietig provinciestadje in een onbelangrijke deelstaat van Brazilië. Dankzij de verbouw van koffie en later de sterke groei van de Braziliaanse industrie kon São Paulo zich in de 20e eeuw transformeren tot het economische en culturele centrum van het land – en een van de grootste steden van de wereld. Tegenwoordig woont een op de tien Brazilianen in deze metropool en wordt er 20% van het BNP gerealiseerd. De stad heeft de grootste concentratie rijkdom van het land, maar kent ook een schrijnende armoede, sociale segregatie en ongelijkheid.

Vanaf het eind van de 19e eeuw ontwikkelde São Paulo zich zo snel, dat de uitbouw van de infrastructuur geen gelijke tred kon houden met de groei van de stad. Rondom de centrale zone ontstond een gordel van armoedige buitenwijken, die verstoken bleef van een goede infrastructuur en voorzieningen als scholen, gezondheidszorg, justitie en groen. De welvaart van São Paulo zat tot in de jaren zeventig noodgedwongen samengebald in een fors centrumgebied, waar de voorzieningen wel op orde waren.

Wijkgedachte voor de middenklasse

Anders dan in Europa kende São Paulo tot 20 jaar terug hoegenaamd geen groene suburbs, rijke satellietsteden of villadorpen voor forensen. Er bestond een geconcentreerde rijkdom en een verspreide armoede. Architecten in São Paulo waren 60 jaar geleden al bezig met het ontwikkelen van concepten voor wat nu 'intensief en meervoudig ruimtegebruik' wordt genoemd. In de wijk Higienópolis en bij Avenida Paulista verrezen appartementengebouwen die in luxe en uitstraling konden wedijveren met villawijken. Straat na straat zijn de woningen ruim, de gevels strak en de gemeenschappelijke tuinen en speelplaatsen organisch op de openbare ruimte aangesloten. Tegenwoordig behoren deze woonmilieus tot de schaarse gebieden in de stad met een sterke architectonische samenhang. De gebouwen uit de jaren veertig bleven goed bewaard en weten 70 jaar na dato nog steeds de hogere inkomens vast te houden. Andere steden in Brazilië kenden een vergelijkbare ontwikkeling, maar dan met minder luxe en van een bescheidener schaal.

De eerste generatie luxe appartementen is sterk geïnspireerd op de concepten voor de huisvesting van arbeiders in Europa in de jaren veertig en vijftig, de tijd van de *neighbourhood unit* en wijkgedachte. Braziliaanse architecten waren goed bekend met wat er in Europa gebeurde. Ze maakten studiereizen, onderhielden professionele contacten en waren geabonneerd op Europese vakbladen. Het merendeel van de architecten in São Paulo was afkomstig uit Europa en daar ook opgeleid.

Er zijn, los van het klimaat, drie opmerkelijke verschillen tussen de middenklasse woningbouw in Brazilië en de sociale woningbouw in Europa: de hoogwaardige uitvoering, het gebruik van een semi-privaat milieu met collectieve voorzieningen en de gescheiden circuits voor bewoners en bedienden. De hoge kwaliteit is bereikt door het gebruik van duurzame materialen en ruime plattegronden met overmaat. De collectieve voorzieningen bevinden zich onderin of bovenop de woongebouwen en op het erf. De bewoners hebben hier de beschikking over bijvoorbeeld een parkeergarage, feestzalen, tuinen, speeltoestellen en zwembaden. Dergelijke voorzieningen lagen in de Europese wijken in de openbare ruimte (pierenbaden, speelplaatsen, parken).

De ruimtelijke opzet van de Braziliaanse villa's en landhuizen

A little over a century ago, São Paulo was still an insignificant provincial town in an unimportant state of the Brazilian Republic. Thanks to the cultivation of coffee and later to the strong growth of Brazilian industry, São Paulo was able to transform itself over the course of the twentieth century into the country's economic and cultural centre – and one of the largest cities in the world. Nowadays, one out of ten Brazilians lives in the metropolis, and 20 per cent of Brazil's GNP is generated there. The city has the greatest concentration of wealth in the country, but also harrowing poverty, social segregation and inequality.

From the nineteenth century onward, São Paulo developed so quickly that the expansion of infrastructure could not keep up with the growth of the city. Around the central zone, there arose a belt of poor districts that remained bereft of good infrastructure and facilities such as schools, healthcare, police and public greenery. Until the 1970s, São Paulo's wealth was out of sheer necessity contained within a vigorous central area where the facilities were in good order.

The Concept of the Neighbourhood Unit for the Middle Class

Unlike in Europe, up until 20 years ago there were hardly any green suburbs, rich satellite towns or exurbs for commuters in and around São Paulo. There was concentrated wealth and sprawling poverty. Sixty years ago, architects in São Paulo had already begun developing concepts for what is now called intensive, multiple use of space. Apartment buildings sprang up in the Higienópolis neighbourhood and on Avenida Paulista that could compete with exclusive residential neighbourhoods in terms of luxury and allure. Street after street, the residences are spacious, the façades imposing and the communal gardens and playgrounds organically linked with the surrounding public space. Nowadays, these residential areas are among the rare sectors of the city that have a distinctive architectural coherence. The buildings from the 1940s have remained well preserved and still attract people with higher incomes 70 years on. Other Brazilian cities have gone through a comparable development but with less luxury and on a more modest scale.

The first generation of luxury apartments was heavily inspired by European concepts for workers' housing in the 1940s and '50s, the era of the 'neighbourhood unit'. Brazilian architects were well informed about what was happening in Europe. They went on study trips, maintained professional contacts and subscribed to European trade journals. The majority of architects in São Paulo had come from Europe and also been educated there.

Apart from factors inspired by the climate, there are three striking differences between housing for the middle class in Brazil and social housing in Europe: in Brazil, there is high-quality construction, a semiprivate environment with shared facilities and separate routes for residents and employees. The high quality was achieved through the use of durable materials and extremely spacious floor plans. The collective facilities are located beneath or on top of the buildings and on the premises. The residents have access, for example, to a parking garage, party rooms, gardens, playground equipment and swimming pools. In European neighbourhoods, such facilities were in public space (wading pools, playgrounds, parks).

The layout of Brazilian villas and country estates with their separate circuits for residents and staff was translated into a

Condomínio fechado in aanbouw: meerdere woontorens delen een collectief programma en een shopping mall
Condomínio fechado under construction: several residential towers share a collective programme and a shopping mall

Appartementencomplexen met collectieve functies in de plint
Apartment complex with collective functions in the plinth course

met gescheiden circuits voor bewoners en bedienden is omgezet in een gestapelde uitvoering. Aan de straat hebben zij aparte ingangen. De bewoners en hun gasten lopen via de portier naar een collectieve lifthal onderin het gebouw. De hal is ingericht met een zitje en versierd met kunstwerken. Op de verdiepingen geeft het liftportaal direct toegang tot de woonkamer. De bedienden gaan achter de entreehal langs naar een servicezone met vuilcontainers, het trappenhuis en een dienstlift die op de verdiepingen uitkomt naast de bijkeuken. Zo zijn de appartementen bereikbaar via twee gescheiden routes die in de woning uitmonden op de woonkamer respectievelijk de servicezone. In de parkeergarage kan worden gekozen tussen de dienstlift (*serviço*) en de gewone lift (*social*). De sociale codes schrijven namelijk voor dat bewoners met veel boodschappen of in strandplunje de dienstlift nemen en via de keuken hun huis ingaan. De servicezone in de woning bestaat uit de keuken, een bijkeuken (een inpandige ruimte waar onder meer de was wordt gedaan en te drogen gehangen) en een of meerdere kamers voor bedienden, met een wc en douche. Hoewel het tegenwoordig niet meer gebruikelijk is dat de dienstmeid (*empregada*) bij de familie inwoont, zijn de dienstvertrekken nog steeds een vast element in de woningplattegrond. Ze worden gebruikt voor opslag, als logeerkamer of als computerruimte.

De verschillen in opzet met Europa geven de Braziliaanse wijken een eigen karakter. Het woondomein is compacter en scherper gedefinieerd dan in de naoorlogse wijken in Europa. De vrije actieradius van kinderen is navenant kleiner en beperkt tot het collectieve erf. De openbare ruimte (straat, stoep en plein) fungeert niet als collectieve tuin of speelplaats, maar als een stedelijk gebied, ten dienste van meer dan alleen buurtbewoners. De stad komt dichter bij de woning en dat levert meerwaarde voor het woonmilieu op. Er valt wat te kiezen: collectieve woonvoorzieningen rondom de woongebouwen en stedelijke voorzieningen als winkels, uitgaan of werken gekoppeld aan de openbare ruimte. Het wonen wordt bepaald door de kwaliteiten op drie schaalniveaus: de individuele woning, de collectieve voorzieningen en de openbaarheid van de stad.

Door de complementariteit van schaalniveaus (privé, collectief, openbaar) konden de woonwijken in de loop van de jaren gemakkelijk veranderingen opnemen. Zo tastten het drukker wordende verkeer en de stijgende onveiligheid in de openbare ruimte de kwaliteit van het woondomein niet aan, omdat het immers in een afgescheiden omgeving ligt. De overgang van openbaar naar collectief werd weliswaar verscherpt door hekken en beveiliging toe te voegen, maar dat betekende geenszins een teloorgang van de openbare ruimte. Integendeel, met het ouder worden van de woonwijken en dus het opgroeien van de kinderen, kon de openbare ruimte jongvolwassenen en 'empty nesters' aan de wijken blijven binden. De straten, pleinen en parken zorgen voor collectieve voorzieningen buiten de traditionele oriëntatie op het gezin om. In de wijk Higienópolis in São Paulo zijn de stoepen overdag gevuld met een doorlopend defilé van dames met schoothonden, zakenmensen, studenten en bejaarden. 's Nachts blijft de openbare ruimte naar verhouding veilig, omdat de portiersloges bij de woongebouwen zorgen voor sociale controle. Het collectieve woondomein versterkt de kwaliteit van de openbare ruimte.

Varianten op de eerste generatie gestapelde luxe zijn de complexen met gemengde functies in de binnenstad en langs grote

stacked version for the city. The two groups have separate entrances on the street. A doorkeeper admits the residents and their guests, who walk to a communal lobby with lifts at the base of the building. The lobby has a sitting area and is decorated with artworks. On each of the floors above, the lift landing gives direct access to the living room of the apartment. The staff circumvent the lobby to a service zone at the back where there are refuse bins, the staircase and a service lift that opens onto the scullery at each floor. Thus, the apartments are accessible via two separate routes that respectively lead to the living room and the service area of the dwelling. In the parking garage, one can choose between the service lift (*serviço*) and the regular lift (*social*). The social code requires residents carrying lots of groceries or wearing beach garb to take the service lift and enter their homes through the kitchen. The service area in the residence comprises the kitchen, a scullery and one or more rooms for servants, including a toilet and shower. Although it is no longer customary for the maid (*empregada*) to live with the family, the service quarters are still a permanent element in the residential floor plan. They are used for storage, as a guest room or computer room.

Brazilian neighbourhoods have a unique character compared to those of post-war Europe. The residential domain is more compact and sharply defined. The free action radius afforded to children is accordingly smaller and limited to the building and its premises. Public space (streets, pavements and squares) does not function as a communal garden or play area but as an urban area for the use of more than the neighbourhood residents only. This brings the city closer to the home and provides added value for the living environment. People can choose between collective residential facilities on the premises and urban facilities such as shops, recreation, or work in the public area. The quality of housing is determined on three levels: the individual dwelling, the collective facilities and urban public space.

Due to the complementary nature of these levels, residential neighbourhoods easily have been able to accommodate changes over the course of the years. Increasing traffic and the rising lack of safety in public space has not affected the quality of the residential domain, seeing as it is a separate environment. It's true, the transition from public to collective has been sharpened by adding fences and security measures, but that in no way has meant a loss of the use of public space. On the contrary, as residential neighbourhoods have grown older and children thus have grown up, public space has continued to bind young adults and empty-nesters to the neighbourhood. The streets, squares and parks provide community facilities that go beyond a traditional orientation towards family. During the daytime in the Higienópolis quarter in São Paulo, for example, the pavements are filled with a continuous parade of ladies with lap dogs, businesspeople, students and the elderly. At night, public space remains relatively safe, because the gatehouses of the doorkeepers for the residential buildings provide social control. The collective residential domain strengthens the quality of public space.

Variations on the first generation of stacked luxury are the complexes with mixed functions located in the inner city and along large avenues, such as Avenida Paulista. Here, the model of the apartment building with shared facilities has been raised up several storeys and perched upon a substructure of stores, offices, restaurants and theatres. These buildings function as a complete

avenues, zoals Avenida Paulista. Het model van het appartementengebouw met collectieve voorzieningen is hier enkele verdiepingen opgetild en op een onderbouw van winkels, kantoren, restaurants en theaters geplaatst. Deze gebouwen fungeren als een complete woonwijk, met zowel openbare als collectieve voorzieningen. Het golvende gebouw Copan van Oscar Niemeyer is het bekendste voorbeeld van dit type. Het complex bevat 1160 appartementen. Elk van de zes ingangen voert naar woningen met een andere grootte en dus met een ander welvaartsniveau en lifestyle. Deze typologie komt veel voor in São Paulo. Soms zijn er tuinen, speelplaatsen en sportvoorzieningen op het dak van de onderbouw. Opmerkelijk is de grootschaligheid van veel complexen. Waar in Europa de problemen zich later vooral in het beheer van hoogbouw en grootschalige complexen voordeden, bleven de meeste complexen in São Paulo goed bewaard, dankzij de sociale structuur van de bewonersverenigingen en de aanwezigheid van huismeesters en bewakers.

Van wijkgedachte naar clubgedachte

De stedelijke ontwikkeling leidde tijdens de jaren tachtig en negentig langs de ringweg en de uitvalswegen van São Paulo tot een nieuwe vorm van het luxe wonen in gestapelde vorm: de 'condomínio fechado' (het gesloten woongebouw). De typologie van een appartementengebouw met collectieve voorzieningen bleef bestaan, maar de complexen werden van de openbare ruimte afgesloten. Zo ontstonden naar binnen gekeerde werelden, achter hoge hekken en muren. Deze ontwikkeling is een direct gevolg van de angst voor geweld en berovingen die de inrichting van nieuwe stedelijke gebieden vanaf de jaren tachtig ging bepalen. Voor de middenklasse werd veiligheid een van de belangrijkste overwegingen bij het kopen van een huis. De markt speelde hier op in door de woonomgeving geheel van de 'gewelddadige' stad te isoleren en in te richten als een luxueuze vesting. Ze biedt de bewoners de luwte en de gemoedsrust die eigenaren van conventionele villa's moeten ontberen. De ontwikkeling van streng bewaakte, van de buitenwereld afgeschermde enclaves bleef niet tot het wonen beperkt. Rondom de ringweg (Marginal do Pinheiros) is een nieuw stadscentrum ontstaan dat behalve uit gated communities voor het wonen, bestaat uit business centra voor het werken en shopping malls voor de vrijetijdsbesteding. De openbare ruimte was en is hier vooral het domein van het autoverkeer.

Opmerkelijk is dat in de typologische opzet van de wooncomplexen nog steeds de Europese ideeën van de collectieve woonomgeving zijn terug te vinden. Deze collectiviteit heeft echter haar openbare dimensie verloren en werd een exclusief product. Ten opzichte van de eerste generatie luxe appartementen vallen enkele veranderingen op. De woonomgeving ligt gevangen in een kordon van beveiliging, bestaande uit muren, stroomdraden, camera's en veiligheidssluizen voor auto's en voetgangers. De portiers hebben gezelschap gekregen van bewakers. In de collectieve ruimte wordt geregeld gepatrouilleerd. Ten tweede worden vaak meerdere woongebouwen samengevoegd binnen een ommuurde omgeving. Dit is een gevolg van de schaalvergroting in de projectontwikkeling en heeft als bijkomend voordeel dat de overheadkosten, zoals voor de beveiliging, betaalbaar blijven. Achter de ommuring ontstaat een campusachtige ruimte, die als een soort 'openbaar' gebied voor de buurtbewoners kan worden gebruikt.

neighbourhood, with both public and collective facilities. The undulated Copan building designed by Oscar Niemeyer is the most well-known example of this type. The complex comprises 1,160 apartments. Each of its six entrances leads to dwellings of a different size, and thus to a different level of affluence and lifestyle. This typology is seen often in São Paulo. Sometimes there are gardens, play areas and sports facilities on the roof of the substructure. A striking factor is the large scale of many of these complexes. Whereas in Europe problems later arose that were primarily related to the management of high-rise and large-scale residential complexes, most of the complexes in São Paulo have remained well preserved, thanks to the social structure of the residents' associations and the presence of doorkeepers and guards.

From Neighbourhood Unit to Club Idea

During the 1980s and '90s, urban development along the ring road and the arterial roads of São Paulo led to a new form of luxury housing in stacked form: the 'condomínio fechado' (a closed off conglomerate of collective housing). The typology of the apartment building with collective facilities remained in existence, but the complexes were closed off from public space. An inward-facing world thus arose, hidden behind high gates and walls. This development is a direct result of the fear of violence and robbery that began determining the design of new urban areas from the 1980s onward. Safety became one of the most important considerations for the middle class when buying a home. The market capitalized on this fear by totally isolating the residential environment from the 'violent' city and turning it into a luxurious fortress that offers residents the shelter and peace of mind lacked by owners of conventional villas. The development of securely-guarded enclaves sheltered from the outside world has not remained limited to housing. Around the ring road (Marginal do Pinheiros), a new city centre has sprung up that, in addition to gated communities for housing, consists of business centres for working and shopping malls for leisure activities. Here, public space was, and is, primarily the domain of automobile traffic.

Notably, European ideas about the collective residential environment can still be found in the typological setup of these residential complexes. However, this collectivity has lost its public dimension and become an exclusive product. Several changes are evident in comparison with the first generation of luxury apartments. The residential environment is imprisoned within a cordon of security measures consisting of walls, live wires, cameras and security sluices for cars and pedestrians. The doorkeepers are now accompanied by guards. The collective space is regularly patrolled. Secondly, several residential buildings are often grouped within a walled area. This is a consequence of larger-scale project development and has the added advantage that overhead costs, such as security, remain affordable. Behind the walls is a campus-like space that can be used as a kind of 'public' space for the neighbourhood residents.

The closed residential complexes are characterized by increasing individualization. In design and execution, the residence itself is becoming more and more like a villa. Among other things, this has led to the addition of outdoor spaces previously found only in the collective area. Apartments now have terraces, and occasionally a small swimming pool on the balcony. With only one

De gesloten wooncomplexen kenmerken zich door een toegenomen individualisering. De woning benadert in opzet en uitvoering steeds verder de villa. Dit leidde onder meer tot de toevoeging van buitenruimten, die voorheen alleen in het collectieve gebied te vinden waren. Appartementen hebben nu terrassen en af en toe een klein zwembad op het balkon. Ook de alzijdige oriëntatie van een villa is in de appartementen terug te vinden, door slechts een woning per verdieping te maken. De woninggrootte is toegenomen tot doorgaans ergens tussen de 250 m² en 400 m² en in luxe penthouses tot 2000 m² toe. De liftdeur valt samen met de voordeur. Soms wordt het individuele karakter van de woningen ook in de architectuur uitgedrukt, door de torens uit herkenbare eenheden op te bouwen of zelfs architectonisch te differentiëren.

Een gevolg van de verbeterde uitrusting van de woning, is dat de noodzaak van collectieve voorzieningen vermindert. Toch is in de gated communities het omgekeerde het geval, de gemeenschappelijke voorzieningen zijn van een ongekend niveau. Deze voorzieningen zijn gericht op specifieke doelgroepen. Er ontstaan gethematiseerde woonmilieus, bijvoorbeeld voor families met kinderen, sportievelingen, ondernemers, globetrotters of rust-

dwelling per storey, apartments also have the all-round orientation of a villa. The average size of the dwelling has increased to anywhere from 250 m² to 400 m² and in luxury penthouses up to 2,000 m². The lift door converges with the front door of the apartment. Sometimes the architecture also expresses the individual character of the dwellings, with residential towers recognizably comprised of separate units or even architecturally differentiated units.

One consequence of improving the equipage of a residence is that it decreases the necessity for collective facilities. Yet in gated communities the reverse is the case; the level of collective facilities is unprecedented. These facilities are aimed at specific target groups. There are themed environments for families with children,

Brochure van luxe appartementencomplex met collectieve functies, architect José Lucena
Brochure for luxury apartment complex with collective functions. Architect: José Lucena

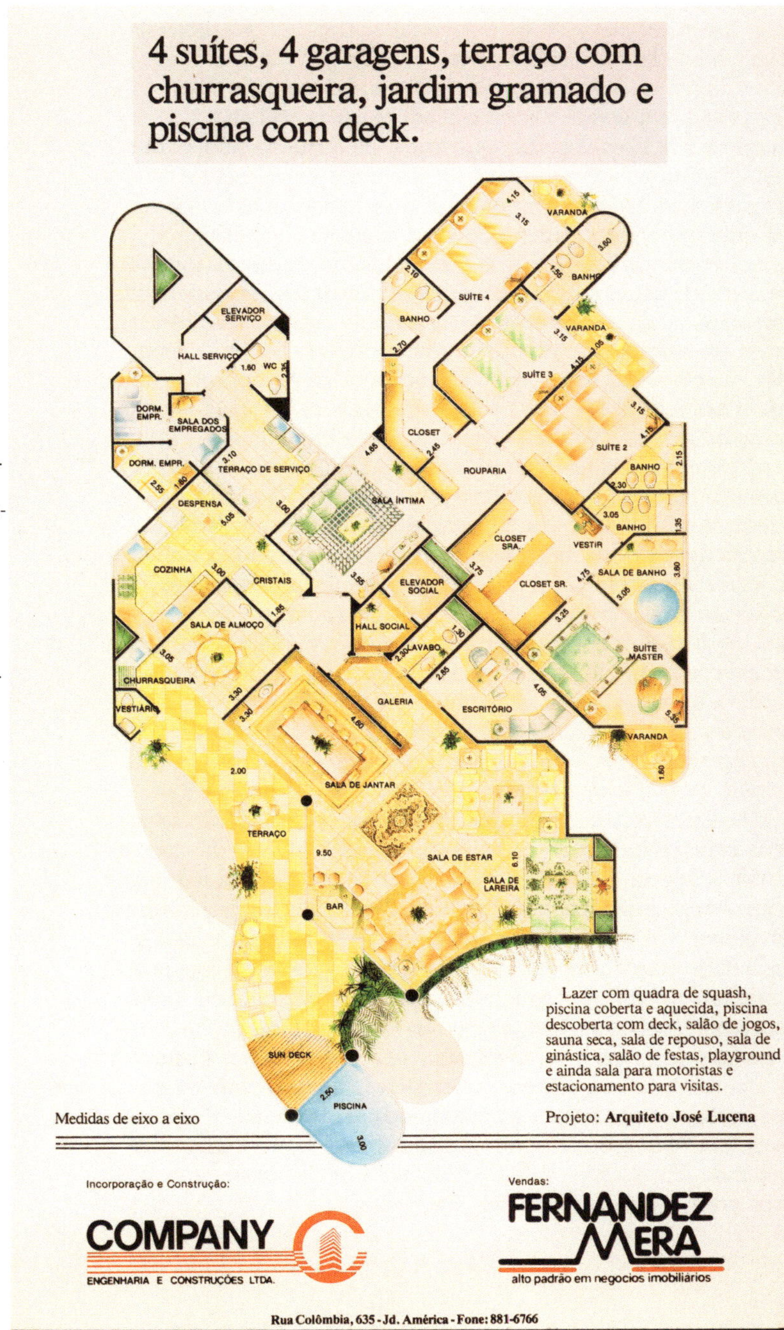

Voorbeeldplattegrond met zwembad, vier slaapkamers en bediendenvleugel, architect José Lucena
Sample floor plan with swimming pool, four bedrooms and servant's wing. Architect: José Lucena

zoekers. De collectieve ruimte bij het woongebouw is daarbij respectievelijk ingericht als speeltuin, sportpark, business lounge, hotellobby of parkomgeving. De collectieve schaal van de wooncomplexen dient niet meer om de gemeenschappelijkheid te benadrukken, maar juist om het verschil te maken. De exclusiviteit, specialisatie en het afgesloten openbare domein maakt de transformatie van het concept van de wijkgedachte compleet. Het is de clubgedachte geworden: een op exclusiviteit gerichte collectiviteit, die bedoeld is voor gelijkgestemden, mensen met dezelfde manier van leven. De luxe gated communities van São Paulo hebben meer weg van Club Med dan van een Siedlung, neighbourhood unit of naoorlogse woonwijk.

Vergeleken met de oudere woongebieden in de centrale woonwijken van São Paulo zijn de gated communities star in opzet en is de woonomgeving veel minder divers. De complexen zijn minder levensloopbestendig. Bovendien hangt het woongenot sterk af van de kwaliteit, de sfeer en het gebruik van de collectieve voorzieningen onder in het woongebouw. De openbare ruimte levert geen aanvullende woonkwaliteit, zoals in wijken als Higienópolis het geval is. Hooguit voegt de semi-openbare ruimte tussen de woongebouwen kwaliteit toe, in de vorm van een kampwinkel, sportaccommodatie of wandelpark. De verveling en de ontevredenheid liggen echter op de loer. Het verlangen naar een openbare ruimte en mogelijkheden voor ontmoeting doet zich ook in de gated communities gelden. In de nieuwste generatie woontorens langs de ringweg wordt hieraan tegemoet gekomen, door de woontorens bovenop shopping malls te bouwen. Voor de bewoners van de luxe buitenwijken van São Paulo fungeren de malls als een (ideale) openbare ruimte. Deze kwaliteit wordt direct aan het woonmilieu gekoppeld, bijvoorbeeld in de pompeuze Shopping Cidade Jardim, waar een tiental woontorens bovenop is gebouwd. Vanuit de woning heeft de bewoner met de lift direct toegang tot de shopping mall. Hij kan ook gebruik maken van collectieve voorzieningen op het dak van de mall en heeft (uiteraard) een half dozijn plaatsen in de parkeergarage. Net als in de eerste generatie luxe appartementen bestaat het woonmilieu uit drie complementaire sferen: de individuele woning, de collectieve voorzieningen aan de voet van het woongebouw en de semi-openbare voorzieningen van de mall. Bijzonder is dat alle drie de woonsferen geconditioneerd zijn: privaat, semiprivaat en semi-openbaar. Deze schakeringen passen in de door segregatie bepaalde sociale structuur van de luxe stadswijken buiten het centrum van São Paulo. Het is gemakkelijk om (als buitenstaander) het mechanisme van uitsluiting te bekritiseren en te veroordelen. Interessanter is om te leren van de mogelijkheden om openbare, collectieve en private woonsferen op vele manieren te schakelen. Op deze manier konden de zelfs in Europa allang achterhaalde concepten van neighbourhood unit en wijkgedachte zich aanpassen en muteren tot concepten die zeer uiteenlopende doelgroepen bedienen. Het gestapelde woongebouw, al dan niet met een aansluiting op de openbare ruimte of op een shopping mall, schept de luwte, waarin verschillende vormen van collectiviteit in de metropolitaanse omstandigheden van São Paulo kunnen overleven. Bovendien worden hogere inkomens en uiteenlopende lifestyles in even compacte als hoogstedelijke woonmilieus voor de stad behouden.

sports freaks, entrepreneurs, globetrotters or lovers of peace and quiet – with the collective space of the residential building respectively being outfitted as a playground, sports park, business lounge, hotel lobby or park environment. The collective sphere of the residential complex no longer serves to emphasize communality, but rather to make distinctions. Exclusivity, specialization and the shutting out of the public domain makes the transformation of the concept of the neighbourhood unit complete. It has become the club idea: a collectivity aimed at exclusivity, intended for like-minded people with the same lifestyles. The luxury gated communities of São Paulo are more like Club Med than a *Siedlung*, neighbourhood unit, or post-war residential district.

Compared to the older neighbourhoods in the central residential areas of São Paulo, gated communities are rigidly organized, their environment much less diverse. Such complexes are less adaptable to change. Moreover, people's enjoyment of their living conditions depends to a great extent on the quality, atmosphere and use of the collective facilities at the base of the building. Public space does not provide any extra residential quality, such as in the case of neighbourhoods like Higienópolis. At most, the semi-public space between the apartment buildings adds quality in the form of a camp store, sports accommodation or a park in which to walk.

Boredom and dissatisfaction lie in wait, however. The desire for public space and having possibilities to meet others also exists in gated communities. In the newest generation of residential towers along the ring road, this is being met by building the towers on top of shopping malls. For residents of the luxury suburbs of São Paulo, the malls function as public space (ideal or not). This is directly linked to the residential domain, as seen for example in the pompous Shopping Cidade Jardim, on top of which ten residential towers have been built. Residents can take the lift from their homes and descend directly to the shopping mall. They can also use the collective facilities on the roof of the mall and have (of course) a half dozen parking places in the garage.

Just as with the first generation of luxury apartments, the residential environment comprises three complementary spheres: the individual dwelling, the collective facilities at the base of the building, and the semi-public facilities of the mall. What is exceptional is that all three of these residential spheres – private, semi-private and semi-public – are conditioned. These gradations are appropriate for the social structure of luxury city districts outside the centre of São Paulo, which is determined by segregation.

As an outsider, it is easy to criticize and condemn the mechanism of exclusion. What is more interesting is to learn from the many different ways of linking public, collective and private residential atmospheres. In this manner, even concepts long outdated in Europe, such as the neighbourhood unit, adapt and mutate into concepts that serve very diverse target groups. The stacked residential building, with or without being connected to a public space or shopping mall, creates a shelter in which various forms of collectivity can survive under the metropolitan conditions of São Paulo. What's more, it keeps people with higher incomes and divergent lifestyles living in the city – in residential environments that are as compact as they are super-urban.

Plandocumentatie

Plan Documentation

Sebastiaan Kaal, Paul Kuitenbrouwer & Pierijn van der Putt

The Luxury City Apartment

The plan documentation for the luxury city apartments in this second issue of *DASH* consists of a series of historic and recent, national and international projects, which we believe are representative and classical examples of the luxury apartment building.

We looked abroad for the majority of our selections. In cities such as Chicago, New York, Paris and Berlin, the erection of apartment buildings is inextricably linked with the turbulent growth of the metropolis and the Industrial Revolution in the nineteenth century. Remarkably, this development never really took off in the Netherlands, so the country has no tradition of luxury city apartments.

Examples of the international tradition of apartment building that we have included are the *Albert Hall Mansions* in London and the Parisian apartment building by the Perret brothers at *Avenue Wagram 119*. More recent, modernist projects are *Lake Point Tower* in Chicago and the *Torres Blancas* in Madrid. Brazil has its own tradition of apartment buildings. *Parque Cidade Jardim* from São Paulo, which we document here, is typical of the recent developments also seen in other emerging economies: an enclave of luxury and exclusivity. Meanwhile, *40 Bond Street* in New York epitomizes a contemporary combination of private luxury and hotel services.

A number of special, though relatively unknown projects were built in the Netherlands in the 1930s, in part to provide comfortable housing for returnees from the Dutch East Indies. Residential hotel *Duinwyck* in The Hague is a case in point.

Noteworthy are the luxury apartments built during the interwar years by the Amsterdam-based architect Warners, who not only designed them, but also developed these projects. *Westhove*, one of his most striking creations just off Valeriusplein in Amsterdam, is documented here for the first time.

Since the 1990s, the globalizing economy and new urban lifestyles have led to the construction of apartment buildings for new groups of city dwellers in the Netherlands. An example is *Detroit* in Amsterdam, which offers tenants a relatively modest set of extra services.

The documentation features the following nine projects:

* Parque Cidade Jardim, São Paulo – Escritório Técnico Julio Neves; Pablo Slemenson Arquitetura (2006-2013)
* 40 Bond Street, New York – Herzog & de Meuron (2004-2007)
* Detroit, Amsterdam – AWG Architecten, Bob van Reeth and Christine de Ruijter (1998-2005)
* Lake Point Tower, Chicago – George Schipporeit & John Heinrich Associates (in collaboration with Graham Anderson Probst & White Ass. Architects) (1965-1968)
* Torres Blancas, Madrid – Francisco Javier Sáenz de Oíza (1961-1968)
* Residential hotel Duinwyck, The Hague – L.M. van den Berg and J.J. Groenema (1929- 1932)
* Multi-storeyed house Westhove, Amsterdam – F.A. Warners (1920-1923)
* Avenue de Wagram 119, Paris – Auguste & Gustave Perret (1902)
* Albert Hall Mansions, London – Richard Norman Shaw (1879-1886)

To facilitate a comparative analysis, the drawings focus on the building's structure in relation to collective access and the individual apartment. Through the use of colour coding and numbering the plans highlight the key features of the luxury city apartments. For example, they distinguish between the apartments themselves and the communal areas, such as entrances and circulation areas, as well as restaurants, porter's lodges and guest rooms. Inside the apartments the plans indicate which circuits and rooms are designated for residents and which for staff. Because many of them are historic, the buildings have a long history of users and successive renovations. The plans drawn here hark back to the original situation, in so far as this could be reconstructed from archival material.

The documentation is complemented with a site drawing and, where necessary, a cross section of the block structure.

The project photography focuses primarily on façades and settings. Most of the photographs are contemporary, sometimes in combination with historic material, depending on availability. Photographs of the interiors have also been included. But given the limited access to the apartments, here too availability played a part in determining the selection.

To make the drawings and locate the photographs we have drawn on the following sources and archives: Royal Academy Archive, London; Cité d'Architecture et de Patrimoine, Centre d'archives d'architecture du XXe siècle, Paris; Warners archief NAi Rotterdam; Archief Bouw- en Woningtoezicht, Amsterdam Oud Zuid; Dienst Stedelijke Ontwikkeling, Monumentenzorg, The Hague and Haags Gemeentearchief; Lake Point Tower Condominium Association, Chicago; AWG Architecten, Antwerp; Herzog & de Meuron, Basel; Profession Comunicações, São Paulo.

Het luxe stadsappartement

De plandocumentatie van het luxe stadsappartement in dit tweede nummer van DASH bestaat uit een reeks historische en recente projecten, internationaal en nationaal, die we als voorbeeldig, kenmerkend zo niet klassiek beschouwen voor de opgave van het luxe appartementengebouw.

Voor de selectie is vooral internationaal gekeken. In steden als Chicago, New York, Parijs en Berlijn is de appartementenbouw onlosmakelijk verbonden met de onstuimige groei van de metropolen en de industriële revolutie in de 19^{e} eeuw. Opmerkelijk genoeg heeft deze ontwikkeling in Nederland nauwelijks voet aan de grond gekregen, zodat hier geen traditie in luxe stadsappartementen bestaat.

Als voorbeelden van de internationale traditie van appartementenbouw zijn opgenomen de *Albert Hall Mansions* in Londen en het Parijse appartementengebouw van de gebroeders Perret aan de *Avenue Wagram 119*. Meer recente projecten van een modernistische snit zijn de *Lake Point Tower* in Chicago en de *Torres Blancas* in Madrid. Brazilië kent een eigen traditie in appartementengebouwen. Het hier gedocumenteerde *Parque Cidade Jardim* uit São Paulo is een voorbeeld van de meest recente ontwikkelingen, die ook in andere, snel gegroeide economieën aangetroffen wordt, namelijk een enclave van luxe en exclusiviteit. Het eveneens opgenomen *40 Bond Street* uit New York is exemplarisch voor een eigentijdse combinatie van private luxe met de diensten van een hotel.

In Nederland is er in de jaren dertig wel een aantal bijzondere, zij het niet zo bekende projecten gebouwd, onder meer om terugkerende Indiëgangers comfortabel te huisvesten. Het Haagse woonhotel *Duinwyck* is hier een goed voorbeeld van.

Bijzonder zijn de in het interbellum gerealiseerde projecten voor luxe appartementen van de Amsterdamse architect Warners, die deze niet alleen ontwierp, maar ook als opdrachtgever ontwikkelde. Het complex *Westhove* bij het Valeriusplein in Amsterdam is een van zijn meest opvallende creaties, en hier voor het eerst gedocumenteerd.

Onder invloed van de globaliserende economie en nieuwe stedelijke leefstijlen worden er sinds de jaren negentig ook in Nederland voor nieuwe groepen stadsbewoners appartementengebouwen gerealiseerd, zoals het complex *Detroit* in Amsterdam dat voor de huurders een relatief bescheiden pakket aan extra diensten biedt.

De documentatie bevat de volgende negen projecten:

* Parque Cidade Jardim, São Paulo – Escritório Técnico Julio Neves; Pablo Slemenson Arquitetura (2006-2013)
* 40 Bond Street, New York – Herzog & de Meuron (2004-2007)
* Detroit, Amsterdam – AWG Architecten, Bob van Reeth en Christine de Ruijter (1998-2005)
* Lake Point Tower, Chicago – George Schipporeit & John Heinrich Associates (i.s.m. Graham Anderson Probst & White Ass. Architects (1965-1968)
* Torres Blancas, Madrid - Francisco Javier Sáenz de Oíza (1961-1968)
* Woonhotel Duinwyck, Den Haag – L.M. van den Berg en J.J. Groenema (1929- 1932)
* Etagehuis Westhove, Amsterdam – F.A. Warners (1920-1923)
* 119 Avenue de Wagram, Parijs – Auguste & Gustave Perret (1902)
* Albert Hall Mansions, Londen – Richard Norman Shaw (1879-1886)

Om een vergelijkende analyse mogelijk te maken, is bij het tekenen vooral aandacht besteed aan de opbouw van het complex in relatie tot de collectieve ontsluiting en het individuele appartement. In de plattegronden wordt door middel van kleurcodering en nummering onderscheid gemaakt tussen de belangrijkste kenmerken van de projecten voor luxe stadsappartementen. Zo wordt er onderscheid gemaakt tussen de appartementen zelf en de ruimten voor gemeenschappelijk gebruik, zoals de ontsluiting en circulatieruimtes, maar ook restaurants, portiersloges en logeerkamers. Binnen de appartementen wordt aangegeven welke circuits en ruimtes voor de bewoners zijn bestemd en welke voor het personeel. Omdat het vaak om historische gebouwen gaat, is er sprake van een gebruikersgeschiedenis met verschillende opeenvolgende verbouwingen. De hier getekende plattegronden gaan terug op de originele situatie, in zoverre deze uit archiefmateriaal was te reconstrueren.

De documentatie wordt gecomplementeerd met een situatietekening en waar nodig een doorsnede van de blokopbouw.

De fotografie van de projecten richt zich op gevels en situering. Het gaat veelal om eigentijdse foto's, al dan niet in combinatie met historisch materiaal, afhankelijk van de beschikbaarheid hiervan. Ook van de interieurs is fotografisch materiaal opgenomen. Echter, omdat de meeste appartementen niet betreedbaar zijn, geldt ook hier dat beschikbaarheid de selectie mede heeft bepaald.

Voor het maken van de tekeningen en het traceren van foto's is gebruik gemaakt van de volgende bronnen en archieven: Royal Academy Archive, Londen; Cité d'Architecture et de Patrimoine, Centre d'archives d'architecture du XXe siècle, Parijs; Warners archief NAi Rotterdam; Archief Bouw- en Woningtoezicht, stadsdeel Amsterdam Oud Zuid; Dienst Stedelijke Ontwikkeling, Monumentenzorg, gemeente Den Haag en het Haags Gemeentearchief; Lake Point Tower Condominium Association, Chicago; AWG Architecten, Antwerpen; Herzog & de Meuron, Basel; Profession Comunicações, São Paulo.

Parque Cidade Jardim São Paulo

Escritório Técnico Julio Neves & Pablo Slemenson Arquitetura

Woontorens met op de voorgrond het winkelcentrum
Residential tower blocks with the shopping centre in the foreground

Parque Cidade Jardim
Avenida Major Sylvio de Magalhães Padilha, São Paulo, Brazilië / Brazil
Architect:
Escritório Técnico Julio Neves S/C Ltda, Pablo Slemenson Arquitetura S/C Ltda, São Paulo
Opdrachtgever / Client:
JHSF Participações SA, São Paulo
Ontwerp / Design: 2006
Oplevering / Completion: 2013
Typologie / Typology: Woontorens: luxe, collectieve appartementengebouwen met gemeenschappelijke voorzieningen / Residential tower blocks: luxury apartment buildings with communal facilities
Totaal aantal woningen / Total number of dwellings: 325 (5 torens à 25 woningen / 325 (5 tower blocks with 25 dwellings each)
Vloeroppervlak appartementen / Floor area apartments: 235 m^2 tot 2030 m^2 / 235 m^2 to 2,030 m^2
Aantal bouwlagen / Number of floors: 28 (torens, bovenop onderliggende bouwlagen winkelcentrum en parkeervoorzieningen) / 28 (perched atop floors containing a shopping centre and car parking facilities)
Gemeenschappelijke voorzieningen / Communal facilities: Lobby met wachtruimte en bibliotheek; conciërge service; park bovenop winkelcentrum; spa met zwembaden, tennis- en squashbanen, fitnessruimten, massagesalon, gezichtsverzorging, hydrotherapie, sauna, medische assistentie, relaxcentrum, yogaruimtes & privé club / Lobby with waiting room and library; concierge service; park on top of shopping centre; spa with swimming pools, tennis and squash courts, fitness rooms, massage salon, facial care, hydrotherapy, sauna, medical assistance, relaxation centre, yoga rooms and private members' club
Marktsegment / Market segment: Koop / Freehold
Parkeren / Parking: Parkeergarage / Car park

Bronnen / Sources:
Profession Comunicações S/C Ltda, São Paulo
Paul Meurs, 'Bouwen aan een ongelijke wereld', *de Architect*, 9 (1993), 50-61
'Brazil Contemporary', tentoonstelling/ exhibition NAi Rotterdam, 30 mei/ May - 23 augustus/ August 2009
www.jhsf.com.br

In Braziliaanse steden is de opkomst van geprivatiseerde luxedomeinen waarin wonen, collectieve functies en commercie zijn samengebracht, niet meer te stuiten. Aangeduid als *condomínios fechados* zijn deze ondoordringbare enclaves van gesloten woongebouwen in feite verticale woonwijken in de stad. De wijk Hygiénopolis in São Paulo was in de 20e eeuw het startpunt van deze ontwikkeling. Kenmerkend voor de *condomínios fechados* zijn, naast de aanwezigheid van collectieve en commerciële functies, het grote woonoppervlak van de appartementen en de luxe materialisatie. Het collectieve programma van de stad verdwijnt achter hoge muren, waar het nog slechts ten deel valt aan bevoorrechte bewoners. Parque Cidade Jardim in São Paulo is een uitgelezen voorbeeld van deze geprivatiseerde, gestapelde luxe.

Parque Cidade Jardim ligt aan de Marginal do Pinheiros, eens de ringweg om het stadscentrum, nu de hoofdverkeersader van São Paulo. Nu in deze van oorsprong non-descripte omgeving het wonen en andere functies hun intrede hebben gedaan, lijkt de openbaarheid van de Marginal toegenomen. Maar dat is slechts schijn: de openbaarheid is verschoven naar collectiviteit binnen de hekken.

Zo ook bij Parque Cidade Jardim. Het project bestaat uit negen woontorens bovenop een collectief programma. Op de vierde en de zesde verdieping zijn twee parken aangelegd. Samen met de shopping mall daaronder vormen ze een uiterst selectieve, nieuwe soort stedelijke ruimte als trefpunt voor een metropolitane doelgroep.

De programmatische en typologische kwaliteit schuilt in een stapeling van woningen met het programma van Braziliaanse villa's en landhuizen (twee of slechts één enorme woning per laag) en een dubbele ontsluitingsstructuur, waardoor vanaf de straat tot diep in het appartement personeel (*empregadas*) en bewoners onafhankelijk van elkaar kunnen circuleren, zonder elkaar tegen te komen. De bewonerslift geeft direct toegang tot de grote 'openbare' woonkamer en suite met overeenkomstig groot balkon, over nagenoeg (bij twee woningen per laag) of zelfs de gehele breedte van de woonkamer, en dus van de toren.

De plattegronden zijn ontworpen op het ontvangen van belangrijke gasten en het geven van grote feesten. Ze laten een strikte scheiding tussen ontmoeten en niet-ontmoeten zien: enerzijds tussen de *empregadas* en bewoners en hun gasten, anderzijds tussen gastenverblijven en privégedeelten (een aaneenrijging van slaapkamers en badkamers) in het appartement. De woning kent in feite een tweedeling van openbaar en privaat. Soms overlappen die twee sferen elkaar op een informele wijze in de *copa*, de bijkeuken, waar plaats is voor sociale interactie en de empregada samen met een bewoner naar een *telenovela* (Braziliaanse soap) kan kijken of een sigaret kan roken. Kinderfeestjes worden in de *salão de festas* georganiseerd in het collectieve gedeelte, dat te huur is voor dit soort gelegenheden. Als vanzelf komt op het zorgvuldig opgebouwde neoklassieke 'corporate image' een homogene groep kopers af, waardoor het belang van de gemeenschappelijke ruimten groot is en deze exclusieve collectiviteit klassenbevestigend werkt. (pk)

The rise of privatized luxury domains, combining private residential, collective and commercial functions, has become unstoppable in Brazilian cities. Described as *condomínios fechados*, these impenetrable, closed enclaves are in effect vertical urban neighbourhoods. The Hygiénopolis neighbourhood in São Paulo marked the start of this development in the twentieth century. Along with their collective and commercial functions, the *condomínios fechados* are epitomized by the apartments' large surface area and luxurious materialization. The city's collective programme withdraws behind high walls, where it becomes the exclusive domain of privileged residents. Parque Cidade Jardim in São Paulo is a prime example of such privatized stacked luxury.

Parque Cidade Jardim is situated on the Marginal do Pinheiros, formerly the city centre ring road, now São Paulo's main traffic artery. The arrival of residential and other functions in this originally non-descript environment appears to have boosted the public character of the Marginal. But this is just an illusion: the public character has morphed into a fenced-off collectivity.

So it has in Parque Cidade Jardim. The project consists of nine residential tower blocks perched atop a collective programme. Two parks have been built on the fourth and sixth floors. Together with the shopping mall underneath, they constitute an extremely exclusive, new kind of urban space for a metropolitan target group.

The development owes its unique programmatic and typological quality to the stacked dwellings that reflect Brazilian villas and country houses (either two or just a single enormous dwelling per floor) with a double access structure which, from the street to well inside the apartment, allows staff (*empregadas*) and residents to circulate independently, without encountering one another. The residential lift provides direct access to the large 'public' *en suite* living room with equally large balcony along most (in the case of two dwellings per floor) or the entire breadth of the living room, and hence of the tower block.

The floor plans were designed with an eye on the reception of important guest and the organization of big parties. They exhibit a strict division between encounters and non-encounters: between the *empregadas* and residents and their guests on the one hand, and between guest rooms and private wings (a succession of bedrooms and bathrooms) on the other hand. In fact, the dwelling is characterized by a dichotomy of public and private. Sometimes these two realms overlap in an informal way in the *copa*, the scullery, a place for social interaction where an *empregada* and a resident can meet to watch a *telenovela* (Brazilian soap) or smoke a cigarette together. Children's parties are organized in the *salão de festas*, one of the building's collective spaces, which can be rented for this kind of occasion. The carefully constructed neo-classical 'corporate image' inevitably attracts a homogenous group of buyers, giving the exclusive collectivity of the communal spaces an extremely important function in confirming the residents' class allegiance. (pk)

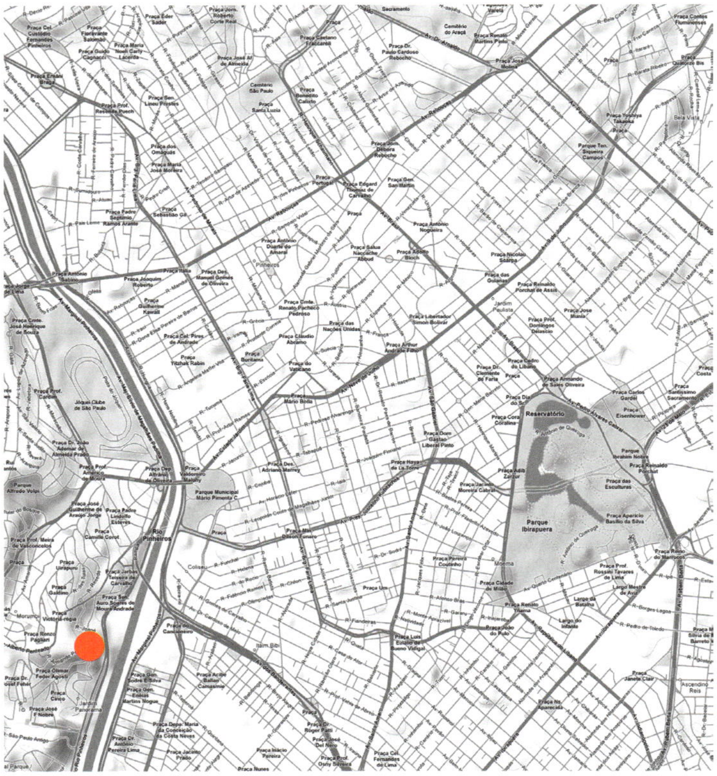

Situering
Location

0 500 1000m

Maquette met winkelcentrum en woontorens
Model with shopping centre and residential tower blocks

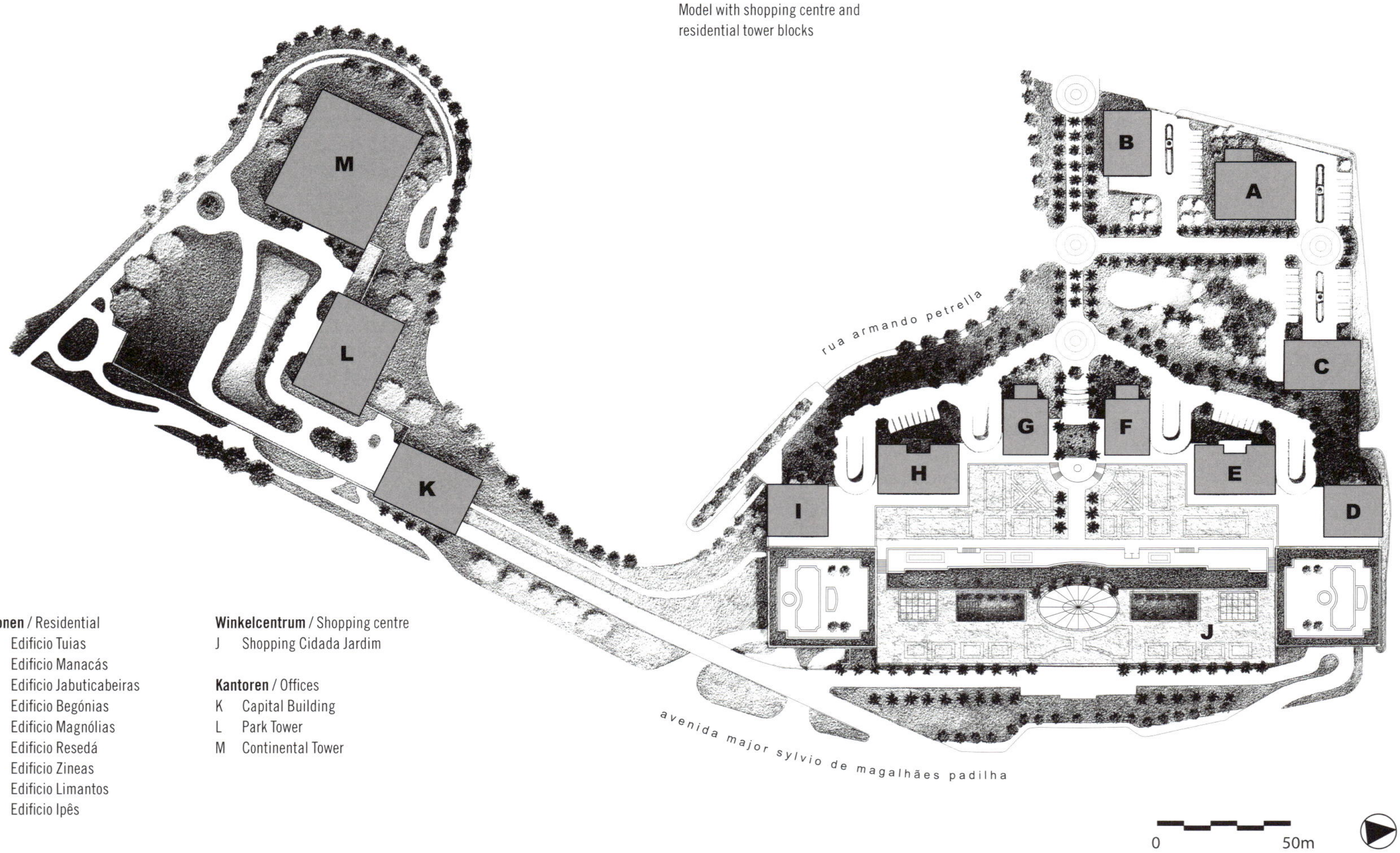

Wonen / Residential
A Edifício Tuias
B Edifício Manacás
C Edifício Jabuticabeiras
D Edifício Begónias
E Edifício Magnólias
F Edifício Resedá
G Edifício Zineas
H Edifício Limantos
I Edifício Ipês

Winkelcentrum / Shopping centre
J Shopping Cidada Jardim

Kantoren / Offices
K Capital Building
L Park Tower
M Continental Tower

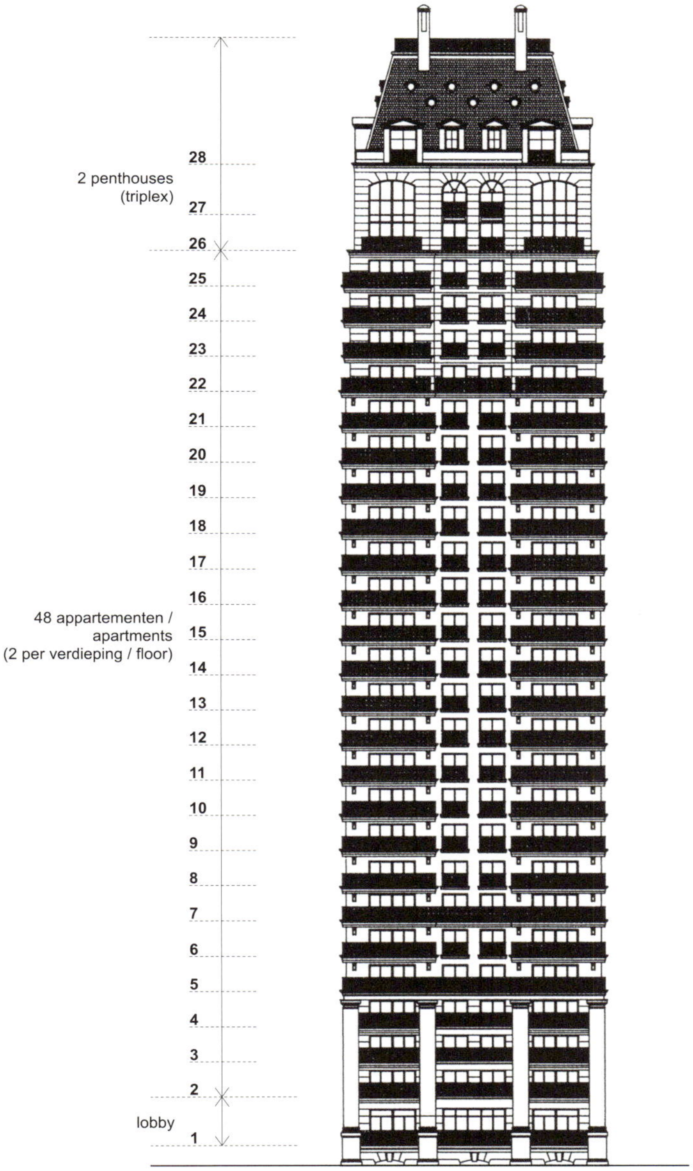

Begónias & Ipês: oostgevel
Begónias & Ipês: east elevation

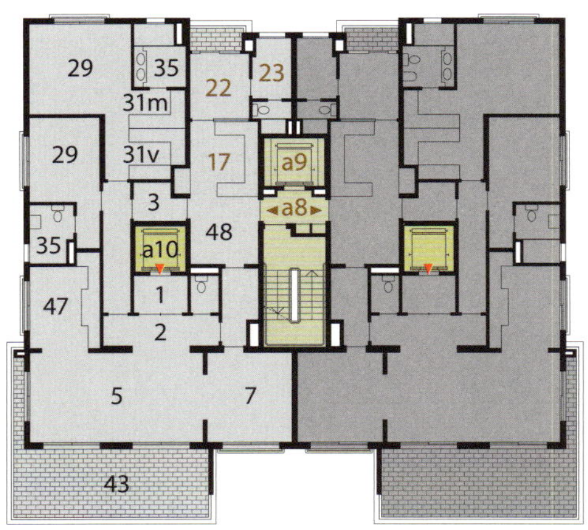

Begónias & Ipês: standaard verdieping
Begónias & Ipês: typical floor plan

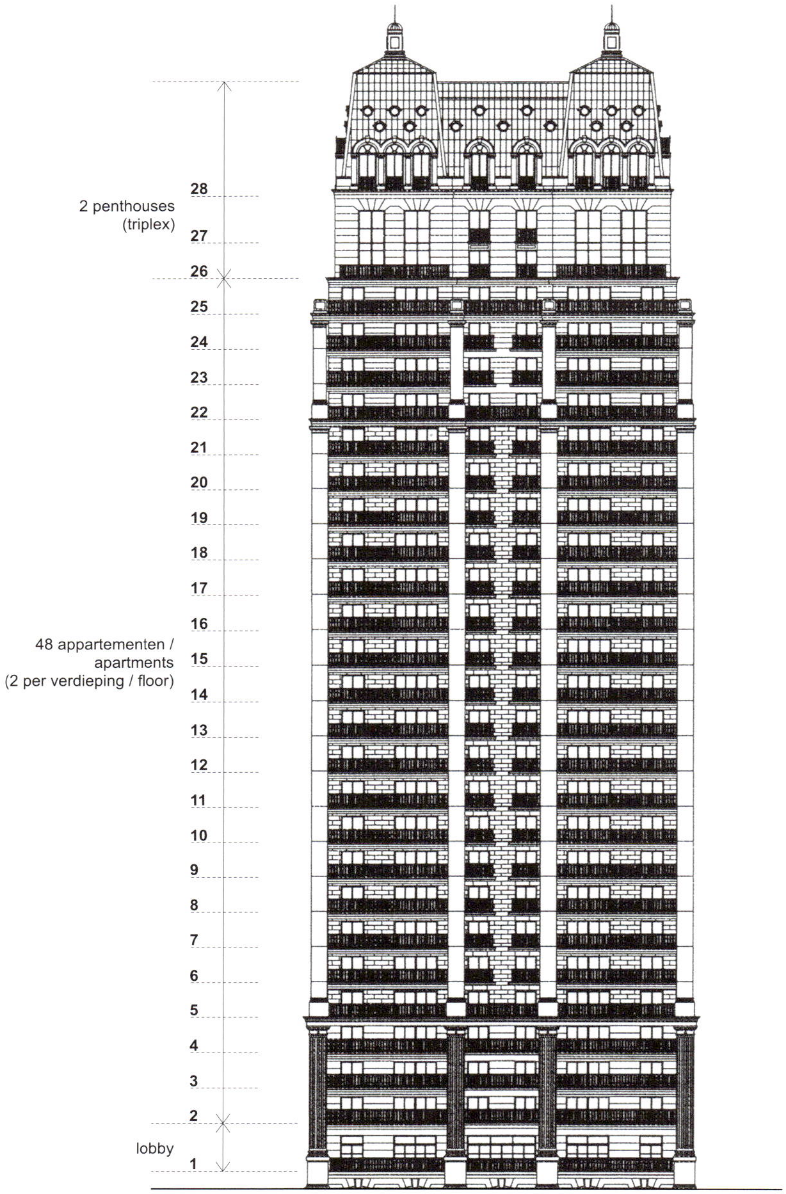

Limantos & Magnólias: oostgevel
Limantos & Magnólias: east elevation

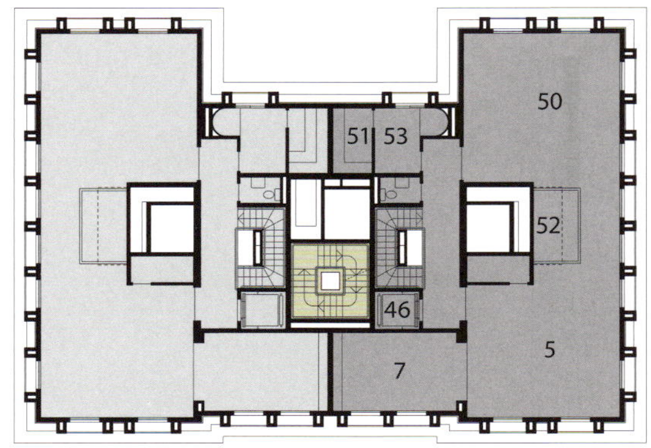

Limantos & Magnólias: penthouse 3e laag
Limantos & Magnólias: penthouse 3rd level

Limantos & Magnólias: penthouse 2e laag
Limantos & Magnólias: penthouse 2nd level

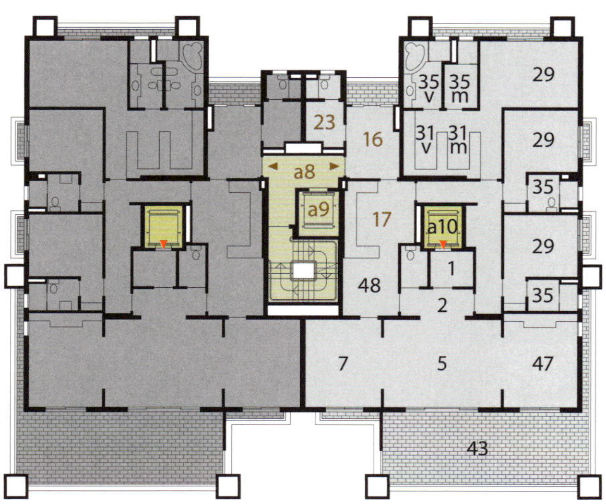

Limantos & Magnólias: standaard verdieping
Limantos & Magnólias: typical floor plan

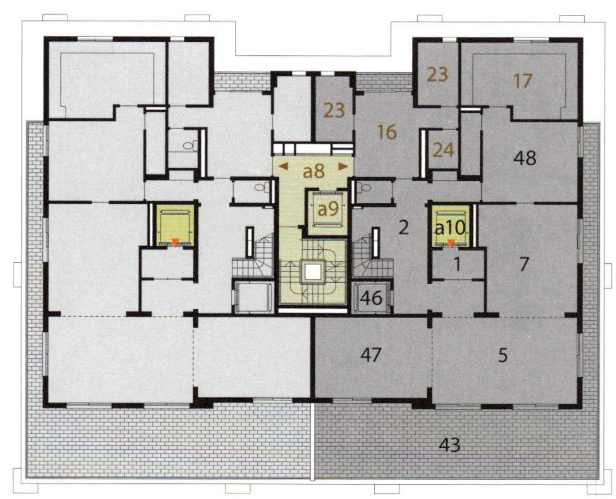

Limantos & Magnólias: penthouse 1e laag
Limantos & Magnólias: penthouse 1st level

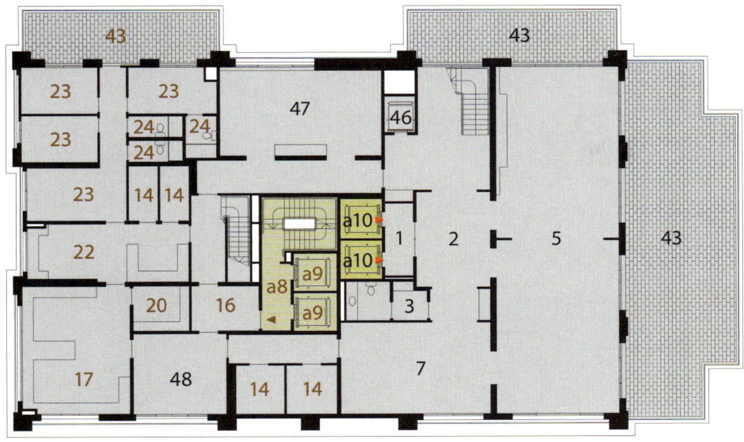

Tuias: penthouse 1e laag
Tuias: penthouse 1st level

Tuias: penthouse 3e laag
Tuias: penthouse 3rd level

Tuias: standaard verdieping
Tuias: typical floor plan

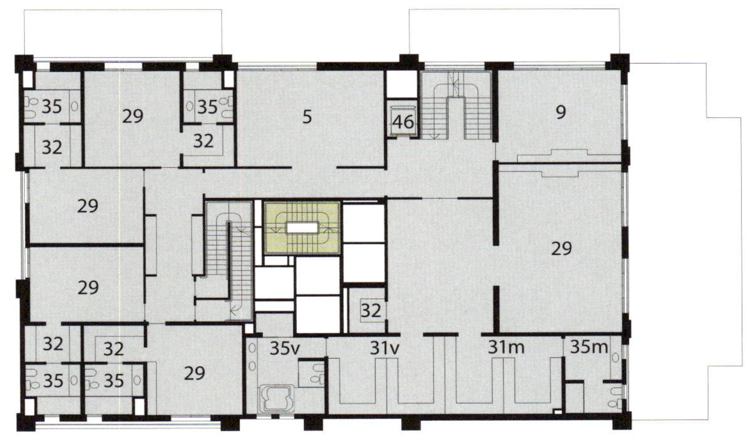

Tuias: penthouse 2e laag
Tuias: penthouse 2nd level

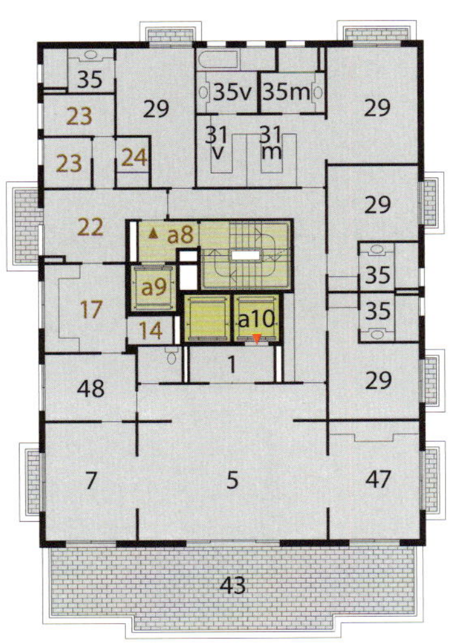

Resedá & Zíneas: standaard verdieping
Resedá & Zíneas: typical floor plan

Jabuticabeiras: standaard verdieping
Jabuticabeiras: typical floor plan

Woontorens met op de voorgrond het winkelcentrum
Residential tower blocks with the shopping centre in the foreground

Collectief park bovenop het winkelcentrum
Communal park above the shopping centre

Entree tot één van de woontorens
Entrance to one of the residential tower blocks

Entreelobby
Entrance lobby

Entreelobby
Entrance lobby

Impressie woonkamer penthouse Edifício Begônias & Ipês
Impression of the living room of penthouse Edifício Begônias & Ipês

Impressie 3e laag penthouse Edifício Limantos & Magnólias
Impression of the third level penthouse Edifício Limantos & Magnólias

Impressie woonkamer penthouse Edifício Limantos & Magnólias
Impression of the living room of penthouse Edifício Limantos & Magnólias

40BOND New York

Herzog & de Meuron Architekten AG

Aansluiting hekwerk op bestaande bebouwing
Connection of fencing to existing buildings

40BOND:
40 Bond Street, Bowery District, NoHo (NOrth of HOuston Street), Manhattan, New York, Verenigde Staten / USA
Architect / Design architect: **Herzog & de Meuron Architekten AG, Basel**
Coördinerend architect / Architect of record: Handel Architects LLP, New York
Opdrachtgever / Client: Ian Schrager Company
Ontwerp / Design: 2004
Oplevering / Completion: 2007
Typologie / Typology: Luxueus collectief appartementengebouw met stadswoningen en gemeenschappelijke voorzieningen / Boutique loft building with townhouses and communal facilities
Totaal aantal woningen / Total number of dwellings: 29 (5 tweelaagse stadshuizen, 23 appartementen, 1 penthouse) / 29 (5 two-storey townhouses, 23 apartments, 1 penthouse)
Vloeroppervlak appartementen / Floor area apartments: 5 stadshuizen 220 - 280 m^2; 23 appartementen (105 - 270 m^2); 1 penthouse / 5 townhouses 220 - 280 m^2; 23 apartments 105 - 270 m^2 1 penthouse
Aantal bouwlagen / Number of floors: 11
Gemeenschappelijke voorzieningen / Communal facilities: conciërge, schoonmaakdienst, roomservice, boodschappendienst, bloemenservice, stomerij, kinderopvang, huisdieropvang, hulp bij organisatie van festiviteiten (aanbod gelieerd aan Gramercy Park Hotel, Ian Schrager Company), gemeenschappelijke tuin / caretaker, cleaning, room service, shopping, flowers, laundry and dry cleaning, babysitting, pet care, event planning (service allied to Gramercy Park Hotel, Ian Schrager Company), condominium garden
Marktsegment / Market segment: Koop / Freehold
Parkeren / Parking: Elders / Elsewhere

Bronnen / Sources:
Luis Fernández-Galiano (red.), *Herzog & de Meuron 1978-2007*, Madrid: Arquitectura Viva, 2007, 314-315
Stefano Casciani, 'Tags and the City', *Domus*, 910 (January 2008), 92-99
www.40bond.com
Photography: Iwan Baan

40BOND is een complex, tegenstrijdig experiment dat vooruitloopt op een nieuwe gebouwtypologie: de combinatie van stadshuis en appartementengebouw onder één dak, een *diversité d'habitation* (Stefano Casciani). Zijn ingrediënten zijn: gebouwtype, kunstzinnig toegepaste materialen en 'close reading' van de stedenbouwkundige context en zijn graffiti *tags* ('handtekeningen').

Het gebouw is een radicale herlezing van de karakteristieke traditionele gietijzeren pakhuistypologie, die zo kenmerkend is voor het Bowery District in Manhattan. De herinterpretatie van Herzog & de Meuron leidt tot een kristallijnen structuur van in speciale mallen gegoten glas, dat de achterliggende gevelkolommen van gewapend beton afschermt. Deze betonnen skeletconstructie garandeert de mogelijkheid om vrije plattegronden te ontwikkelen.

De stadshuizen in de plint van het gebouw – de eerste die er sinds lange tijd zijn gebouwd – worden gekenmerkt door een centraal en dwars geplaatste trap in een vide die de visuele verbinding tussen beide woonniveaus (begane grond en eerste verdieping) ten volle ervaarbaar maakt. In horizontale zin wordt deze ruimtelijkheid versterkt doordat vanuit de straat de privétuin zichtbaar is. De appartementen hebben één tot drie slaapkamers met ieder een eigen badkamer.

In de hoogtijdagen van het Bowery District, in het begin van de 19e eeuw, nog voordat haar naam gelijk stond aan verval en misère, was Bond Street een exclusief domein voor gegoede families. De aanhoudende *gentrification* heeft het gebied geafficheerd als een springplank voor de rijken, maar niet zonder de voor de hand liggende opgave om (op zijn minst een gevoel van) veiligheid aan zijn bewoners te bieden. Het meest in het oog springende element dat hieraan uitdrukking geeft, is het gegoten aluminium hekwerk dat het publieke domein scheidt van de private 'voortuinen' van de stadshuizen. Deze 'bevroren tuin' refereert aan het patroon van het hek, dat zijn driedimensionale vorm heeft ontleend aan de tweedimensionale graffiti 'tags' in NoHo. Dit idee was het eerste dat bij de ontwerper opkwam; het gaf eigenheid en schaal aan het gebouwconcept. De graffiti verschijnen in tweedimensionale variaties op de golvende wandpanelen van Corian, de wand- en plafondpanelen uit blank metaal, op de houten portiersloge, en op de natuurstenen en houten vloeren. In de individuele woningen keert het reliëf terug op de houten achterwanden van de keukens, en op de panelen van glas en Corian in de badkamers.

Het hek in de rooilijn van Bond Street wordt doorsneden door de gemeenschappelijke toegang naar de smalle, hoge, claustrofobie opwekkende entreelobby. Van de effecten van dit hallucinogene interieur kan de bewoner tot rust komen in de ruimtelijkheid van zijn condominium met een vrije hoogte van 3.35 m, waar het glas zich van vloer tot plafond uitstrekt, met een weids uitzicht op de omgeving.

Ian Schrager ontwierp dit *Effortless Luxury Living* concept, dat stoelt op eigen woningbezit, gecombineerd met de services, privileges en voorzieningen die horen bij een vijfsterrenhotel. Volgens Schrager geeft 40BOND uitdrukking aan precies deze kunst van het wonen die een maximum aan woongenot paart aan een minimum aan beslommeringen. (pk)

40BOND is a complex and contradictory experiment that anticipates a new type of building: a combination of townhouse and apartment building, a so-called *diversité d'habitation* (Stefano Casciani). Its mix of ingredients includes: dwelling type, artfully applied materials and a 'close reading' of the urban context and its graffiti 'tags'.

The building is a radical reinvention of the traditional cast-iron warehouse that epitomizes the Bowery District in Manhattan. Herzog & de Meuron's reinterpretation has produced a crystalline structure of specially cast glass wrapped around the façade columns of reinforced concrete. This concrete structural frame allowed the architects to create free plans.

The townhouses in the building's base – the first to be built in the area in a long time – are dominated by the centrally and diagonally located stairwell, which revolves around a void and accentuates the visual link between the two levels (ground floor and first floor). This sense of space is reinforced at a horizontal level, as the private garden can be glimpsed from the street. The apartments have between one and three *en suite* bedrooms.

During the glory days of the Bowery District, in the early nineteenth century, before its name became synonymous with squalor and misery, Bond Street was the exclusive enclave of well-to-do families. The ongoing gentrification has put the area back on the map as a springboard for the rich, but not without losing sight of the need for safety, or at least providing residents with a sense of safety. The most eye-catching safety feature is the cast-aluminium fence that separates the public domain from the private 'front gardens' of the townhouses on the first two floors. This 'frozen garden' refers to the fence's pattern, which derives its three-dimensional form from the two-dimensional graffiti 'tags' in NoHo. It was the first idea that came into the designer's mind and gave the concept its distinct identity and scale. The graffiti appears in two-dimensional variations on the undulating Corian wall panels, the untreated metal wall and ceiling panels, the wooden porter's lodge, and the natural stone and wooden floors. In the individual dwellings the pattern returns on the wooden kitchen walls and on the glass and Corian panels in the bathrooms.

The fence along Bond Street is bisected by the communal entrance to the narrow, tall, somewhat claustrophobic entrance lobby. The residents can find respite from the effects of this hallucinogenic interior in the spaciousness of their condominium with its clear height of 3.35 m, floor-to-ceiling windows and splendid views of the neighbourhood.

This 'Effortless Luxury Living' concept is an Ian Schrager concept, based on home-ownership combined with the services, privileges and amenities of a five-star hotel. According to Schrager, 40BOND is a symbol of the artistry of living, combining a maximum of luxurious comfort with a minimum of worries. (pk)

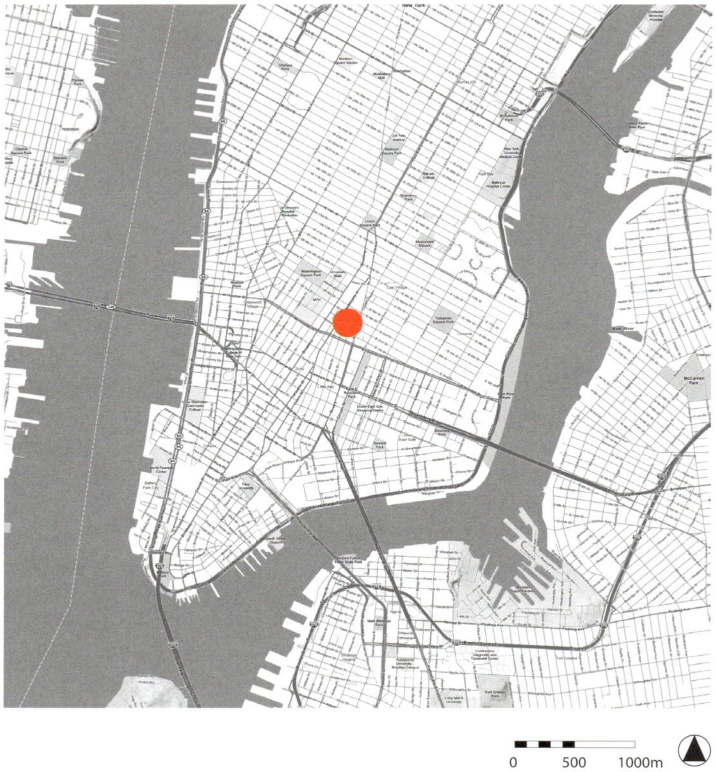

Situering
Location

Portiersloge in de centrale hal
Porter's lodge in the central hall

Gevel aan Bond Street
Façade on Bond Street

Centrale entreehal gezien vanaf de straat
Central entrance hall seen from the street

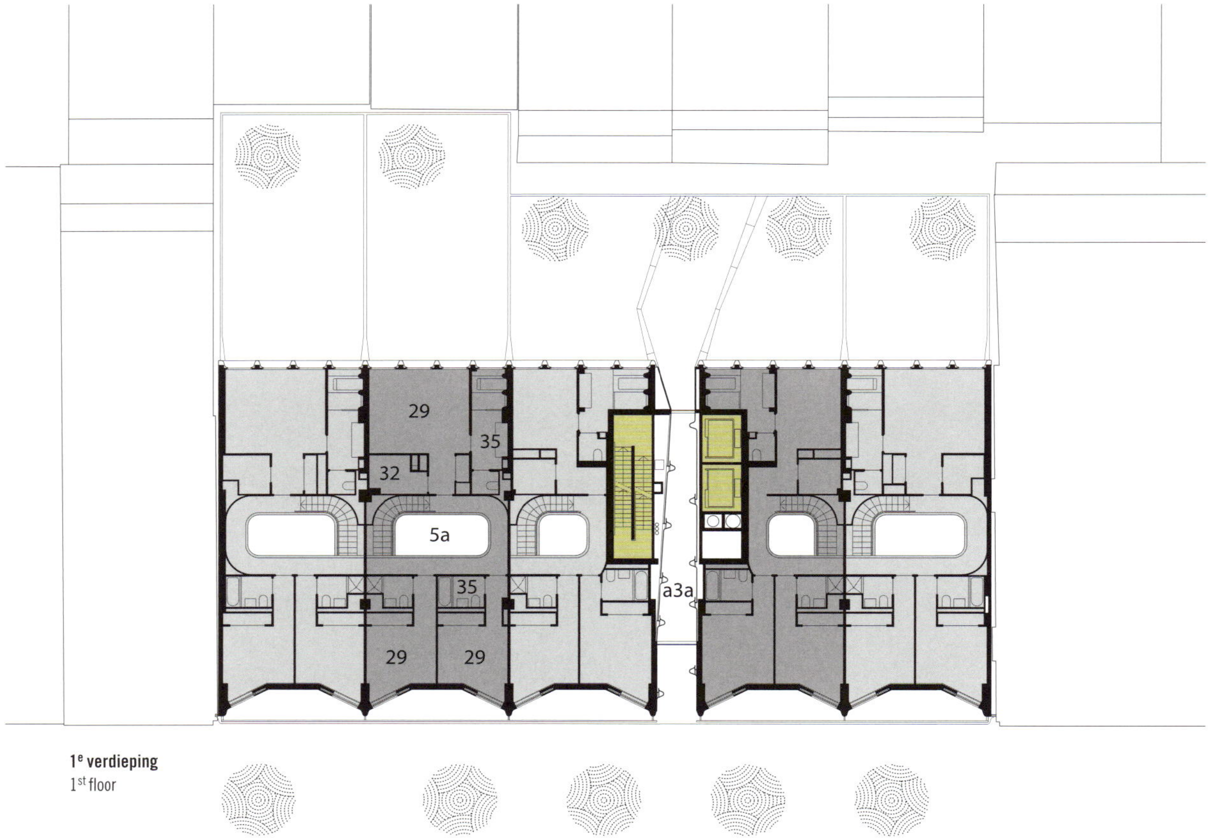

1ᵉ verdieping
1st floor

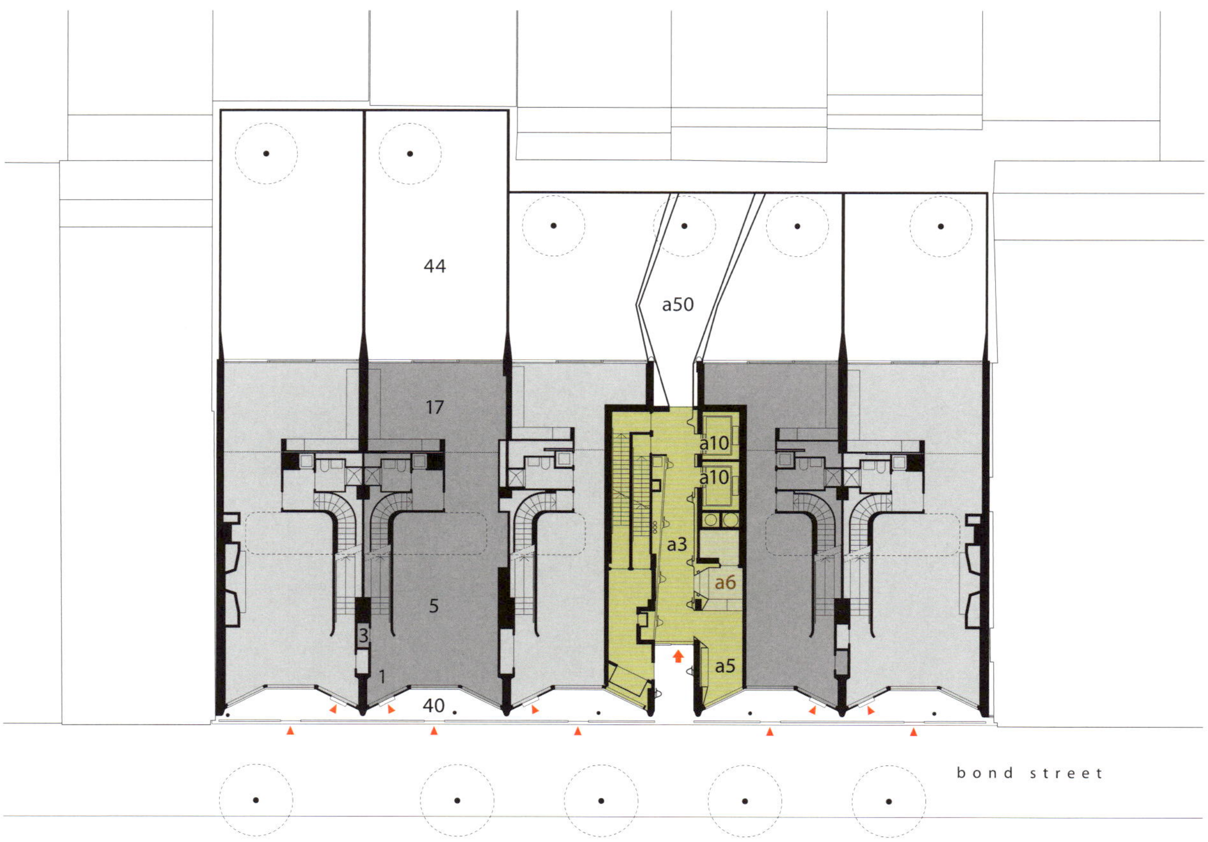

Begane grond
Ground floor

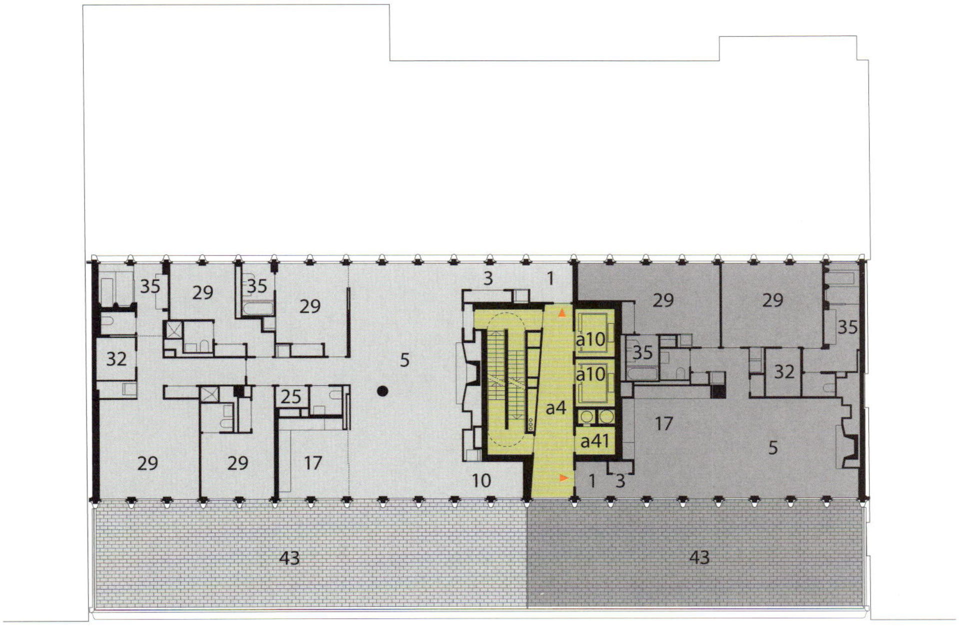

6^e - 9^e verdieping
6th - 9th floor

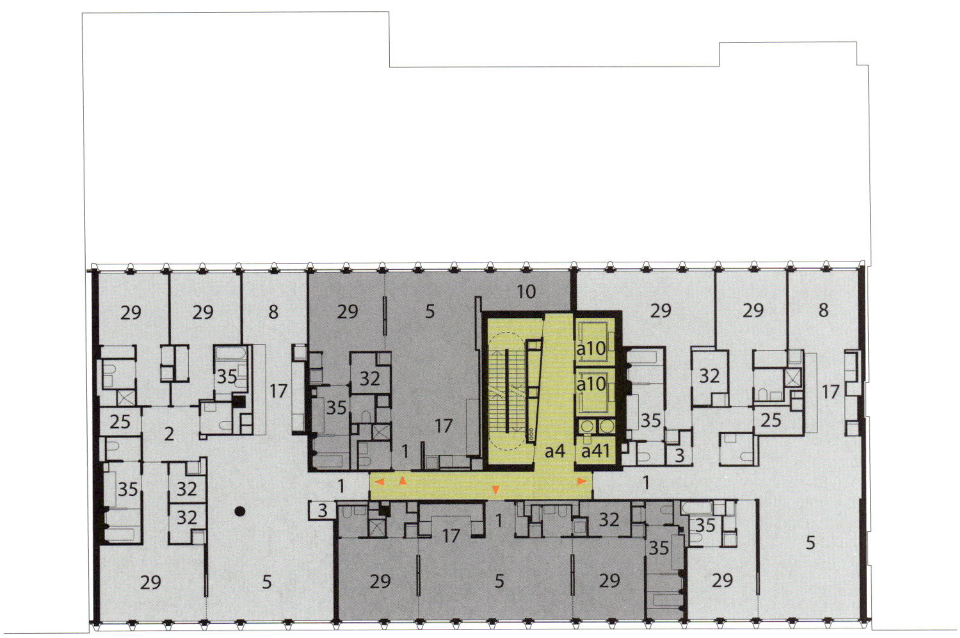

2^e - 5^e verdieping
2nd - 5th floor

Interieur begane grond stadswoning
Interior, ground floor of townhouse

Interieur keuken van appartement op de 7e verdieping
Interior, kitchen of seventh floor apartment

Woonruimte van appartement op de 7e verdieping
Living space of seventh floor apartment

Detroit Amsterdam

awg architecten

Noordgevel aan de Veemkade
North façade on the Veemkade

Detroit:
Veemkade 366-560, Purperhoedenveem 7-15, Withoedenveem 8-16, Amsterdam
Architect:
awg architecten, Antwerpen / Antwerp
Bob van Reeth en / and Christine de Ruijter
Interieurarchitect modelwoning, gastenverblijven en laundry / Interior architect model home, guest accommodation and laundry: March, Maastricht
Opdrachtgever casco / Client body: Ontwikkelingscombinatie Nieuw Amerika (OCNA): Het Oosten Kristal, Amsterdam; Johan Matser Projectontwikkeling, Hilversum; Ymere, Amsterdam
Opdrachtgever afbouw / Client completion: Vesteda Project, Maastricht
Ontwerp / Design: 1998
Oplevering / Completion: 2005
Typologie / Typology: Collectief appartementengebouw met kantoren en gemeenschappelijke voorzieningen / Collective apartment building with offices and communal facilities
Totaal aantal woningen / Total number of dwellings: 82
Vloeroppervlak appartementen / Floor area apartments: 238 m^2 (14 typen / types)
Vloeroppervlak commerciële ruimte / Floor area commercial space: 2840 m^2 / 2,840 m^2
Aantal bouwlagen / Number of floors: 10 (8 woonlagen bovenop 2 lagen commerciële functies en gemeenschappelijke voorzieningen / 8 residential floors atop 2 floors containing commercial space and communal facilities)
Gemeenschappelijke voorzieningen / Communal facilities: Gastenverblijven, laundry, health club met zwembad, fitnessruimte en twee sauna's (1e verdieping), serviceofficer; domotica en andere gemaksdiensten / Guest accommodation, laundry, health club with swimming pool, fitness room and two saunas (1st floor), service officer, domotics and other amenities
Marktsegment / Market segment: Luxe huur / Luxury rental
Parkeren / Parking: Tweelaagse, ondergrondse parkeergarage / Two-storey, underground car park
Bronnen / Sources:
Huub Smeets, Bob van Reeth/ Christine de Ruijter, Edwin Oostmeijer, *Detroit Amsterdam, awg architecten*, Maastricht: Vesteda Architectuur, 2005
Sabine Lebesque, *Langs het IJ*, (Amsterdam: Uitgeverij Valiz, 2006), 211, 231-232
Harm Tilman, 'Alzijdig Havengebouw. Detroit in Amsterdam door awg architecten', *de Architect* (november 2005)
www.detroit.vesteda.com
www.awg.be

Het bijzondere van Detroit is de bescheiden wijze, waarop een imposant en ambitieus programma is ingepast in het stedelijk weefsel van het Amsterdamse Oostelijk Havengebied.

De gerealiseerde 'luxe langs het IJ' bestaat uit huurappartementen in alle soorten en maten (82 stuks, 106 tot 238 m^2; huren van 1.500 tot 5.000 euro per maand), 2840 m^2 commerciële ruimte (ontwikkelende belegger Vesteda houdt hier zelf kantoor en heeft hier zijn 'woongalerie' gevestigd) en tal van gemeenschappelijke voorzieningen, zoals een healthclub met zwembad, sauna's en fitnessruimte, gastenverblijven en wasserette.

Vesteda stelde aan appartementen de nadrukkelijke eis van vrije indeelbaarheid van plattegronden. Door het toepassen van verhoogde vloeren met aansluitpunten naar keuze ligt alleen de positie van toilet, badkamer en inpandige berging vast. Zo werden per woningtype drie tot vijf indelingsvarianten aangeboden, die de eerste huurder naar eigen smaak kon inrichten.

Detroit is ingebed in een 'trein van pakhuizen', door Hans van der Made (Dienst Ruimtelijke Ordening, DRO, Amsterdam) in 1996 voorzien in het stedenbouwkundig programma van eisen voor de lange, 53 m brede strook land, ingeklemd tussen de Piet Heinkade (spoorzijde, zuid) en de Veemkade (IJ-zijde, noord). Volgens Bob van Reeth en Christine de Ruijter is het de enig overgebleven zeekade in Amsterdam, die het tijdperk van de schaalvergroting van de zeevaart navertelt. Detroit is gebouwd op de plek waar voordien Vrieshuis Amerika stond in een reeks van grote, stoere bouwvolumes. Het project wil zich inschrijven in deze continuïteit, nu in een nieuwe reeks van pakhuisachtige gebouwen.

DRO vroeg om een gebouw dat de schaal van de bestaande pakhuizen (23 m hoog) voortzet en daarmee een doorlopende wand vormt langs het IJ, maar dat evengoed, in de geest van de plek, de schaalvergroting naar de Piet Heinkade zou kunnen opnemen (35 m hoog). Volgens Bob van Reeth beantwoordt een 'intelligente ruïne', die uit de plek lijkt te zijn voortgekomen, hieraan: ze zal vele bewoners en bestemmingen overleven, zoals oude gebouwen eerder hebben gedaan.

Het gebouw is een object met een plint (bebouwingspercentage 100 %), een midden (70 %) en een beëindiging (50 %), dat bovenstaande eisen inwilligt. *Zoning law* principes, zoals in de jaren twintig en dertig in Amerika toegepast, zorgen voor voldoende daglichttoetreding in het gebouw.

Door de hieruit volgende insnoering van de bouwmassa ontstaan op de tweede en zesde verdieping (enorme) dakterrassen aan de woningen, en oogt het volume vanuit de stadszijde slank. De combinatie van een donkere, harde buitenkant in zwarte bakstenen van groot formaat met minimale voegen, met een verfijnde, lichte, maximaal beglaasde binnenzijde, bepaalt het karakter van het gebouw. De imposante entreehal en de toegang tot de woningen stralen de nagestreefde luxe uit. De lobby op de eerste verdieping ontsluit de gemeenschappelijke voorzieningen. De translucente wanden, die de appartementen scheiden van de omlopen langs de zich naar boven toe verwijdende vide, verraden ieders aan- of afwezigheid. In deze representatieve lobby valt het daglicht ruimschoots binnen, tot diep in het hart van het gebouw. (pk)

What makes Detroit special is the discretion with which an impressive and ambitious programme has been inserted into the urban fabric of the Amsterdam Eastern Docklands.

The 'luxury along the river IJ' development consists of a big assortment of rental apartments (82 units, 106 to 238 m^2, with rents ranging from €1,500 to €5,000 per month), 2,840 m^2 of commercial space (where project developer and investor Vesteda has its offices and where it has set up its *woongalerie* or showroom) and several communal facilities, including a health club with swimming pool, saunas and fitness room, guest accommodation and a laundry.

Vesteda insisted that the apartments' floor plans could be transformed to meet tenants' wishes. With raised floors that can be linked as desired, only the position of the toilet, bathroom and built-in storage is fixed. It meant that first tenants could choose between three to five different layouts per dwelling type.

Detroit is embedded in a 'train of warehouses', proposed in 1996 by Hans van der Made (Amsterdam Urban Planning Department) for the long, 53-m-wide strip of land wedged in between Piet Heinkade (track-side, south) and Veemkade (IJ-side, north). According to Bob van Reeth and Christine de Ruijter, it is Amsterdam's one remaining dock that evokes the era of expansion in the shipping trade. Detroit is built on the site of Vrieshuis Amerika, a former cold-storage warehouse, one of a series of large, solid buildings. The project wants to insert itself into this historical continuity, as part of a new series of warehouse-style buildings.

The Urban Planning Department had asked for a building on the scale of the existing warehouses (23 m tall), with which it would form a continuous wall along the IJ, but which could also, in the spirit of the place, absorb the larger scale of Piet Heinkade (35 m tall). In Bob van Reeth's view, this demand is met by an 'intelligent ruin', which appears to have originated from the location itself: it will outlive many residents and uses, as old buildings have done in the past.

The building consists of a base (site coverage 100 per cent), a middle (70 per cent) and an end (50 per cent) and complies with the above demands. Zoning-law principles, like those applied in the USA in the 1920s and 1930s, guarantee sufficient daylight penetration.

The resulting recessed façade has created (enormous) roof terraces on the second and sixth floors and has given the structure a slender silhouette when viewed from the city. The combination of a dark, hard exterior in coarse black brick with minimal joints and a delicate, light, maximally glazed interior determines the building's character. The grand entrance lobby and the entrances to the individual dwellings exhale luxury. The first-floor lobby provides access to the communal facilities. The translucent walls separating the apartments from the galleries along the widening void reveal whether people are in or out. This distinctive lobby admits ample daylight, penetrating deep into the heart of the building. (pk)

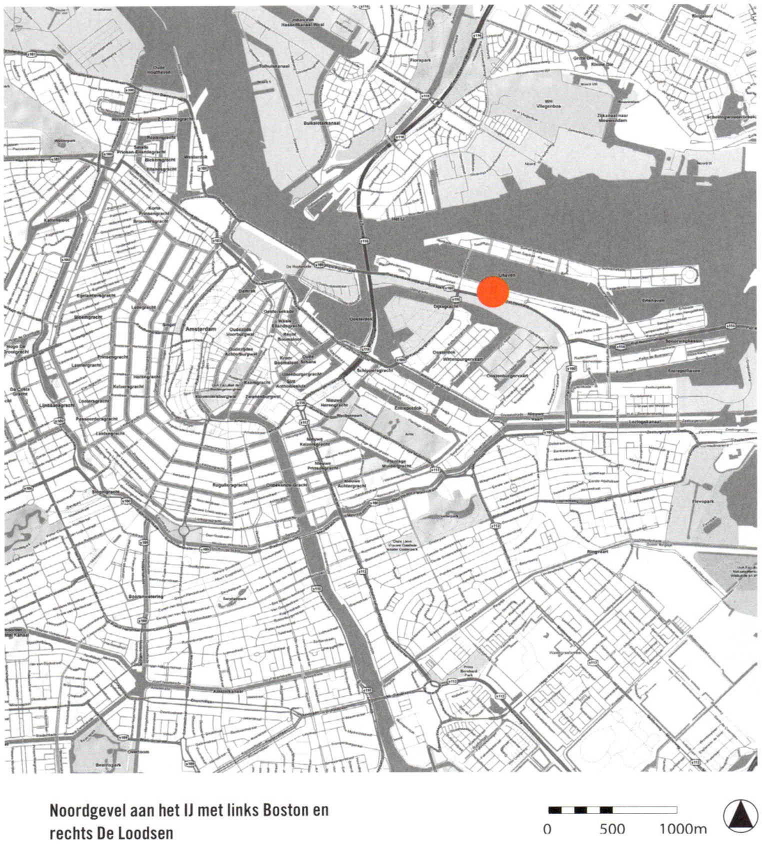

Situering
Location

Zuidgevel aan de Piet Heinkade
South façade on the Piet Heinkade

Noordgevel aan het IJ met links Boston en rechts De Loodsen
North façade on the IJ with Boston on the left and De Loodsen on the right

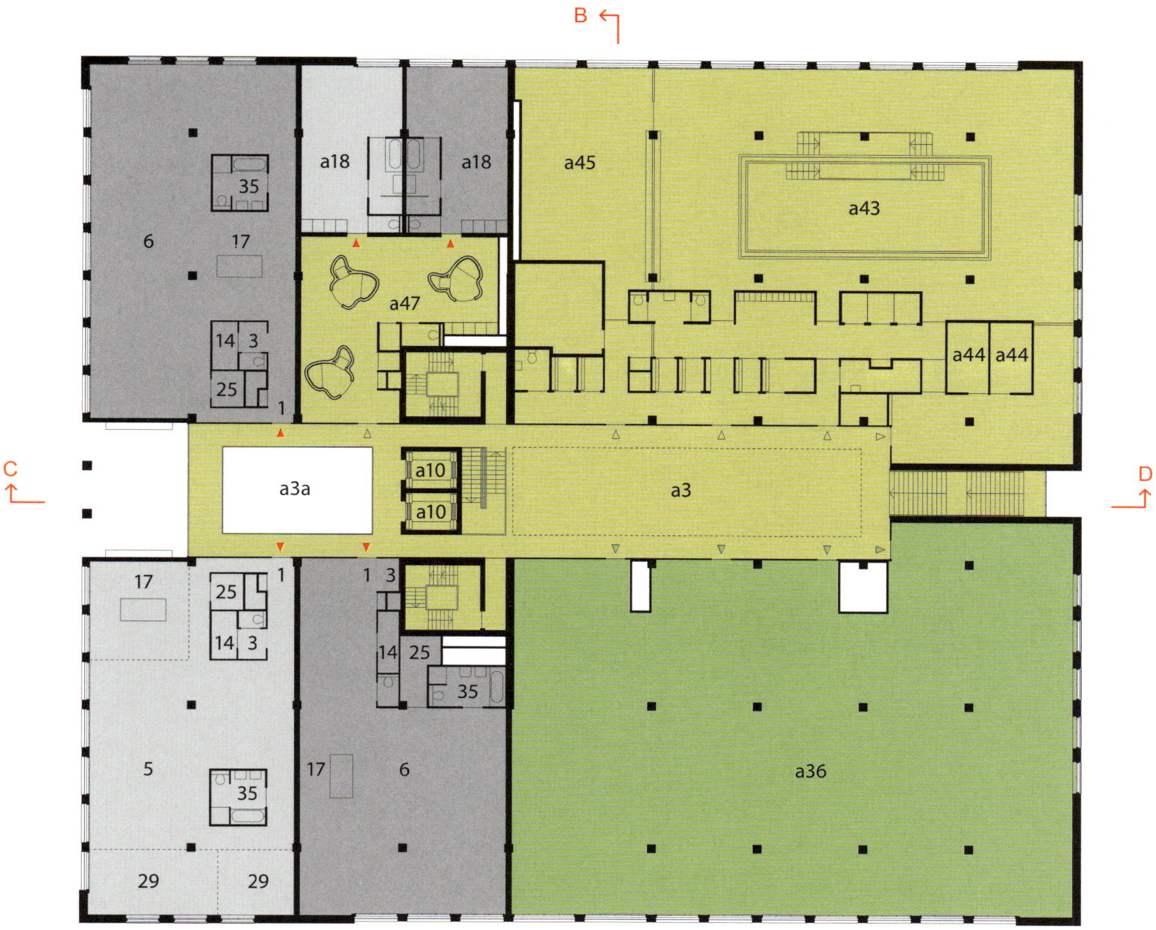

1e verdieping 1st floor

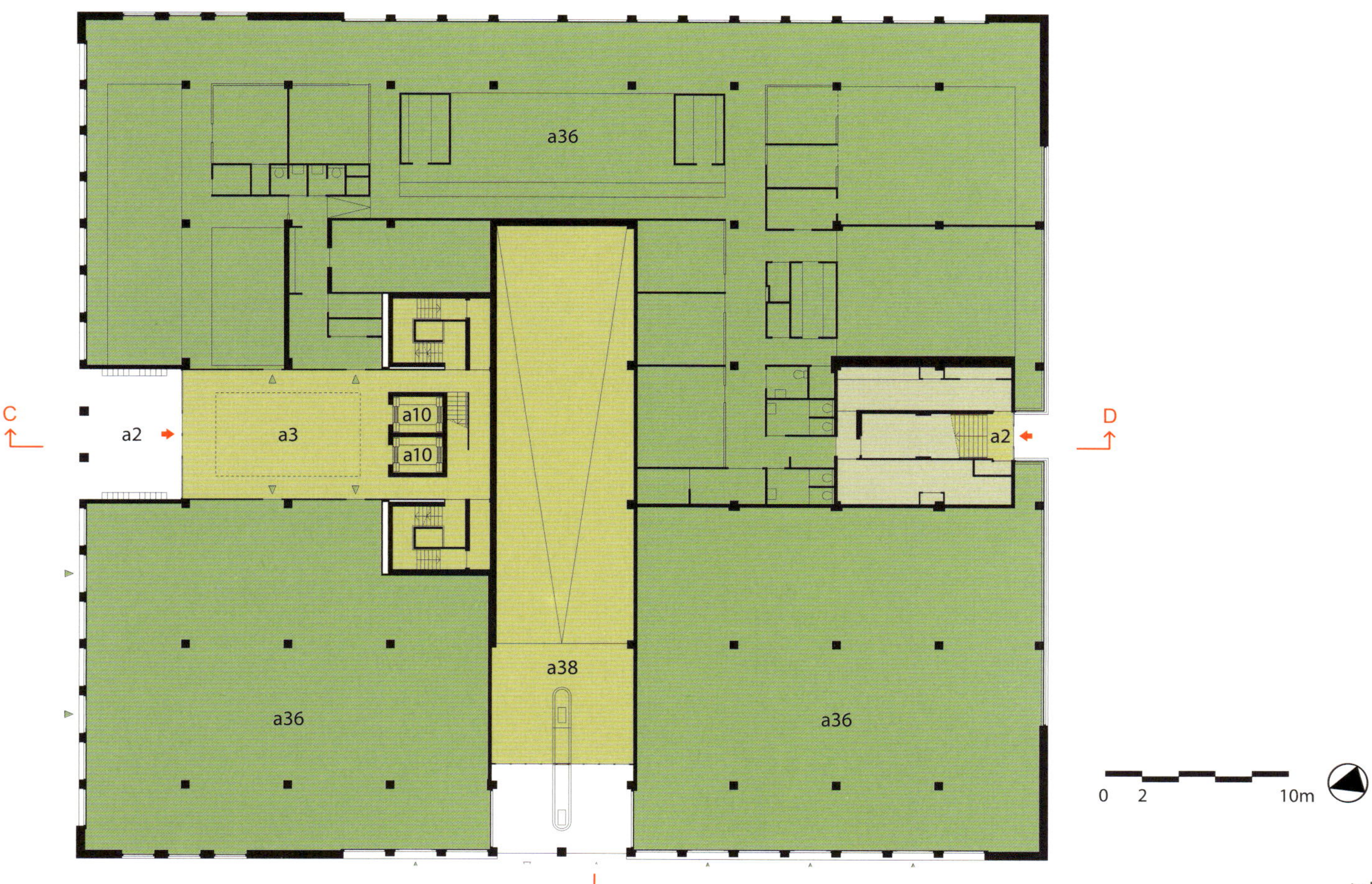

Begane grond Ground floor

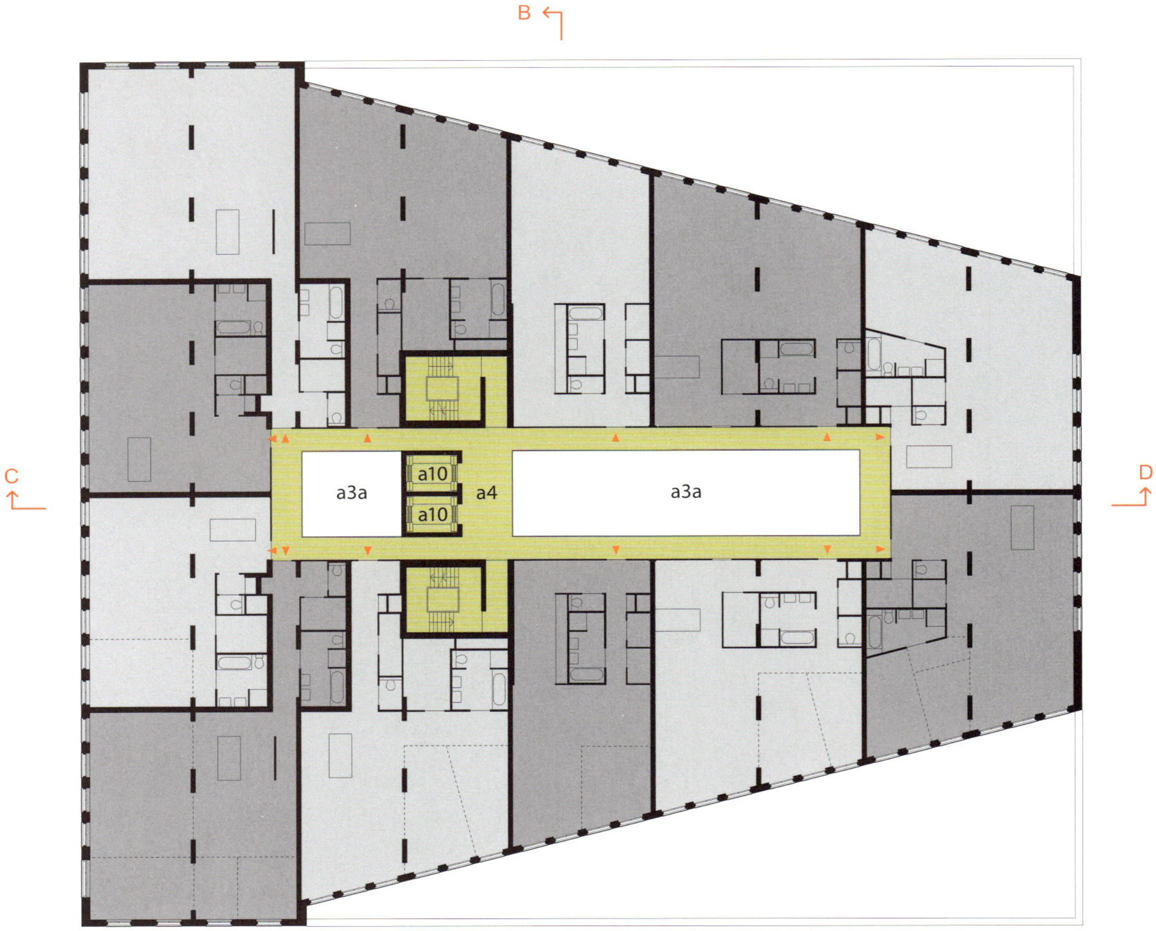

3 - 5e verdieping 3rd - 5th floor

2e verdieping 2nd floor

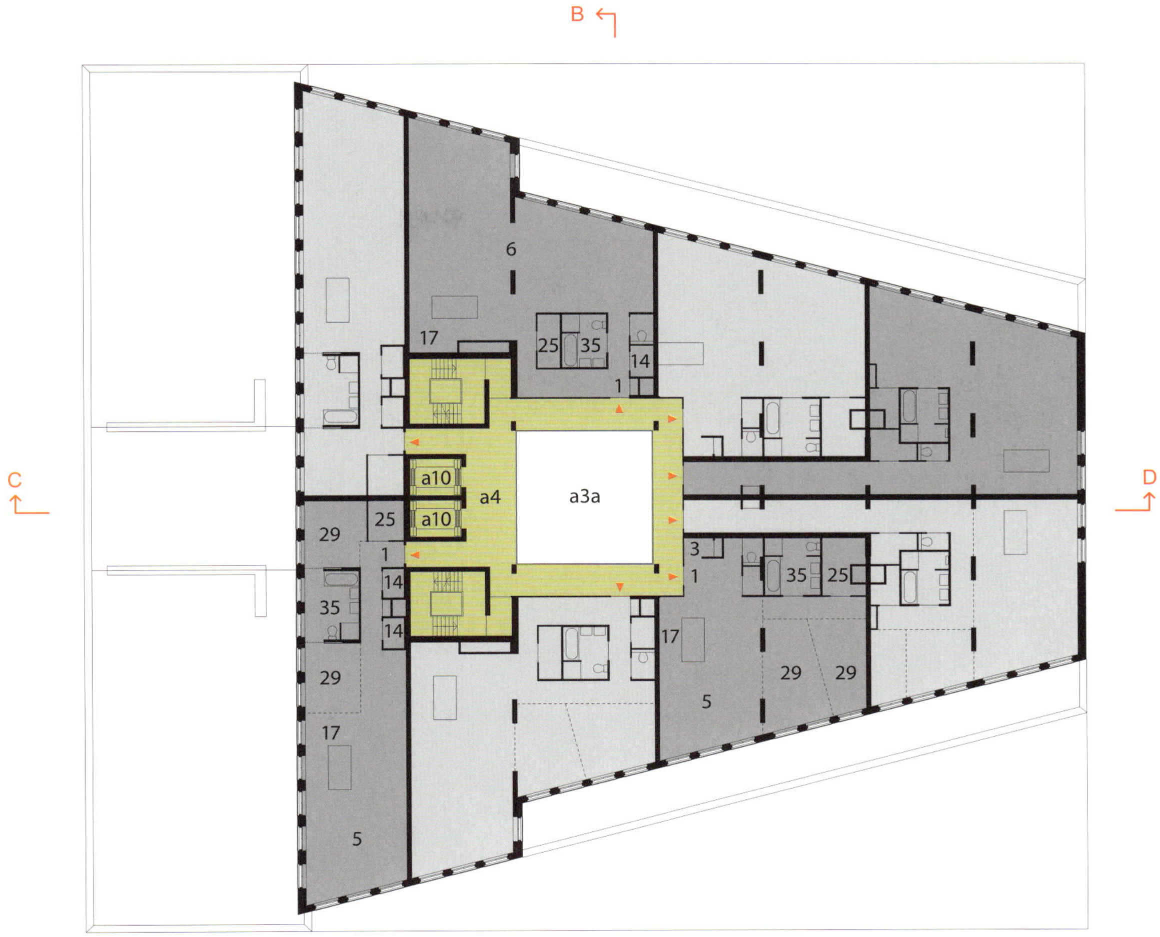

7e - 9e verdieping 7th - 9th floor

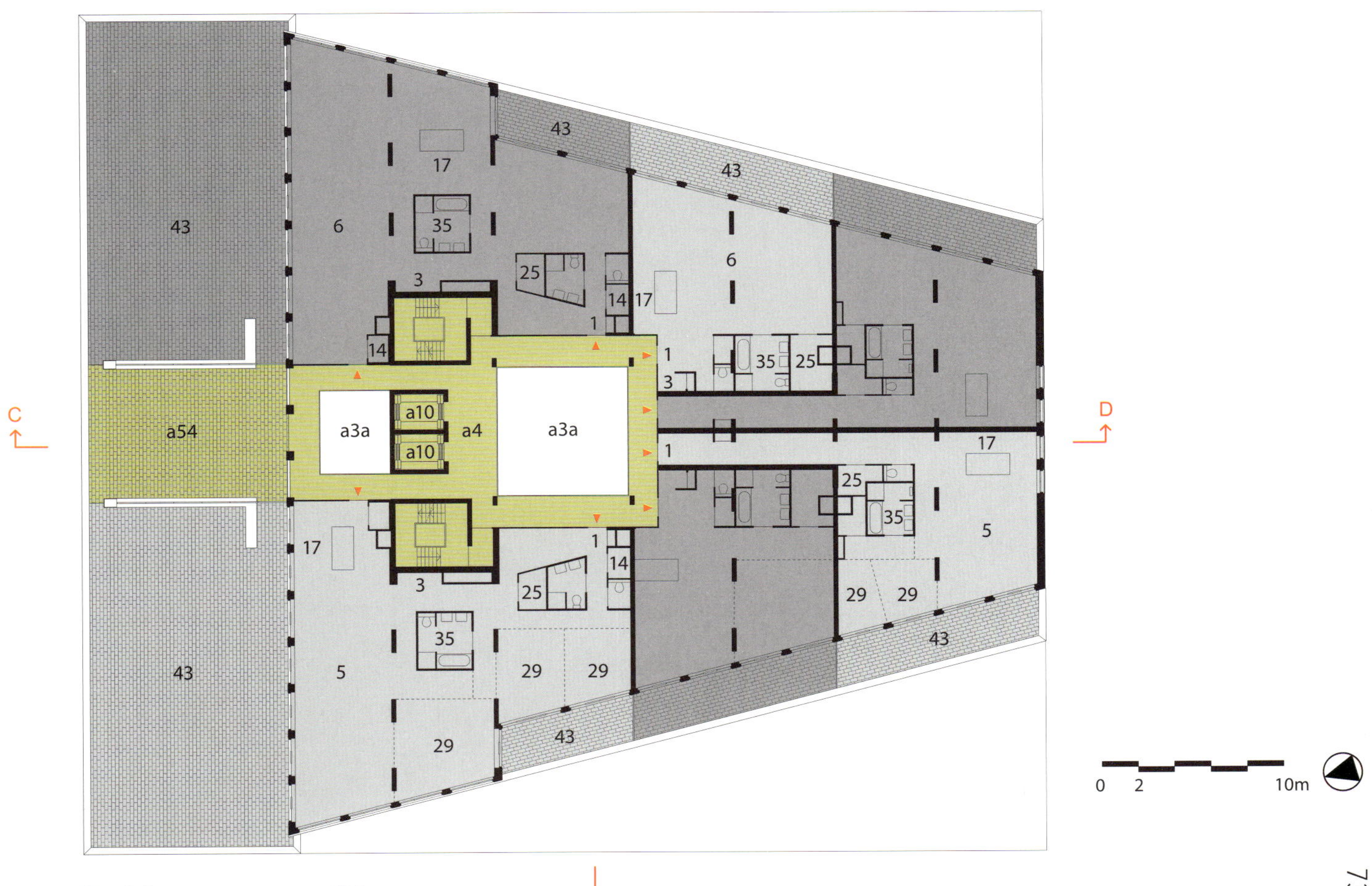

6e verdieping 6th floor

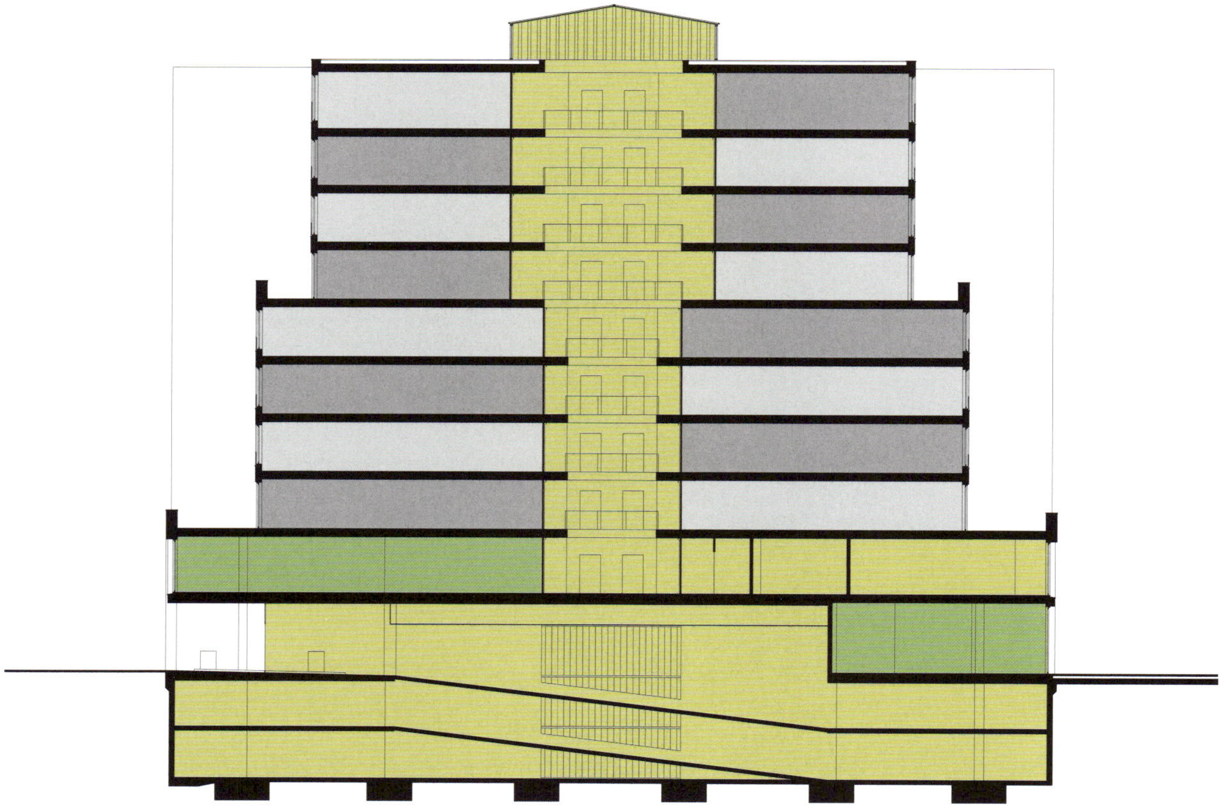

Doorsnede A-B
Section A-B

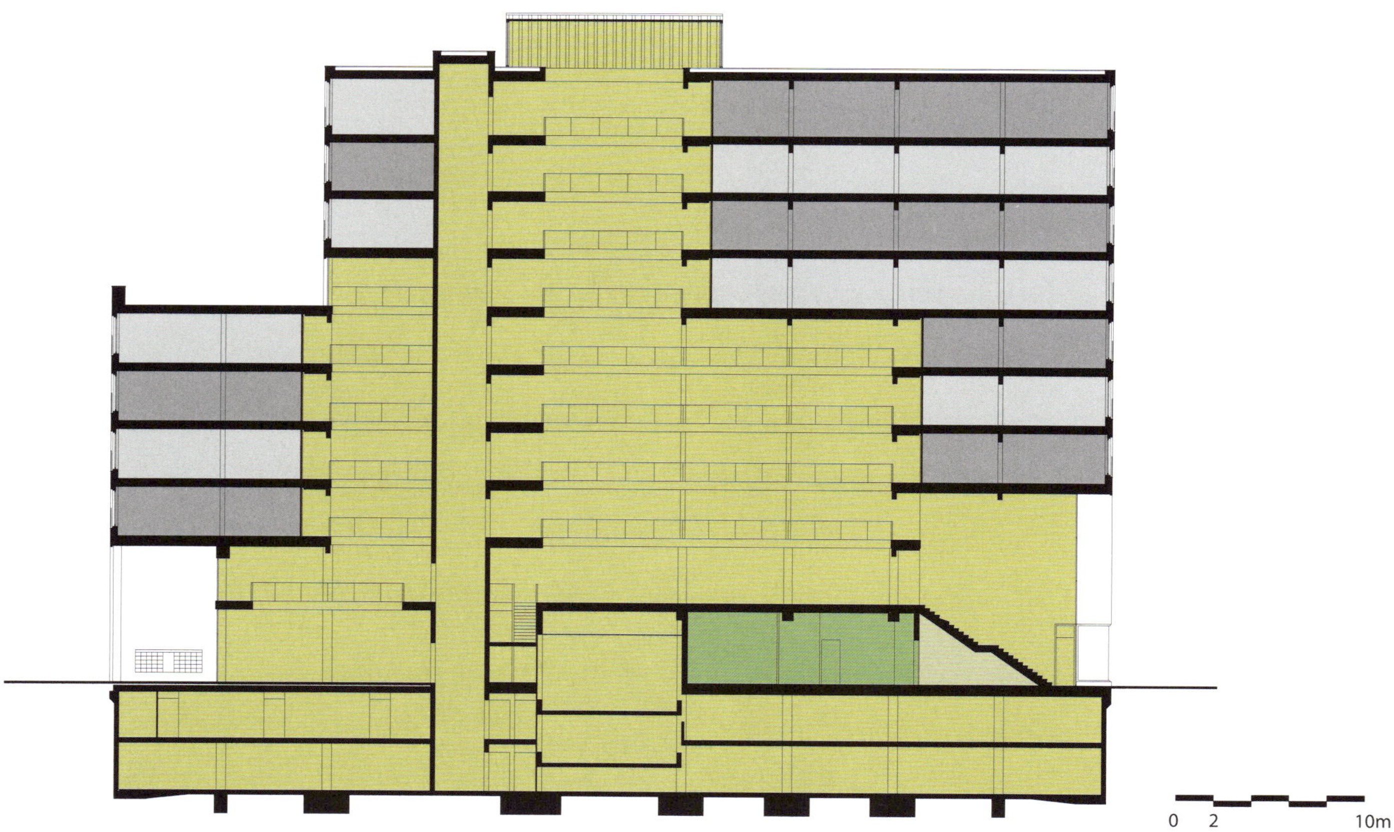

Doorsnede C-D
Section C-D

Centrale entreehal
Central entrance hall

Dakterras op de 6e verdieping
Roof terrace on the 6th floor

Healthclub met zwembad op de 1e verdieping
Health club with swimming pool on the 1st floor

Interieur appartement 9e verdieping, oostzijde
Interior of 9th-floor apartment, east side

Torres Blancas Madrid

Francisco Javier Sáenz de Oíza

Torres Blancas vanaf Avenida de América, 2009
Torres Blancas from the Avenida de América, 2009

Torres Blancas:
Corazón de María 2, Avenida de América 37, Madrid, Spanje / Spain
Architect:
Francisco Javier Sáenz de Oíza
D. Fullaondo, Rafael Moneo Valles
(medewerkende architecten) / (associate architects)
Opdrachtgever / Client: Juan Huarte, Navarra (nu / now: Obrascon Huarte Lain S.A., Madrid)
Ontwerp / Design: 1961
Oplevering / Completion: 1968
Typologie / Typology:
Woontoren / Residential tower block
Totaal aantal woningen / Total number of dwellings: 160 (1 tot 8 kamers / one to eight rooms)
Oppervlakte appartementen / Floor area apartments:
90-120 m^2 (éénlaags/single storey) / 212-395 m^2 (duplex)
Aantal bouwlagen / Number of floors: 24 (entreelaag, 21 woonlagen inclusief servicelaag, 2 voorzieningenlagen in de kroon / 24 (entrance floor, 21 residential floors including service floor, two floors for facilities in the crown)
Gemeenschappelijke voorzieningen / Communal facilities: Restaurant, commerciële ruimte, cafetaria, congresruimte, buitenzwembad e.a. (NB: tegenwoordig: kantoren en penthouses, zwembad) / Restaurant, commercial space, cafeteria, conference room, outdoor swimming pool, etcetera. (NB: currently offices and penthouses, swimming pool)
Marktsegment / Market segment: Koop / Freehold
Parkeren / Parking: Verdiepte, tweelaagse garage onder terrastuin / Two-storey underground car park below terrace garden

Francisco Javier Sáenz de Oíza wilde met Torres Blancas in Madrid een beeldmerk voor bouwbedrijf Huarte oprichten. Juan Huarte, die in de jaren zestig en zeventig van de vorige eeuw enkele van Spanje´s meest toonaangevende gebouwen realiseerde, was de initiator van de 'witte torens', waarvan het meervoud verraadt dat het oorspronkelijk om twee torens ging. Slechts één daarvan werd gerealiseerd; het programma van de andere werd uitgevoerd als liggend kantoorvolume. Komend van de snelweg uit de richting van Barcelona is de gerealiseerde woontoren een baken bij de toegang tot de stad.

Torres Blancas is een experiment om de verticale groene stad te bouwen. Sáenz de Oíza ontwierp een gebouw met koopwoningen, dat Le Corbusier's ideeën over de villa en de tuinstad op de proef neemt: een verticale versie van diens *immeuble-villas* (1922). Tegelijkertijd was de architect schatplichtig aan Frank Lloyd Wright's Price-toren (1952): eenheid tussen vorm en structuur, biologische analogie en boomstructuur, coherentie tussen algemene vorm en detaillering, en een op cirkels gebaseerde geometrie. De sculpturale verschijningsvorm van dit radicaal-organische bouwwerk in gewapend beton brengt de tegengestelde stijlen van rationalisme en organicisme bij elkaar.

De 71 m hoge toren bestaat uit twee kelderverdiepingen, waar auto's rondom de voet van de toren worden geparkeerd, onder het terras rond het entreeniveau; 21 bouwlagen met woningen, waaronder een tussenverdieping voor de voorzieningen en techniek. Daarop is een tweelaagse bekroning van gemeenschappelijke voorzieningen geplaatst: een grote ontvangstruimte met ronde bar, commerciële ruimte, een restaurant en een groot servicegedeelte met keuken, en daar bovenop een cafetaria, multifunctionele ruimten, een congreszaal met 120 plaatsen en nog vier gastenverblijven. Ten slotte ligt op het bovenliggende dakterras een meanderend buitenzwembad.

De 'standaard' plattegrond bestaat uit acht kleinere appartementen per laag, gegroepeerd rondom een open hal met een spiraaltrap en een cirkelvormig diensttrappenhuis, twee bewonersliften en een servicelift. Over een aantal verdiepingen kent de toren uitzonderlijk grote duplexwoningen met meerdere beeldbepalende, grote cirkelvormige terrastuinen; in die gevallen is sprake van vier 'villa's' per twee lagen. Op de ene verdieping bevinden zich de voordeuren en woonvertrekken; op de andere de slaapkamers, dienstvertrekken en dienstingangen.

Zowel in het appartement zelf als in het centrale trappenhuis worden de bewoners- en servicevertrekken op ingenieuze wijze van elkaar gescheiden. De centrale hoofdtrap en de beide bewonersliften stoppen niet op de serviceverdieping, terwijl de centrale diensttrap en de dienstlift niet op het bewonersniveau aantakken. Binnen de woning verbindt een smalle diensttrap de verschillende servicevertrekken op beide verdiepingen. De bewoners zelf gebruiken een brede, interne trap die deels boven of onder een diensttrap van het boven- of onderliggende appartement is gesitueerd.

Het gebouw verraadt betrokkenheid bij woningbouw, een permanente verwerkelijking van architectuur: de woning ís architectuur! Sáenz de Oíza werd in 1974 voor Torres Blancas onderscheiden met de European Award of Excellence. Hij woonde er de rest van zijn leven (1918-2000). (pk)

Francisco Javier Sáenz de Oíza had intended Torres Blancas as a logo for construction company Huarte. Juan Huarte, who built some of Spain's most prominent buildings in the 1960s and 1970s, was the initiator behind the 'white towers', the plural indicating that the original plan provided for two towers. Only one was built; the other became a horizontal office building. The completed tower block is a beacon, marking the entrance to the city from the Barcelona motorway.

Torres Blancas is an experiment in building the vertical green city. Sáenz de Oíza designed a building with freehold properties, which puts Le Corbusier's ideas about the villa and the garden city to the test: a vertical version of his *immeuble-villas* (1922). The architect was also indebted to Frank Lloyd Wright's Price Tower (1952): unity of form and structure, biological analogy and tree structure, coherence between overall form and detailing, and a circle-based geometry. The sculptural shape of this radically organic, reinforced concrete building marries the opposing styles of rationalism and organicism.

The 71-m tower consists of two basement floors, where cars can be parked around the base of the tower, below the entrance-level terrace; 21 floors with dwellings, including a mezzanine for technical facilities. These are topped by two floors with communal facilities: a large reception room with a circular bar, commercial space, a restaurant and a large service area with a kitchen. Located atop are a cafeteria, multifunctional rooms, a conference hall that seats 120 people, and four guest rooms. The rooftop terrace features a meandering outdoor swimming pool.

The 'standard' floor plan contains eight smaller apartments per floor, grouped around an open lobby with a spiral staircase and a circular service stairwell, two residential lifts and a service lift. Some of the floors have exceptionally large duplexes with several eye-catching, large circular terrace gardens; there are four such 'villas' per two floors. One floor features the front doors and the living rooms, and the other the bedrooms, service rooms and trade entrances.

Both in the apartment itself and in the central stairwell, the residential and service quarters are kept segregated in quite an ingenious way. The main, central staircase and both residents' lifts do not stop on the service floor, while the central service staircase and service lift do not connect to the residential levels. Inside the apartment, a narrow service staircase links the various service rooms on both floors. The residents themselves use a broad, internal staircase which is situated partly above or below a service staircase belonging to the upstairs or downstairs apartment.

The building shows a commitment to housing, a permanent realization of architecture: the house *is* architecture! In 1974 Sáenz de Oíza received the European Award of Excellence for Torres Blancas. He lived there for the rest of his life (1918-2000). (pk)

Bronnen / Sources:
'La tour blanche. Appartements-jardins à Madrid', *L'Architecture d'Aujourd'hui Habitat*, 130 (februari/maart / February/March 1967)
R. Alberdi, J. Sáenz Guerra, *Francisco Javier Sáenz de Oíza* (Madrid: Ediciones Pronaos, 1996), 123-129
Architectuurgids Spanje 1920-2000 (Bussum: Uitgeverij Thoth, 1999), 256
'Torres Blancas', in: 'Sáenz de Oíza 1946-1988', *El Croquis*, 32/33 (2002), 54-71

Situering
Location

Torres Blancas vanaf Avenida de América, 1973
Torres Blancas from the Avenida de América, 1973

Torres Blancas in aanbouw, 1967
Torres Blancas under construction, 1967

Fotomontage van de oorspronkelijke twee torens
Photomontage of the original two towers

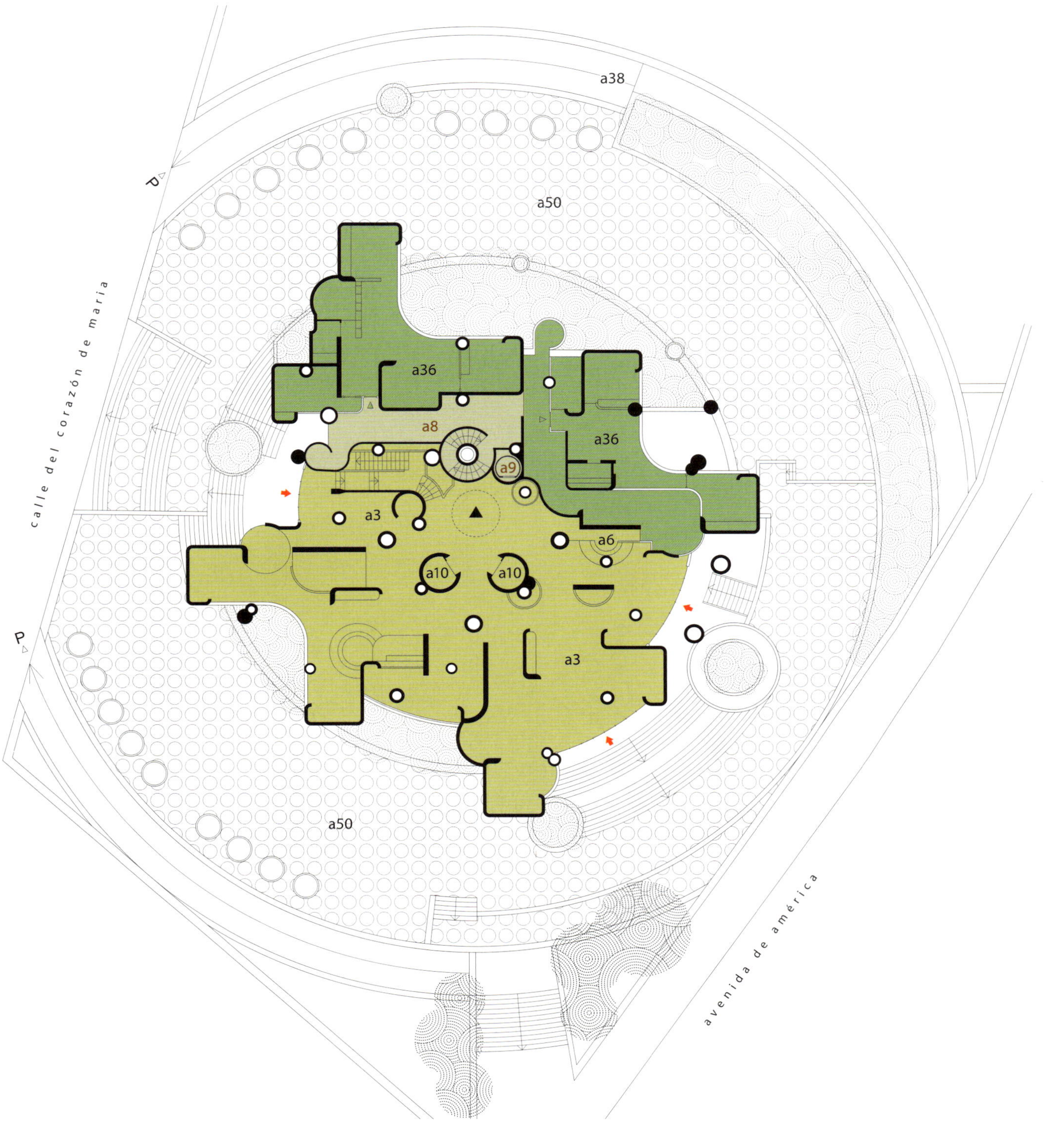

Begane grond
Ground floor

Serviceniveau 5^{e} en 11^{e} verdieping
Service level 5th and 11th floor

4^{e} - 10^{e} verdieping
4th - 10th floor

7ᵉ - 9ᵉ verdieping
7th - 9th floor

6ᵉ en 12ᵉ verdieping
6th and 12th floor

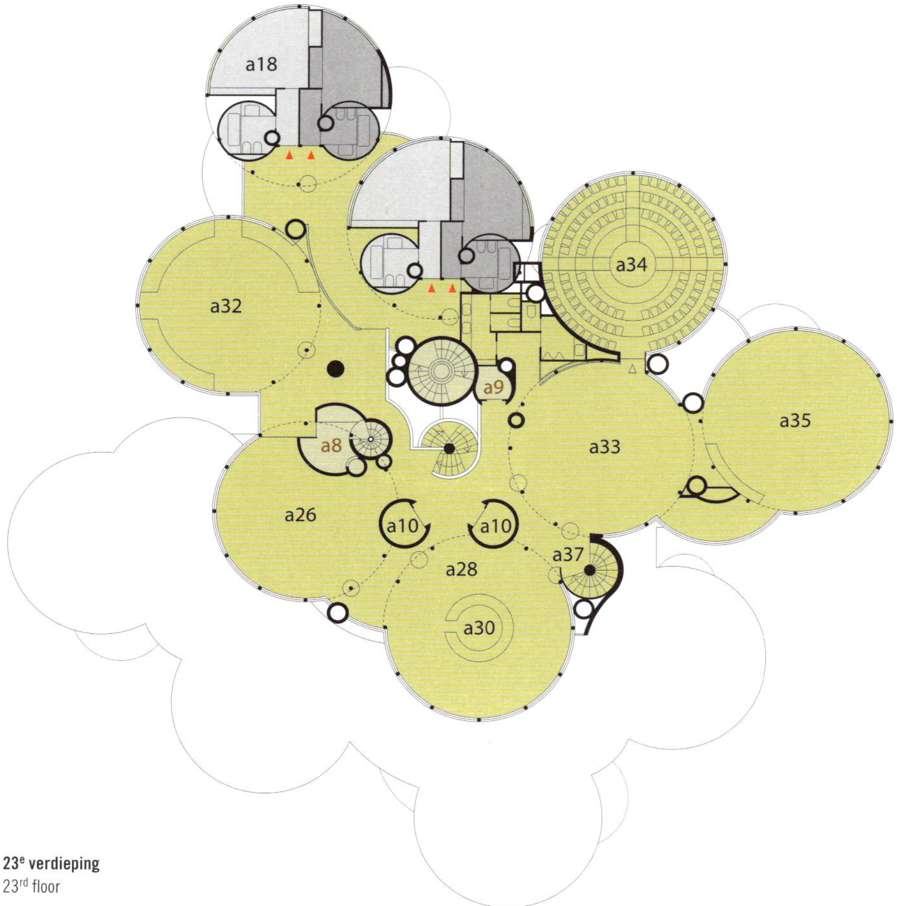

23e verdieping
23rd floor

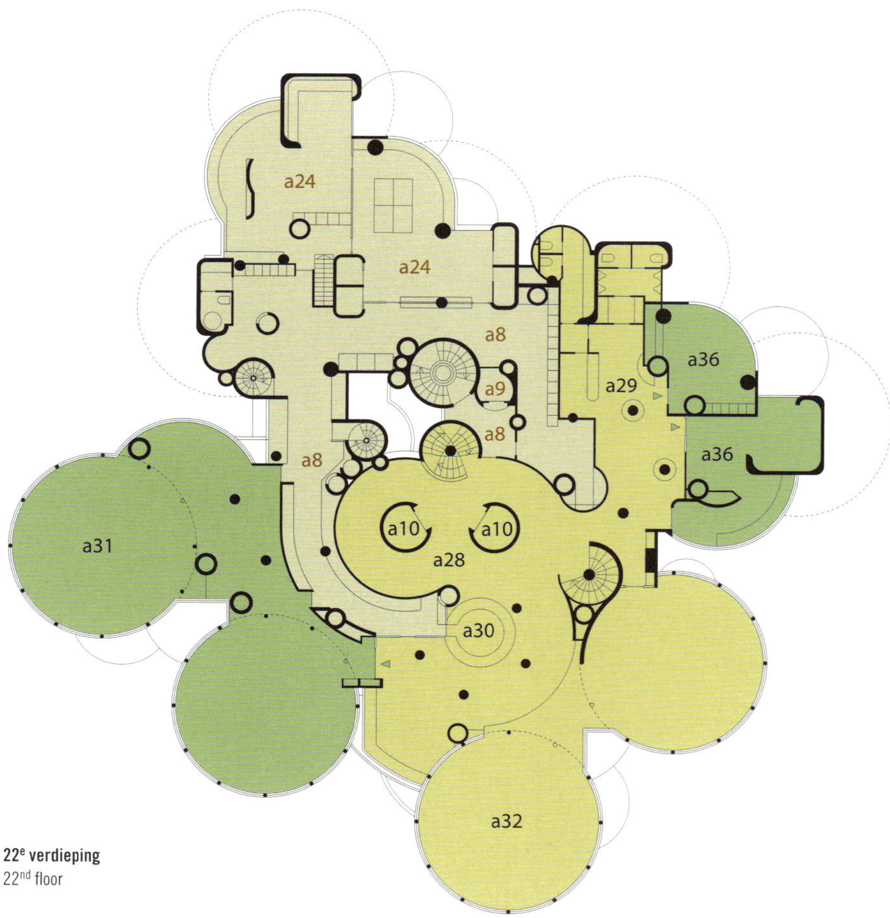

22e verdieping
22nd floor

'The idea is to construct a podium, a foundation for support, a more organic, more plant-like species, to leave an imprint in the ground of the tower, as an animal leaves its tracks imprinted in the earth. Its organic origin is almost like a tree which emerges with different trunks, since the structures are carried to the exterior in this latest project and will support the platforms on which the projected duplex homes are to be built.'
(R. Alberdi c.s.)

Bovenaanzicht tuin met uitrit parkeergarage
View of the garden from above with car park exit

Tuin met entreehof
Garden with entrance court

Plasticiteit in de gevel met uitspringende serres en terrassen
Plasticity in the façade with projecting verandas and terraces

Hoofdentree aan de Calle del Corazón de Maria
Main entrance on the Calle del Corazón de Maria

Centraal trappenhuis: niveau met zowel bewoners- als service-ontsluiting
Central staircase: level with both residents' and service access

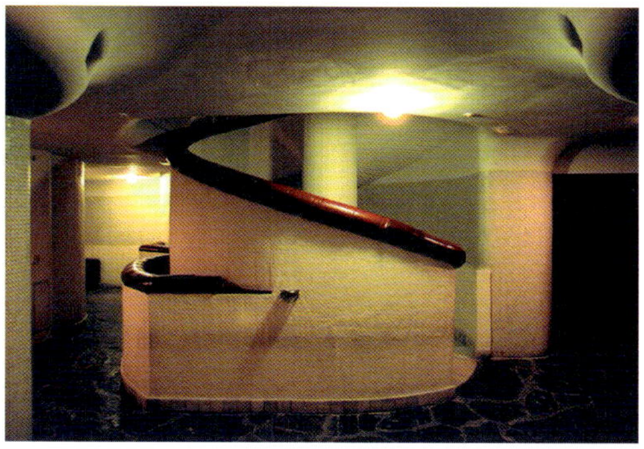

Centraal trappenhuis: niveau woningentree zonder aantakking op diensttrap en -lift
Central staircase: house entrance level without access to the service stairs and lift

Centraal trappenhuis: service-niveau zonder aantakking op bewonerstrap en -liften
Central staircase: service level without access to the residents' stairs and lifts

Centraal trappenhuis
Central staircase

Entreehal
Entrance hall

'Torres Blancas is a different, contradictory, unique tower that wants to stand out. Following this idea, I proposed a structure, by which a person who wanted to purchase an apartment relied on the structure and built his own house, designed by an architect.' (R. Alberdi c.s.)

Serre
Veranda

Dakterras met zwembad
Roof terrace with swimming pool

Uitzicht vanaf het dakterras
View from the rooftop

Restaurant op de 23e verdieping, jaren zeventig
Restaurant on the 23rd floor, 1970s

Lake Point Tower Chicago

George C. Schipporeit & John C. Heinrich Associates

Zuidgevel gezien vanaf de monding van de Chicago River
South façade seen from the Chicago River estuary

Lake Point Tower:
505 North Lake Shore Drive,
Chicago, Verenigde Staten / USA
Architect:
George C. Schipporeit & John C. Heinrich Associates, Chicago; Graham, Anderson, Probst and White Architects, Chicago
Landschapsarchitect / Landscape architect: Alfred Caldwell
Opdrachtgever / Client:
William F. Hartnett Jr., Hartnett-Shaw Development Company
Ontwerp / Design: 1965
Oplevering / Completion: 1968
Typologie / Typology: Woontoren / Residential tower block
Totaal aantal woningen / Total number of dwellings: 811 (2005)
Vloeroppervlak appartementen / Floor area apartments:
5^e - 23^e verdieping: 75 - 110 m^2
24^e - 51^e verdieping: 150 m^2
52^e - 65^e verdieping: 110 - 190 m^2
66^e - 68^e verdieping: 225, 265, 300 en 345 m^2 /
5th – 23rd floor: 75 m^2 – 110 m^2
24th – 51st floor: 150 m^2
52nd – 65th floor: 110 – 190 m^2
66th – 68th floor: 225 m^2, 265 m^2, 300 m^2 and 345 m^2
Aantal bouwlagen / Number of floors: 70
Bouwhoogte / Building height: 197 m
Gemeenschappelijke voorzieningen / Communal facilities: Lobby, restaurant, commerciële ruimte, stomerij, wasserette, fietsenberging, 24-uurs portier (begane grond/1^e); health club met sauna, binnenzwembad; activiteitenruimte; aerobicsruimte; squashbaan; schoonheidssalon; kantoor management (2^e), promenade, Skyline Park (1 ha) met buitenzwembad (3^e) techniek (69^e) en restaurant (70^e) / Lobby, restaurant, commercial space, dry-cleaner, laundry, bicycle storage space, 24-hour porter (ground floor/ 1st); health club with sauna, indoor swimming pool; leisure room; aerobics room; squash court; beauty salon; office management (2nd), promenade, Skyline Park (1 ha) with outdoor swimming pool (3rd); technical facilities (69th) and restaurant (70th)
Marktsegment / Market segment: Huur en koop (sinds 1988) / Rental and freehold (since 1988)
Parkeren / Parking: Vierlaagse parkeergarage in plintgebouw / Four-storey car park inside the base
Bronnen / Sources:
F. Schneider, *Grundrissatlas Wohnungsbau/ Floor Plan Atlas Housing* (Basel: Birkhäuser, 1997)
N. Harris, *Chicago Apartments, A Century of Lakefront Luxury*, (New York: Acanthus Press, 2004)
O. Grube, P. Pran, F. Schulze, *100 Years of Architecture in Chicago, Continuity of Structure and Form* (Chicago: Follett Publishing Company, 1977)
www.lakepointtower.org

Lake Point Tower ligt aan North Lake Shore Drive in downtown Chicago, net ten noorden van de Chicago River. De Y-vormige contour wijst met zijn voet pal naar het noorden en overziet de stad (west) en Lake Michigan (oost). Deze 197 m hoge, puntsymmetrische woontoren is met zijn golvende, glazen, sculpturale hoofdvorm gebaseerd op zowel het ontwerp van Ludwig Mies van der Rohe voor een kantoorgebouw aan de Friedrichstrasse in Berlijn (1919), als op diens ontwerp voor een wolkenkrabber van 30 lagen voor een denkbeeldige locatie (1920-1921). Deze twee torenontwerpen hebben een vergelijkbaar concept: gestapelde, vlakke vloerconstructies; een vrij gevormde plattegrond en een volledige omhulling in glas. Voormalige studenten en medewerkers van Mies aan het Illinois Institute of Technology, George Schipporeit en John Heinrich verwierven hiermee hun eerste opdracht.

De woontoren staat op een plint van groen geglazuurde baksteen met vier parkeerlagen, lobby en overige gemeenschappelijke voorzieningen, en wordt volledig ingesloten door wegen. Dit volume draagt op zijn beurt het *Skyline Park*, een 'privé paradijs' uitsluitend toegankelijk voor de bewoners en hun gasten om te ontspannen en van het uitzicht te genieten. De architecten kozen voor één hoger gebouw in plaats van de aanvankelijk gevraagde drie lagere bouwvolumes, om meer parkruimte rondom de toren te kunnen realiseren. De toren, aanvankelijk kruisvormig opgezet met vier afgeronde vleugels, kreeg uiteindelijk drie afgeronde vleugels in een onderlinge stompe hoek van 120°, waardoor de woningen geen last hebben van inkijk. Deze gebouwvorm is bovendien gunstiger voor de windbelasting, maar wel duurder om te construeren.

Aanvankelijk was de toren opgezet als een stad in de stad: een stapeling van compacte huurwoningen met één slaapkamer, maar ook *efficient apartments complementing larger units*, zoals op laag 5 - 23. Door de Y-vorm heeft de toren relatief korte gemeenschappelijke gangen, met maximaal zes appartementen per gang.

De plattegrond is een *plan libre*: in de open plattegrond kunnen wanden verwijderd worden; kamers en woningen kunnen eenvoudig worden samengevoegd. Dit resulteerde uiteindelijk in 674 *condominiums* (koopappartementen) en 137 huurappartementen (stand 2005). Kenmerkend voor de plattegrondopzet is zijn zonering, parallel aan de gevels: woon- en slaapvertrekken aan de gevelzijde en dienende ruimten (ontvangsthallen, keukens, sanitair) aan de gangzijde in een diepteverhouding van 1 : 1 of 2 : 1 door middel van (kasten)wanden.

De toren is een toonbeeld van rationaliteit. Achter de golvende glasgevels schuilt de extravagantie van compacte (5^e - 23^e etage), middelgrote (24^e - 51^e), grote (52^e - 65^e) tot zeer grote woningplattegronden (66^e - 68^e). De toren wordt bekroond met het panoramische *Cite* rooftop restaurant in ronde doosvorm.

Een centrale, driehoekige betonkern met negen liften, drie trappen en schachten neemt alle windkrachten en verticale lasten op, samen met de ronde kolommen kort achter de gevel.

Om de perfectie van de ononderbroken eenvoud van de toren te bewaren, zijn verwarming, luchtbehandeling- en ventilatiesystemen verborgen in vaste glasdelen. De huid bestaat uit doorgaande, I-vormige *mullion frame* kozijnen met buitenbeglazing van bronsgetint, zonwerend glas. (pk)

Lake Point Tower is situated on North Lake Shore Drive in downtown Chicago, just north of the Chicago River. The foot of its Y-shape points northwards and overlooks the city (west) and Lake Michigan (east). With its undulating glass structure, the 197-m, asymmetrical tower block is based on two Ludwig Mies van der Rohe designs: an office building on Friedrichstrasse in Berlin (1919) and a 30-storey skyscraper for an imaginary location (1920-1921). The two tower designs were conceived along similar lines: stacked, level floor constructions, a free floor plan and a glass shell. It was the first commission for Mies's former students and colleagues at the Illinois Institute of Technology, George Schipporeit and John Heinrich.

The tower block sits atop a green-glazed-brick base with a four-storey car park, lobby and other communal facilities, and is bordered on all sides by roads. In turn, the building is the centre piece of the Skyline Park, a 'private paradise', with exclusive access for residents and their guests to relax and enjoy the view. The architects opted for one tall building instead of the originally requested three lower structures to accommodate a more spacious park around the tower block. The tower, initially conceived as a cruciform with four rounded wings, was eventually built with three rounded wings at an obtuse 120° angle, to prevent residents from looking into their neighbours' apartments. This building form is also better equipped to withstand the wind load, although more expensive to construct.

The tower had originally been conceived as a city within a city: a stack of compact, one-bedroom rental units, as well as 'efficient apartments complementing larger units', as on floors 5 through 23 (thanks to its Y-shape, the tower has relatively small communal corridors, with a maximum of six apartments per corridor).

The floor plan is a *plan libre*: walls can be removed, and rooms and dwellings can be joined without too much effort. This has resulted in 674 condominiums (freehold apartments) and 137 rental apartments (as of 2005). A distinctive element of this floor plan organization is its zoning, which is parallel to the façades: living rooms and bedrooms along the façade, and service areas (reception rooms, kitchens, washrooms) along the corridor at a depth ratio of 1 : 1 or 2 : 1 through walls and/or wall units.

The tower is the epitome of rationality. The undulating glass façades conceal the extravagance of compact (5th to 23rd floor), medium-sized (24th to 51st), large (52nd to 65th) and extremely large dwellings (66th to 68th). The tower block is crowned by the panoramic, box-shaped *Cite* rooftop restaurant.

A central, triangular concrete core with nine elevators and three stairwells, in conjunction with the round columns just behind the façade, absorbs all wind and vertical loads.

To preserve the perfection of the tower's unbroken simplicity, the heating, air conditioning and ventilation systems are concealed in solid glass components. The glass skin consists of continuous, I-shaped mullion frames with outdoor glazing made of bronze-tinted solar glass. (pk)

0 500 1000m

Situering
Location

Lake Point Tower als enige hoogbouw aan de oostzijde van Lake Shore Drive
Lake Point Tower is the only high-rise building to the east of Lake Shore Drive

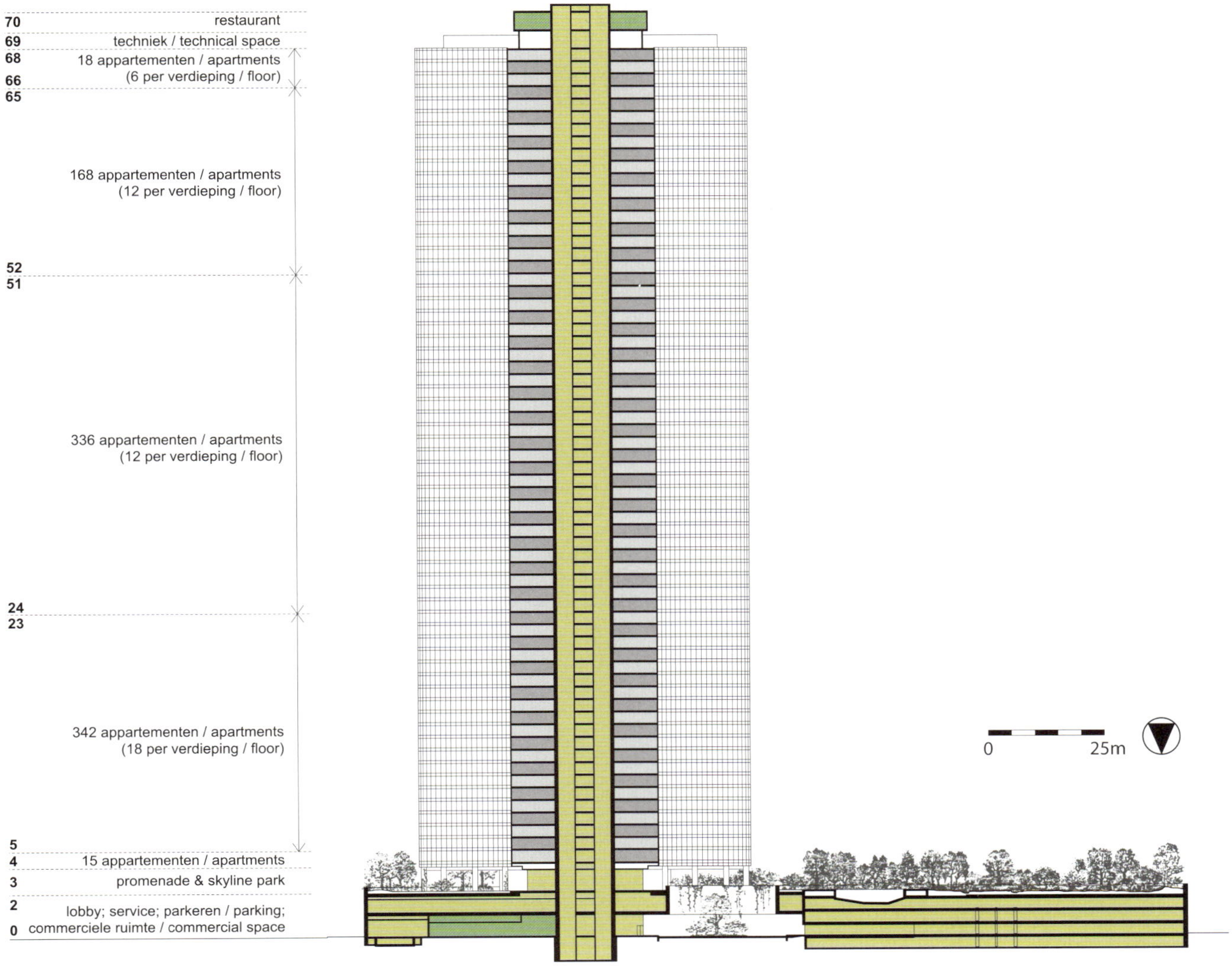

Langsdoorsnede
Longitudinal section

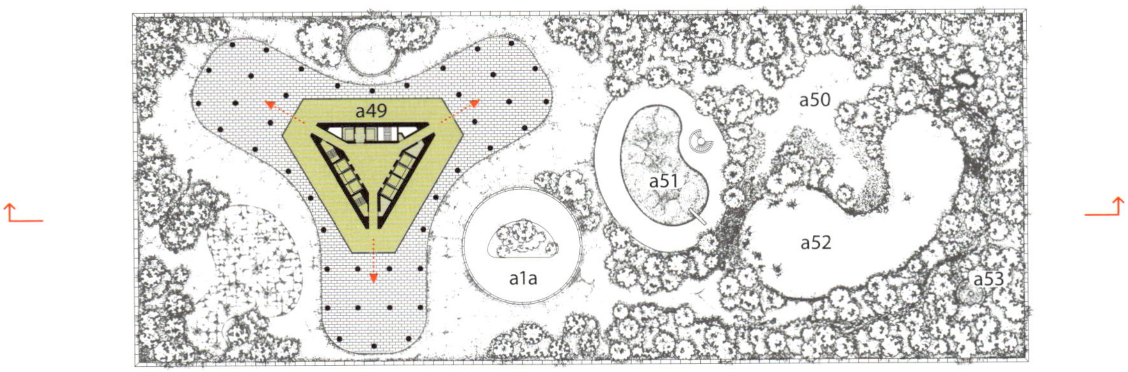

3e vedieping met Skyline Park
3rd floor with Skyline Park

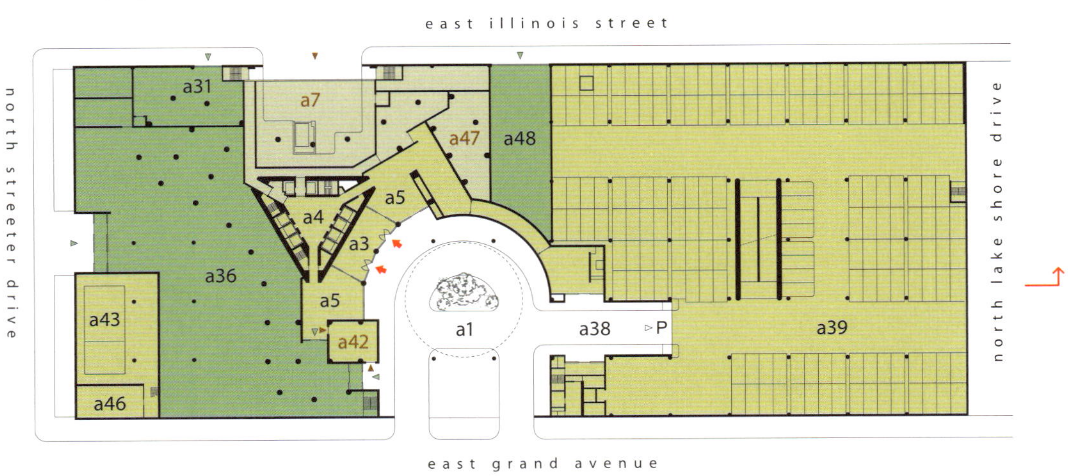

Begane grond
Ground floor

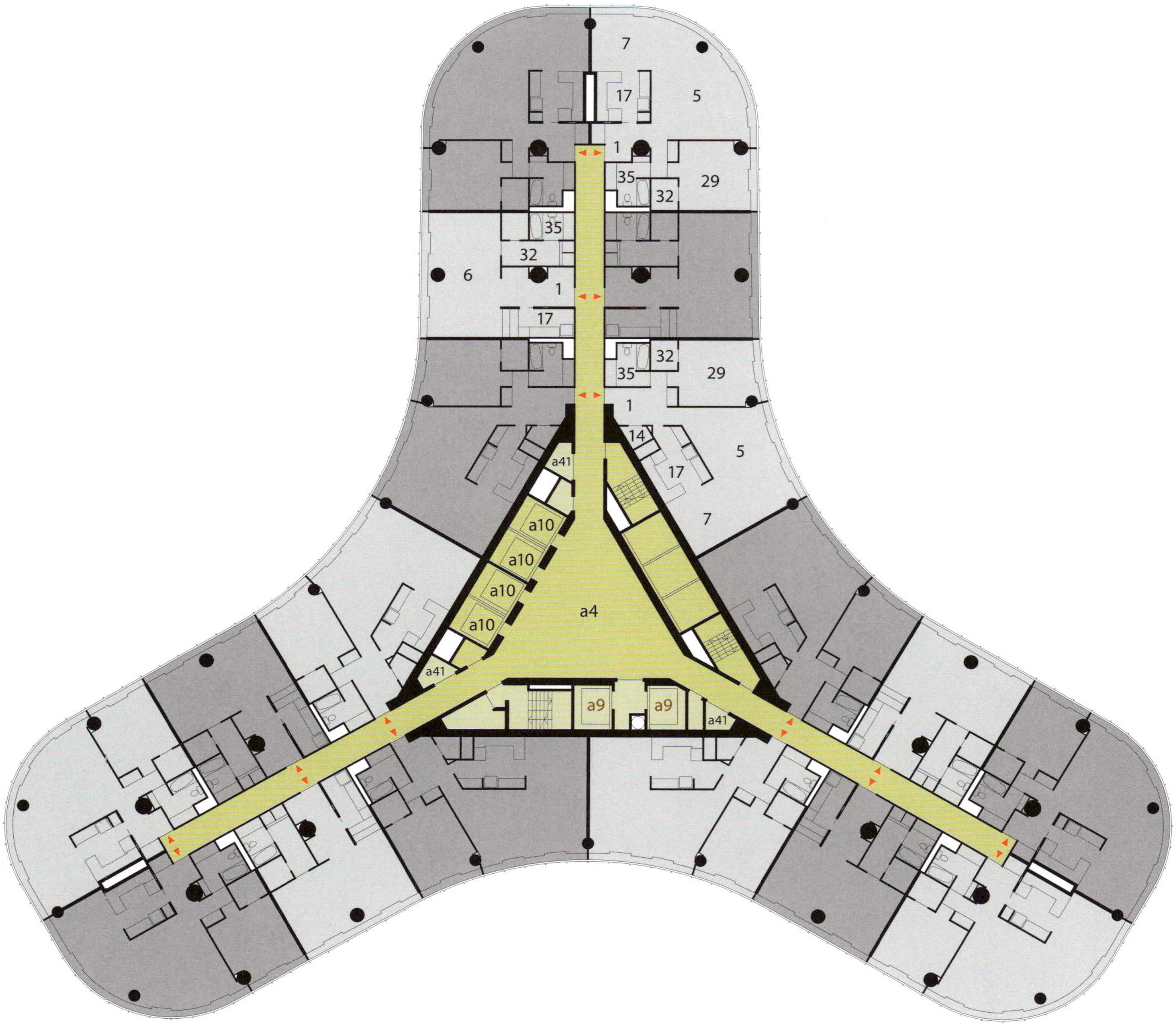

5e - 23e verdieping
5th - 23rd floor

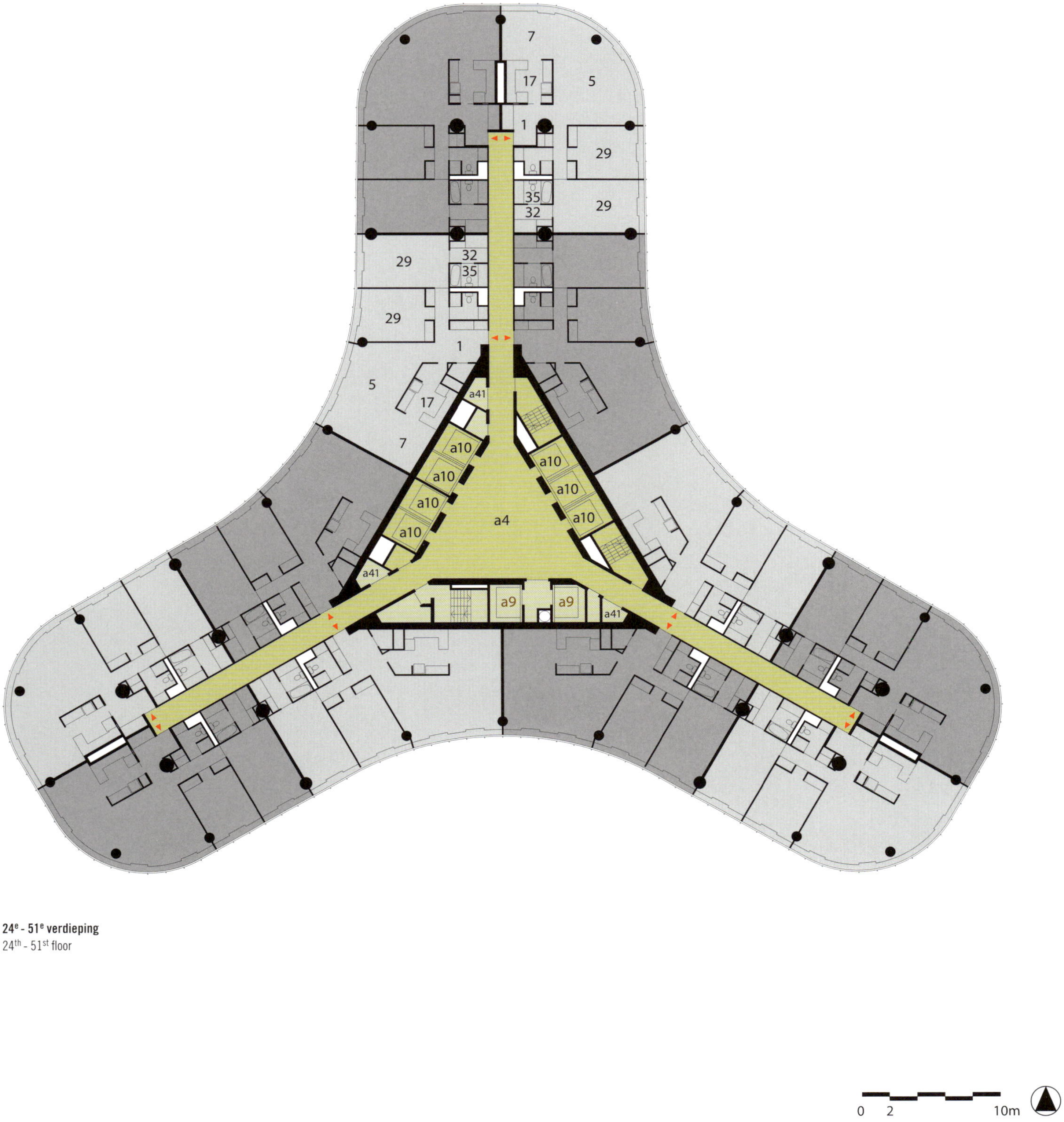

24ᵉ - 51ᵉ verdieping
24th - 51st floor

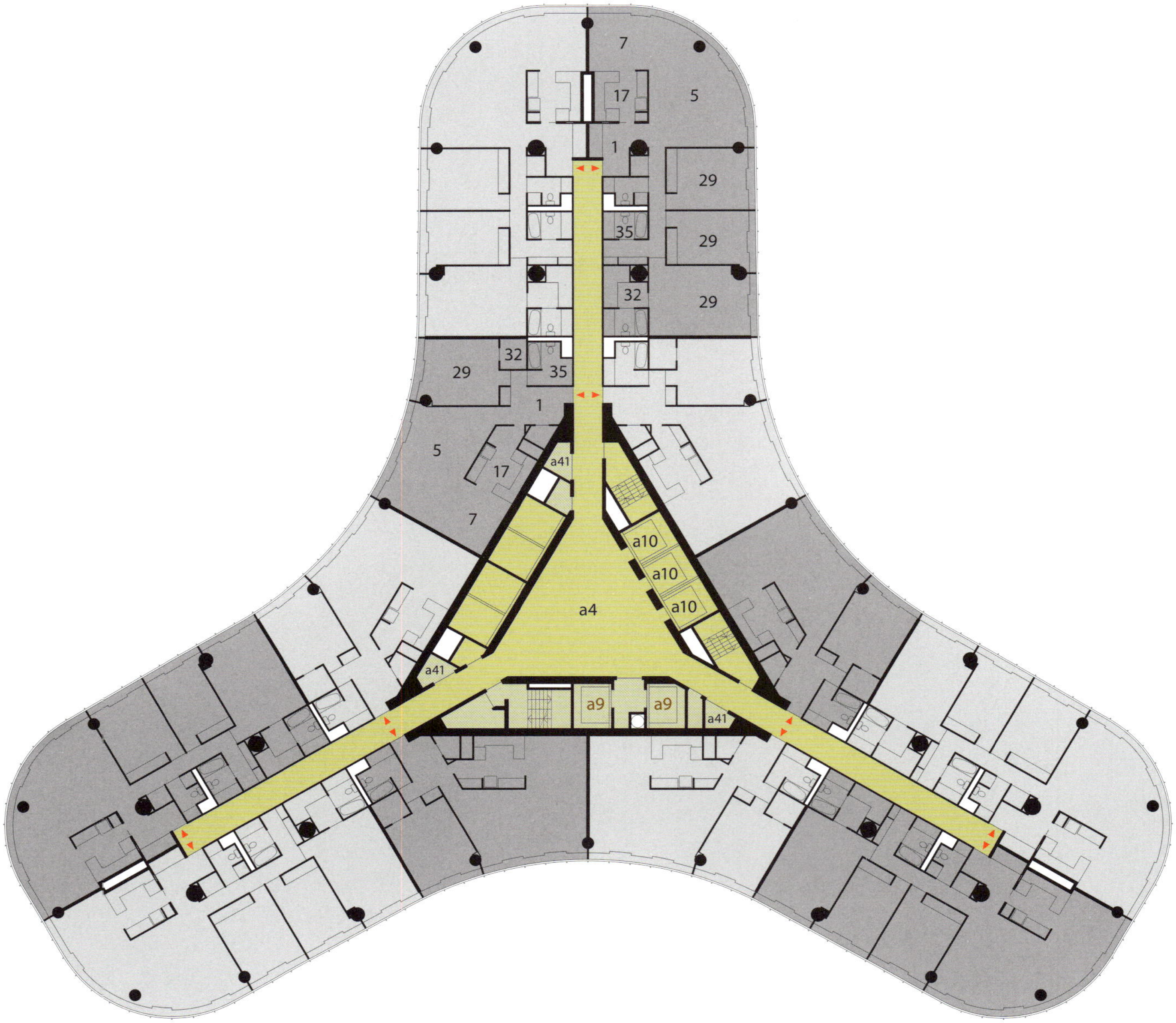

52^{e} - 65^{e} verdieping
52nd - 65th floor

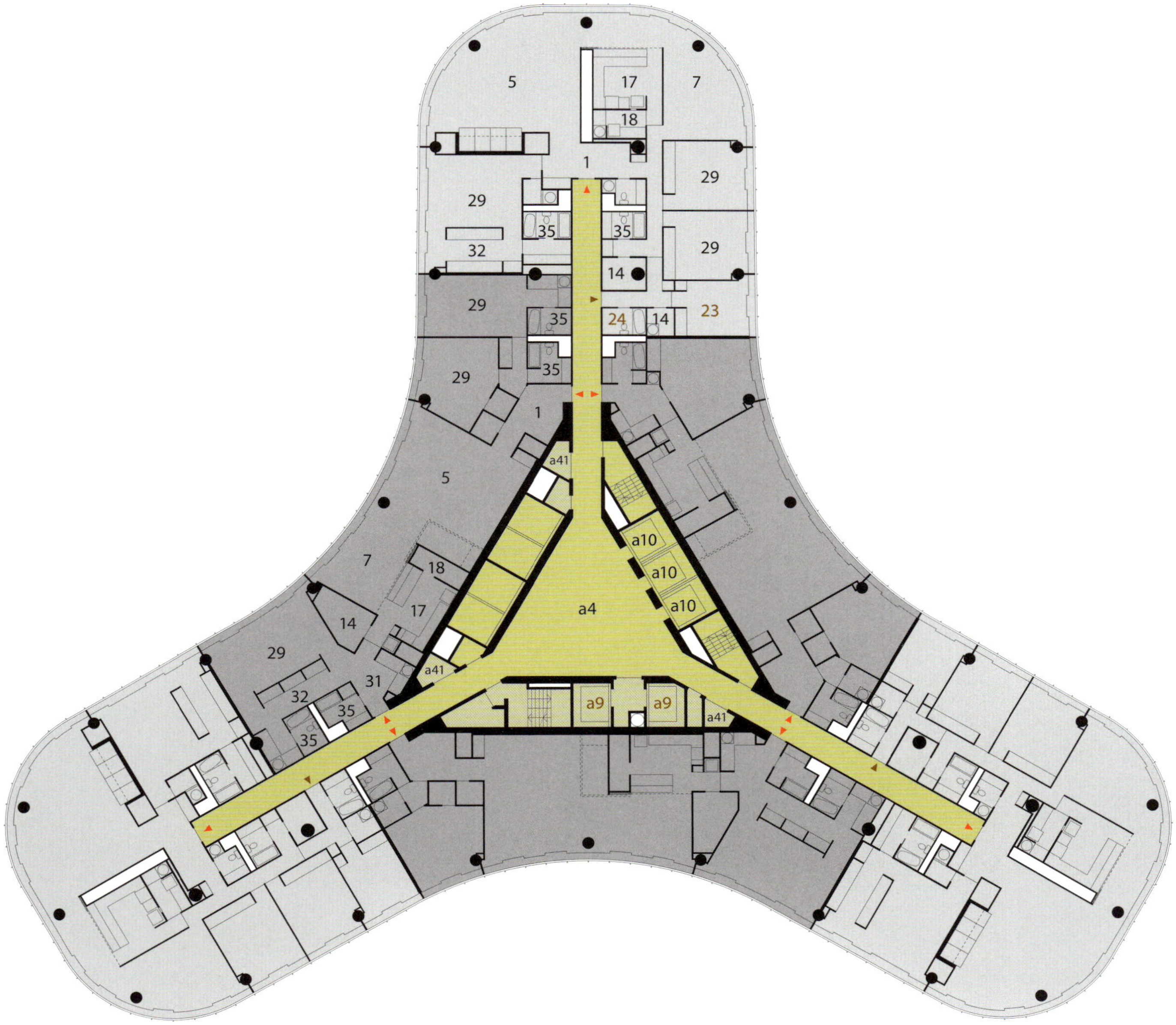

66e - 68e verdieping
66th - 68th floor

0 2 10m

Lake Point Tower met Skyline Park
Lake Point Tower with Skyline Park

Vijver en buitenzwembad in het Skyline Park
Pond and outdoor swimming pool in the Skyline Park

Promenade op het parkniveau
Promenade at park level

Gevelfragment
Fragment of the façade

Commerciële functies en service entree in de plint aan East Illinois Street
Commercial functions and service entrance in the plinth on East Illinois Street

Zicht op de toren vanuit de entreehof
View of the tower from the entrance court

'As you drive into the rotunda onto the circular driveway, your eyes feast on the colourful flowers and shrubs that decorate the island in the centre. Then they move upward along the Honey Locust that reaches toward the 50-foot opening in the ceiling, two stories above. Through the sweeping opening, you spot the sleek, curved outlines of the skyscraper and of the sky itself.' (*www.lakepointtower.org*)

Entreehof
Entrance court

Woon- en eetkamer, 1965
Living and dining room, 1965

Woon- en eetkamer, 1968-1969
Living and dining room,
1968-1969

Duinwyck 's-Gravenhage/The Hague

L.M. van den Berg & J.J. Groenema

Gevel aan Van Alkemadelaan met hoofdentree
Façade on the Van Alkemadelaan with main entrance

Flatgebouw Duinwyck:
Van Alkemadelaan 350 – Ruychrocklaan 171, Benoordenhout, 's-Gravenhage / The Hague
Architect:
NV Ingenieursbureau / Engineering firm L.M. van den Berg & J.J. Groenema, Civiel en / and Bouwkundig Ingenieurs / structural engineers, 's-Gravenhage / The Hague
Opdrachtgever / Client:
NV Ingenieursbureau L.M. van den Berg en J.J. Groenema, Civiel en Bouwkundig Ingenieurs, 's-Gravenhage / Engineering firm L.M. van den Berg and J.J. Groenema, civil and structural engineers, The Hague
Ontwerp / Design: 1929
Oplevering / Completion: 1932
Typologie / Typology:
Woonhotel / Residential Hotel
Totaal aantal woningen / Total number of dwellings: 68
Vloeroppervlak appartementen / Floor area apartments:
Begane grond / Ground floor: 65 - 130 m^2 (losse gastenkamers / individual guest rooms: 20 - 30 m^2); 1^e t/m 3^e verdieping / 1st – 3rd floors: 40-110 / 280 / 325 m^2; 4^e verdieping / 4th floor: 90 - 140 m^2; losse gastenkamers / individual guest rooms: 20 - 30 m^2 (NB: alle oppervlakten zijn gerekend exclusief terrassen en tuinen) / all floor areas exclude patios and gardens)
Aantal bouwlagen / Number of floors: 5
Gemeenschappelijke voorzieningen / Communal facilities:
Café-restaurant met ontvangstsalons; leeszaal; wasserij; winkel met postagentschap; gastenkamers; garages met autoservice / Restaurant with reception rooms; reading room; laundry; shop with sub post office; guest accommodation; serviced garages
Marktsegment / Market segment:
Huur (bij oplevering); koop (huidige toestand) / Rental (on completion); freehold (current situation)
Parkeren / Parking: Garageboxen op binnengebied / Garages in courtyard
Bronnen / Sources:
Marcel Teunissen, architectuurhistoricus, co-auteur (met Victor Freijser †) van: *Schoone Eenheid. Stedenbouw en Architectuur van de Nieuwe Haagse School*, (Den Haag: Uitgeverij De Nieuwe Haagsche, 2008); maker van de gelijknamige tentoonstelling (11.12.08 -27.02.09, Het Magazijn, Den Haag)
Dienst Stedelijke Ontwikkeling, Monumentenzorg, gemeente Den Haag, plandocumentatie, waaronder *Flatbouw*, NV Ingenieursbureau L.M. van den Berg en J.J. Groenema, Civiel en Bouwkundig Ingenieurs, 's-Gravenhage, 1932
Geurst & Schulze architecten, *Residentieel wonen in de stad*, (Maastricht: Vesteda Groep, 2005), brochure.

De meest opvallende ontwikkeling in de Haagse woningbouw in het interbellum was die van de 'woonhotels': grote appartementengebouwen, vooral ontwikkeld voor mensen die terugkeerden uit Nederlands-Indië en gewend waren aan de luxe van veel personeel, maar dat niet meer konden betalen. Woonhotels als Huize Boschzicht, Parkflat Marlot, de Nirwanaflat, de Hogenhouck, de Willemsparkflat en Duinwyck beschikten over gemeenschappelijke keukens, een boodschappenservice en elk modern comfort, zoals centrale verwarming. Er ontwikkelde zich door het grote verschil in aantal kamers en situering geen 'standaardplattegrond', maar de toegevoegde waarde van de gemeenschappelijke voorzieningen (café-restaurant met ontvangstsalons, leeszaal, wasserij, winkel met postagentschap, logeerkamers – behorend bij kleinere appartementen; ook gescheiden te gebruiken – garages met autoservice, fietsenbergplaats en halfverdiept centraal verwarmingsgebouw) maakt een nadere beschouwing van het laatst gerealiseerde Haagse woonhotel Duinwyck, destijds als 'woondorado' aangeprezen, zeer de moeite waard.

Het gebouw, in de stijl van de late Nieuwe Haagse School ontworpen, heeft een U-vormige plattegrond en bestaat uit vijf lagen, waarvan de bovenste terugspringt. Een centraal trappenhuis en vier trappenhuizen in de twee zijvleugels, elk met personenlift én dienstlift, ontsluiten de appartementen via een netwerk van overlopen en gangen. De zijvleugels worden halverwege doorsneden door afsluitbare toegangen naar het binnengebied, waar onder toeziend oog van een portier de auto in een van de garageboxen kan worden geparkeerd.

De ontwerpers spreken in hun boek *Flatbouw* (1932) over 'rationeele woningbouw': 'De efficiency van het huishouden zal allereerst vragen naar betere installaties en een meer rationeele indeeling van de woning, dan hetgeen tot nu toe werd geboden'.

De constructie bestaat uit een stelsel van betonnen vloeren en kolommen met bakstenen vullingmuren voor de buitenmuren en trappenhuizen 'waartusschen de woningen zijn ingebouwd'. Deze zijn constructief en akoestisch van elkaar gescheiden. Alle leidingen zijn in een laag slakkenbeton weggewerkt, waardoor elke woning haar eigen leidingsysteem heeft: 'De vlakke betonvloeren laten bij het ontwerp zoowel als bij eventueele verbouwingen meerdere mogelijkheden open'.

De bouwtechnische opbouw schept maximale vrijheid voor plattegrondvorming, waarvoor in eerste instantie 'het gezin als onaantastbaar axioma' wordt aangenomen en 'de hoofdidee' vormt 'die ieder ontwerp beheerscht'. 'De constructieve scheiding maakt, dat de woningen kadastraal kunnen worden opgesplitst, onafhankelijk van het eigendom van de grond. Dan zal de flatwoning een eigen huis kunnen zijn', schreven de auteurs van *Flatbouw* met vooruitziende blik. Dit aspect kwam al drie jaar na oplevering van pas, toen de grote hoekappartementen (één bevindt zich nog in originele staat) op de eerste, tweede en derde verdieping – volgens tekeningen uit 1935 – zijn opgesplitst in vier kleinere woningen. De grote hoekappartementen op de eerste tot en met de derde verdieping tonen de gescheiden circuits voor bewoners en personeel (aparte ingang vanuit diensttrappenhuis) en de overgang van entree via langgerekte woonhal naar geclusterde slaapvertrekken. (pk)

The most striking housing development in The Hague during the interwar period was that of the 'residential hotels': large apartment buildings, designed especially for people returning from the Dutch East Indies, who were used to the luxury of staff but were now unable to afford it. Residential hotels like Huize Boschzicht, Parkflat Marlot, de Nirwanaflat, de Hogenhouck, de Willemsparkflat en Duinwyck had communal kitchens, a shopping service and all modern conveniences, such as central heating.

Because of the variation in room numbers and locations no 'standard floor plan' was ever developed. However, a closer look at residential hotel Duinwyck in The Hague, the last to be completed and advertised at the time as 'a residential El Dorado', is certainly worth the effort given the added value of the communal facilities (licensed restaurant with reception rooms, reading room, laundry, shop with sub post office, guest rooms – attached to the smaller apartments, but also available separately – serviced garages, bicycle storage and a semi-sunken boiler room).

The building, designed in the style of the late New The Hague School, has a U-shaped floor plan and consists of five floors, of which the top is recessed. A central stairwell and four stairwells in the two lateral wings, each with both a residential and a service lift, provide access to the apartments via a network of landings and corridors. Midway, the lateral wings are bisected by lockable passages to the inner courtyard where, under the watchful eye of a porter, cars can be parked in one of the garages.

In their book *Flatbouw* (Apartment Building, 1932), the designers speak of 'rational housing': 'Household efficiency will require better fittings and a more rational room layout than offered so far'.

The building consists of a system of concrete floors and columns with brick filling for the outside walls and the stairwells 'with the dwellings fitted in-between'. This separates the dwellings both constructively and acoustically. All wires and cables have been buried in a layer of slag concrete, giving each home its own pipe system: 'The level concrete floors permit several options, during both the design stage and any potential conversions.'

The structural design creates maximum freedom for the layout, which is inspired by 'the family as sacrosanct axiom', forming 'the central idea that dominates each design'. 'The constructive separation ensures that the homes can be split along plot lines, irrespective of landownership. The apartment can then be an owner-occupied home,' according to the prescient authors of *Flatbouw*. This was put into operation three years after completion, when the large corner apartments on the first, second and third floors were divided into four smaller homes (according to drawings from 1935). One corner apartment remains in its original state. The large corner apartments on floors one to three show the separate circuits for residents and staff (separate entrance from the service stairwell) and the transition from entrance via elongated living room to clustered bedrooms. (pk)

Situering
Location

0 500 1000m

Eetzaal, ca. 1931
Dining hall, circa 1931

Hoek Van Alkemadelaan met Sonderdankstraat, ca. 1932
Corner of Van Alkemadelaan and Sonderdankstraat, circa 1932

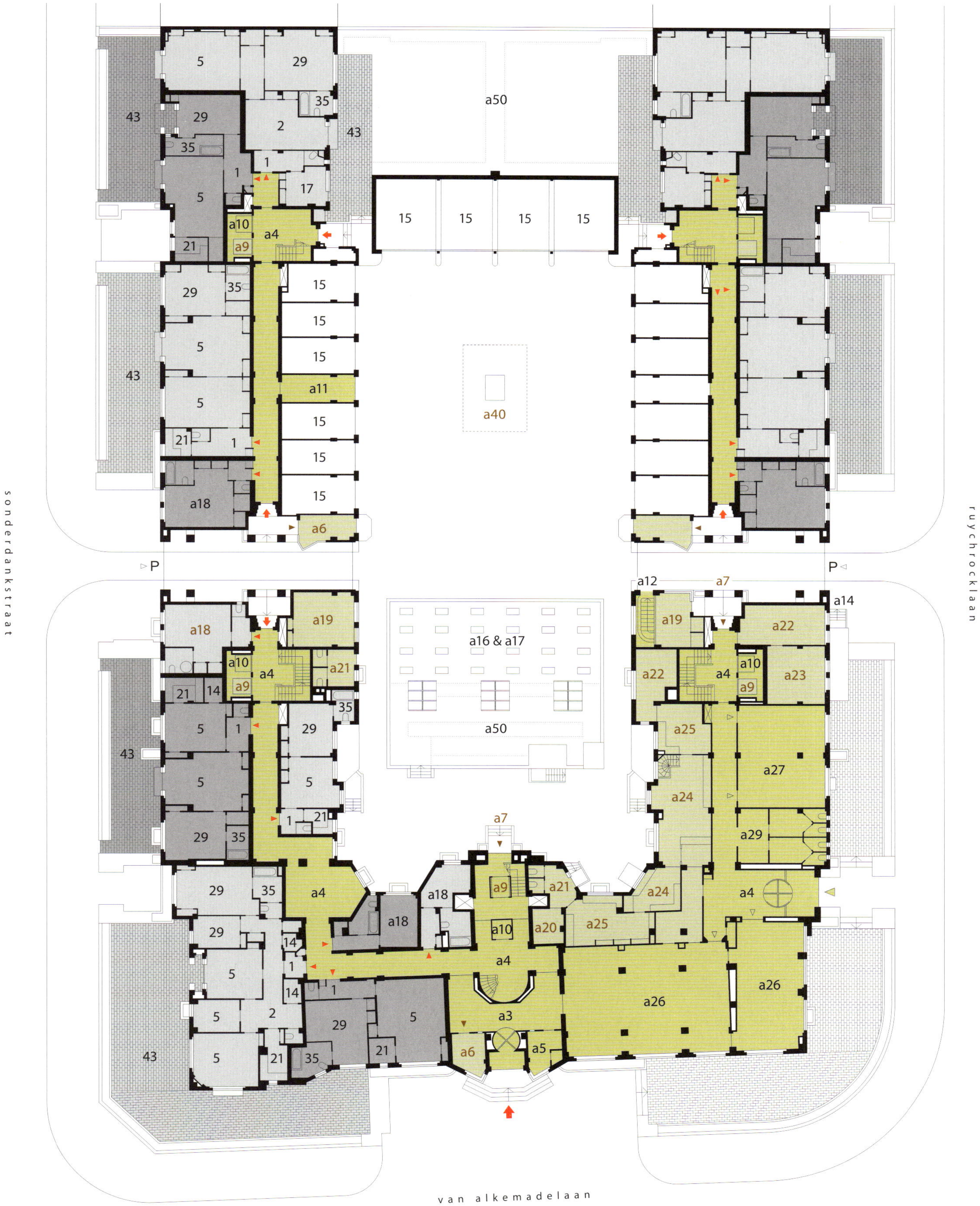

0 2 10m

Begane grond
Ground floor

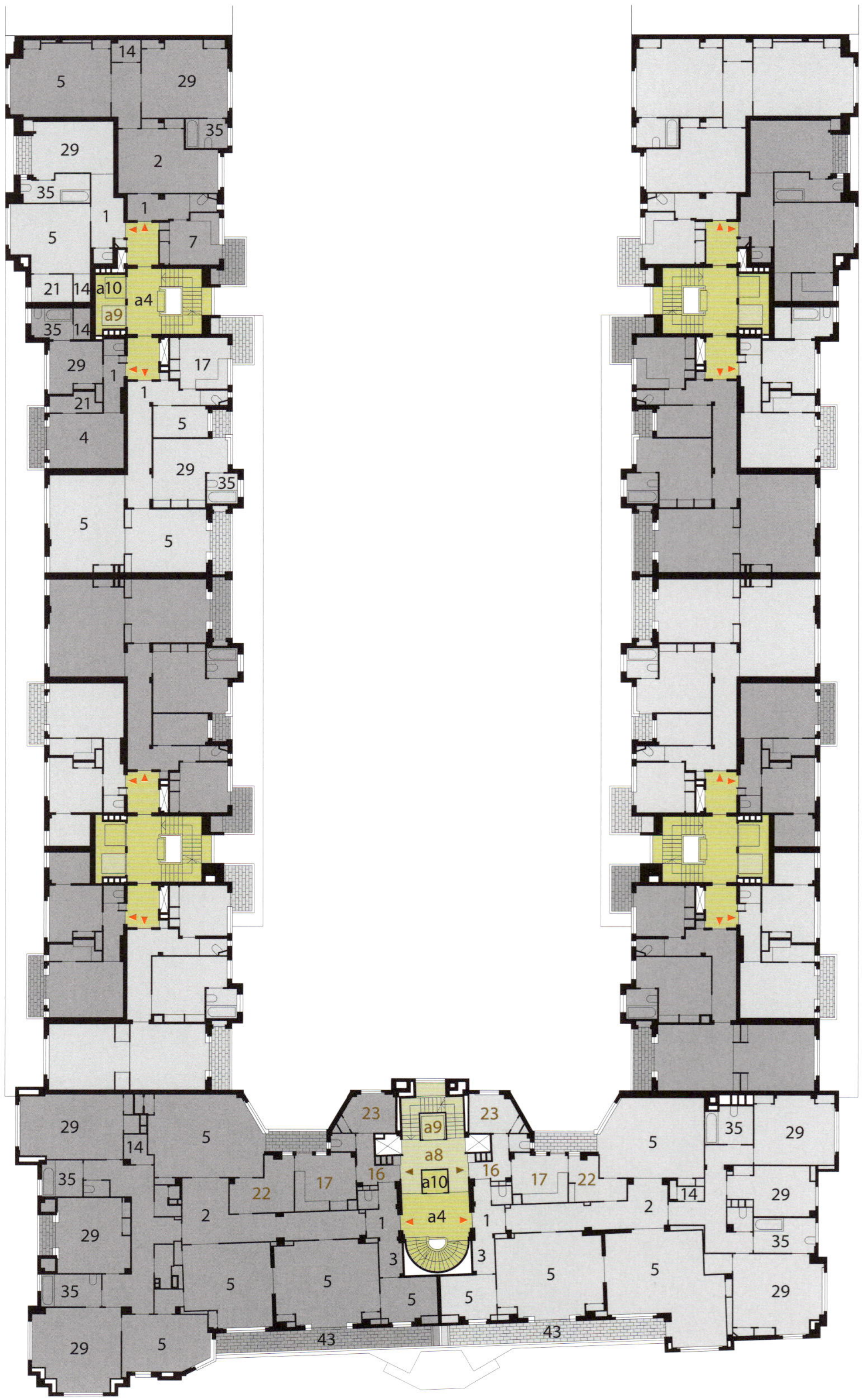

2e - 3e verdieping
2nd - 3rd floor

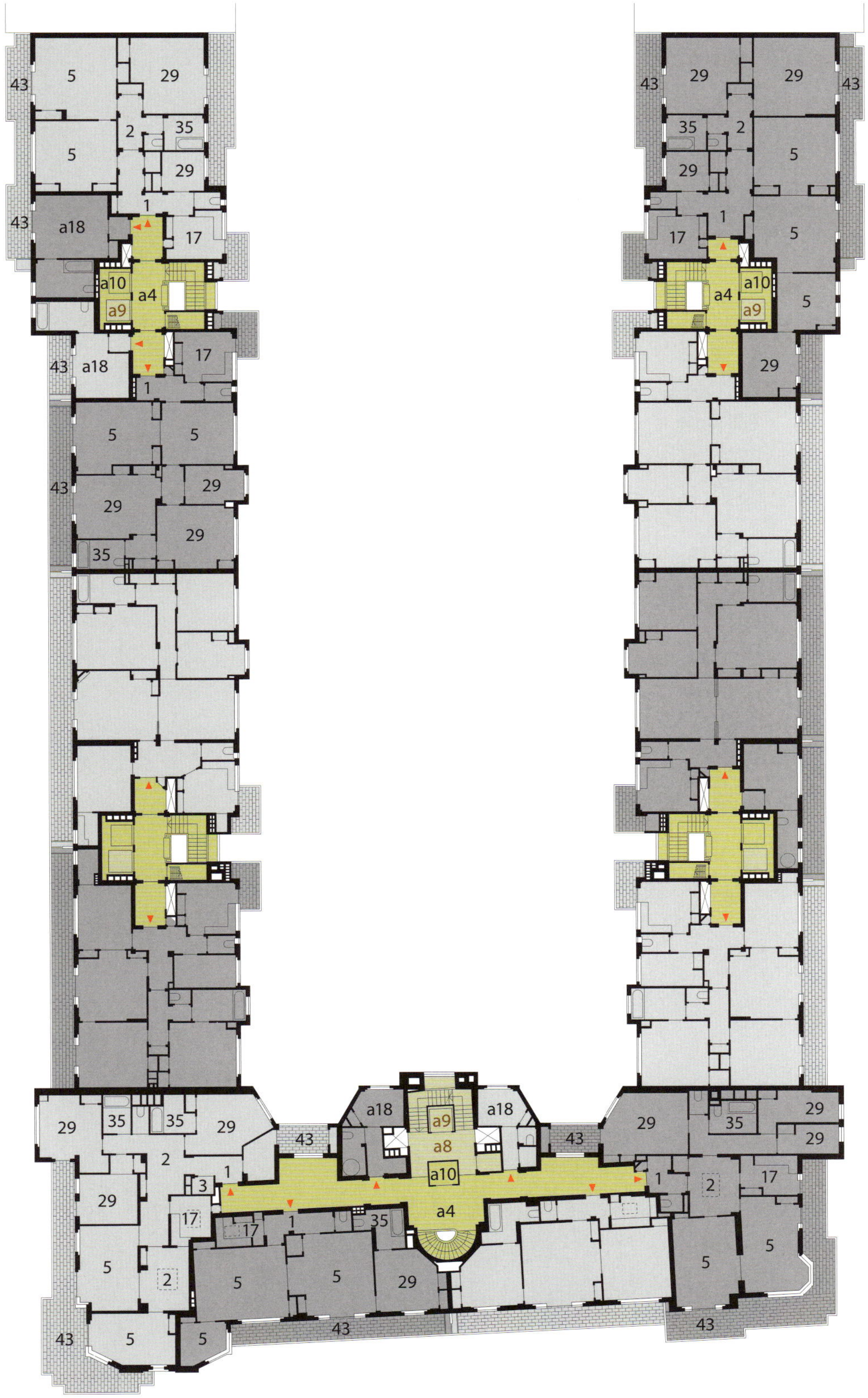

4e verdieping
4th floor

0 2 10m

Secundaire entree vanuit onderdoorgang
Secondary entrance from the underpass

Portiersloge in onderdoorgang
Porter's lodge in the underpass

Binnenhof
Inner courtyard

Muziekkamer
Music room

Eén van de woonkamers
One of the living rooms

Eetkamer
Dining room

Westhove Amsterdam

F.A. Warners

Westgevel aan het Valeriusplein
West façade on the Valeriusplein

Westhove
De Lairessestraat 163-167, Jan van Goyenkade 27-30, Amsterdam
Architect:
F.A. (Philip Anne) Warners, Amsterdam
Opdrachtgever / Client:
N.V. Bouwmaatschappij Lastman; dhr. / Mr Petersen (woning / house 7); mr. Gerritjen (woning 15) / (house 15), Amsterdam
Ontwerp / Design: 1920
Oplevering / Completion: 1923
Typologie / Typology:
Etagehuis: luxe, collectief appartementengebouw met gemeenschappelijke voorzieningen / Multi-storeyed house: luxury, collective apartment building with communal facilities
Totaal aantal woningen / Total number of dwellings: 16
Vloeroppervlak appartementen / Floor area apartments:
Begane grond en souterrain: 390 / 540 / 585 / 685 m^2; 1^e verdieping: 240 / 410 / 420 m^2; 2^e verdieping: 245 / 206 / 405 / 500 m^2; 3^e verdieping en dakverdieping: 300 / 515 / 465 / 290 m^2 (gaan door naar private daktuinen) NB: alle oppervlakten zijn gerekend exclusief daktuinen / Ground floor and basement: 390 / 540 / 585 / 685 m^2; 1st floor: 240 / 420 / 410 m^2; 2nd floor: 245 / 260 / 405 / 500 m^2; 3rd floor and rooftop level: 300 / 515 / 465 / 290 m^2 (extending to private roof gardens) NB: all surface areas exclude roof gardens
Aantal bouwlagen / Number of floors: 5
Gemeenschappelijke voorzieningen / Communal facilities:
Conciërge, bodekamers, (rijwiel) bergplaatsen, keukens, bijkeukens, mangelkamer, binnentuin, overtuin met vijver / Caretaker, servants' rooms, (bicycle) storage, kitchens, sculleries, wringer room, courtyard (accessible via main gate), garden with pond across the street
Marktsegment / Market segment:
Luxe huur / Luxury rental
Parkeren / Parking: Op maaiveld, langs eigen weg / Street parking

Bronnen / Sources:
Annet Pasveer m.m.v. / in collaboration with Michiel Kruidenier, *F.A. Warners (1888-1952). Pionier van het etagehuis*, Rotterdam: Stichting Bibliografieën en Oeuvrelijsten van Nederlandse Architecten en Stedebouwkundigen (BONAS), 2004
Interview door / by Sebastiaan Kaal Met een van de bewoners / with one of the residents mevrouw Rosenboom (22 April 2009)

In Nederland legden de bouwverordeningen aan het begin van de 20^e eeuw grote beperkingen op aan hoogbouw. In Amsterdam was het maximaal toegestane aantal bouwlagen beperkt tot vier. Plannen voor hoogbouw kwamen dan ook niet verder dan de tekentafel. Het publiek was geen voorstander van hoogbouw en koesterde het ideaal van het vrijstaande huis met eigen stuk grond.

F.A. (Philip Anne) Warners (1888-1952) was een ware pionier van het etagehuis in de Amsterdamse context van het interbellum. Het door hem gepropageerde 'etagehuis' kende grote voordelen door gemeenschappelijk gebruik van voorzieningen, en meer luxe en comfort dan een gemiddeld individueel huis. Het etagehuis rekende af met de bekrompen ingang, de donkere portalen, de kleine keuken en de steile trappen die het bovenhuis en huizen met een bel-etage kenmerkten. Bovendien voorzag het in bergingen en ruimte voor brandstofopslag. Het etagehuis zou een modernere, efficiëntere manier van wonen mogelijk maken, waarin het huishouden door de arbeidsbesparende indeling en het gebruik van elektrische apparaten veel minder tijd zou kosten.

Om deze nieuwe woonvorm te financieren, richtte Warners in 1914 samen met zijn schoonvader Albert de Lange en D. Voûte de N.V. Amsterdamse Maatschappij tot Exploitatie van Etagewoningen (AMEE) op. Deze verwierf van de gemeente terreinen, waarop Warners' ontwerpen (woningblokken, kantoren en etagehuizen) tot begin jaren dertig werden gebouwd. De AMEE gaf aandelen uit, zodra grond en goedkeuring voor het ontwerp waren verkregen. Aandeelhouders kregen daarmee recht op bewoning van een appartement en werden vervolgens lid van een Vereniging van Eigenaren. Een hypotheek kon niet verkregen worden; de bewoners waren dus officieel huurders.

Het luxe etagehuis Westhove is gesitueerd op een perceel tussen de De Lairessestraat en de Jan van Goyenkade en kwam tot stand op initiatief van twee vermogende heren uit de grachtengordel. Westhove, gebaseerd op voorbeelden in Londen en Parijs, bevat 16 ruime tot zeer ruime etagewoningen (10 -16 kamers), waarvan sommige zijn uitgerust met een schildersatelier.

Toegang tot het gebouw geschiedt via een monumentale poort in de as van het gebouw, langs de conciërge, en via twee entreehallen vanaf de De Lairessestraat en de Jan van Goyenkade. De interieurs van de trappenhuizen doen rijk aan door geëmailleerd tegelwerk, beeldhouwwerken en zware houten voordeuren en liften.

De woningen kennen soms een tweede of zelfs derde verdieping, waarbij de verschillende functies (dienst, verblijf en slapen) zoveel mogelijk van elkaar waren gescheiden (door hal en gang en/of verdiepingsvloeren). De ateliers liggen op de bovenste etages. De woningen op de derde etage hebben via de zolder toegang tot een eigen daktuin. Door voldoende voorzieningen in de dakconstructie op te nemen, kunnen hier ook struiken en zelfs bomen groeien; sommige al sinds de jaren twintig. Omdat niet alle appartementen van een eigen buitenruimte zijn voorzien, worden de gemeenschappelijke binnentuin en de tuin tegenover de hoofdingang door de bewoners nog altijd goed gebruikt. (pk)

At the start of the twentieth century, Dutch building regulations placed severe restrictions on high-rises. The maximum number of storeys in Amsterdam was four. Not surprisingly then, plans for high-rise buildings never left the drawing-board. The general public was not in favour of high-rises and cherished the ideal of the detached house with a private piece of land.

F.A. (Philip Anne) Warners (1888-1952) was a true pioneer of the multi-storeyed house in Amsterdam during the interwar period. The 'multi-storeyed house' offered distinct advantages through communal facilities, and more luxury and comfort than the average private house. The multi-storeyed houses did away with the cramped entrance lobby, gloomy corridor, the tiny kitchen and the steep staircases of their counterparts. They also provided ample store rooms and storage space for fuel. These multi-storeyed houses would facilitate a more modern, more efficient way of life because their labour-saving layout and the use of electrical equipment would reduce the time spent on housekeeping.

To finance this new form of accommodation, Warners, his father-in-law Albert de Lange and D. Voûte founded the Amsterdam Society for the Operation of Multi-Storeyed Houses (N.V. Amsterdamse Maatschappij tot Exploitatie van Etagewoningen, or AMEE) in 1914. The society acquired land from the municipality and used it to build Warners' designs (housing blocks, offices and multi-storeyed houses) until the early 1930s. AMEE issued shares as soon as it obtained land and approval for the design. Shareholders reserved the right to live in an apartment and became members of a Homeowners' Association. Mortgages, however, were not available, so residents officially remained tenants.

The luxurious multi-storeyed house Westhove is located on a plot of land between De Lairessestraat and Jan van Goyenkade and was commissioned by two wealthy gentlemen from the historic centre of Amsterdam. Westhove, inspired by the fancy apartment buildings of London and Paris, consists of 16 spacious to very spacious multi-storeyed houses (10 to 16 rooms), of which some have a studio for painting. The main entrance is a monumental gate at the heart of the building, next to the caretaker, and this is complemented by two entrance halls off De Lairessestraat and Jan van Goyenkade. The stairwells look very sumptuous thanks to their enamelled tiling, sculptures and heavy wooden front doors and lifts.

Some of the houses have a second or even a third floor, with the different functions (service, living and sleeping quarters) kept separate wherever possible (by lobby, corridor and/or intermediate floors). Warners designed the painting studios on the top floors. The third-floor homes have access to a private roof garden via the attic. Thanks to the appropriate fittings in the roof construction, the garden can actually have trees and shrubs; some have grown here since the 1920s. Because not all apartments have their own outdoor space, residents continue to make frequent use of the communal courtyard garden and the garden across the street from the main entrance. (pk)

Situering
Location

0 500 1000m

Binnentuin, eind jaren twintig
Enclosed garden, late 1920s

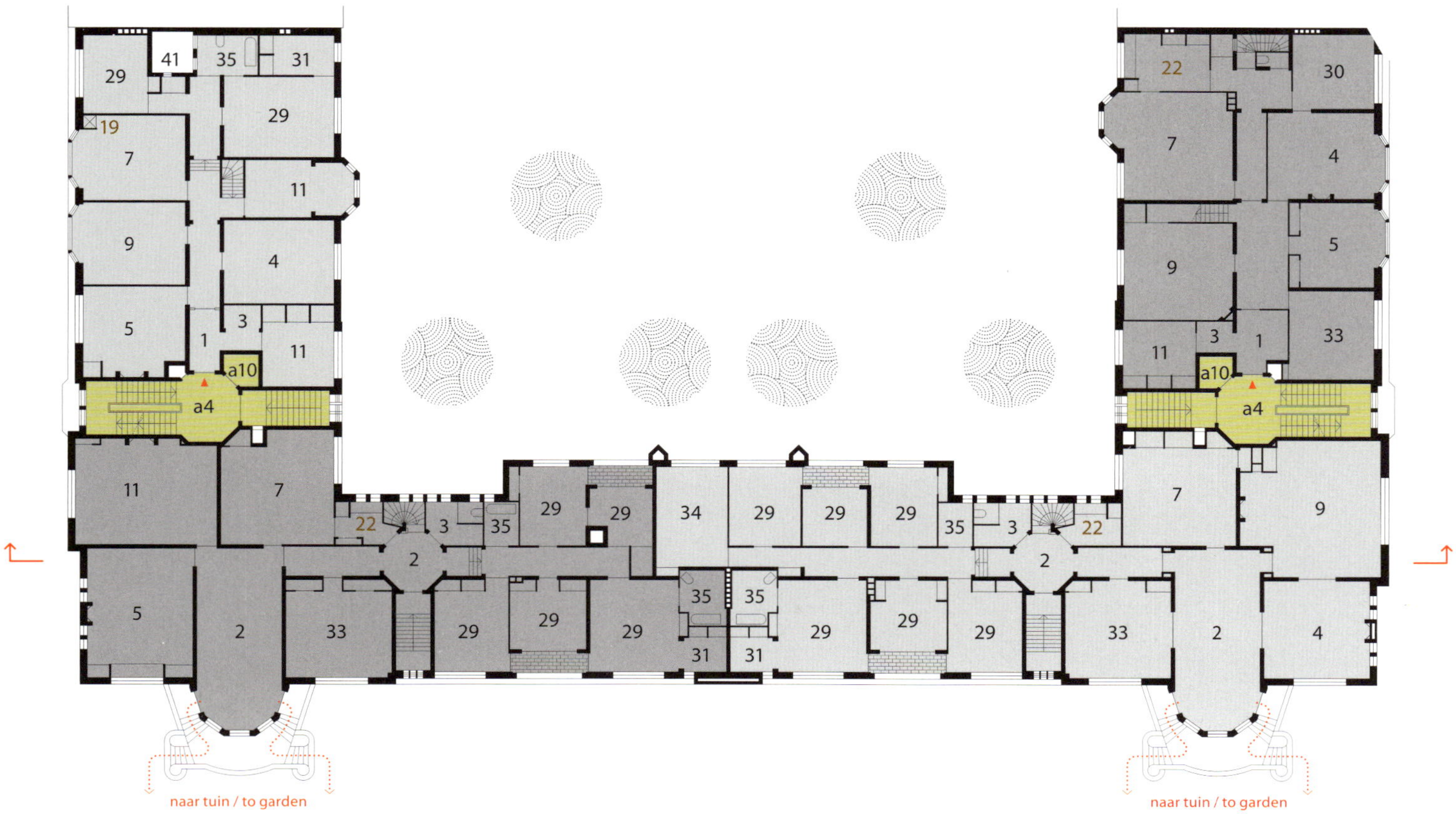

Begane grond
Ground floor

Souterrain
Basement

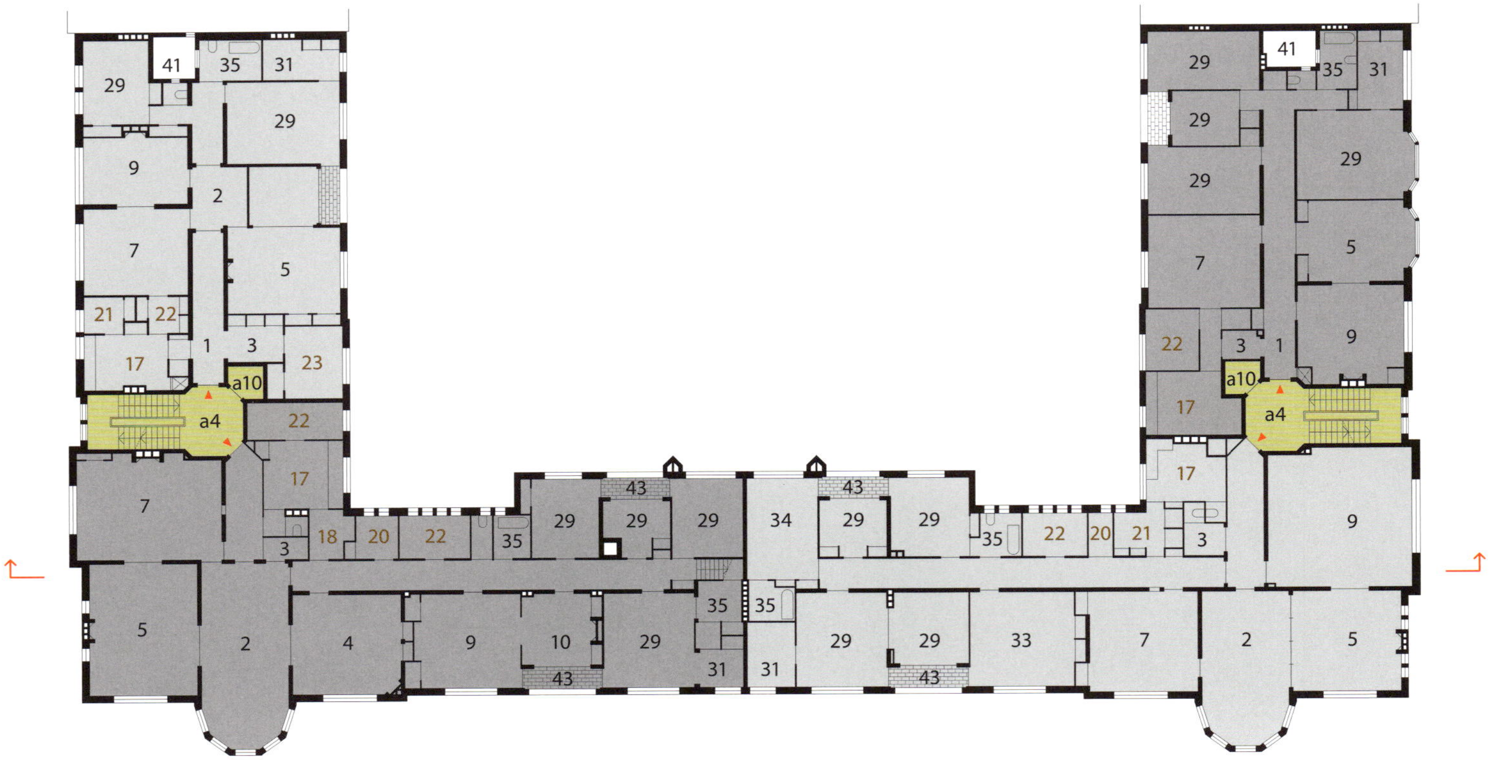

2e verdieping
2nd floor

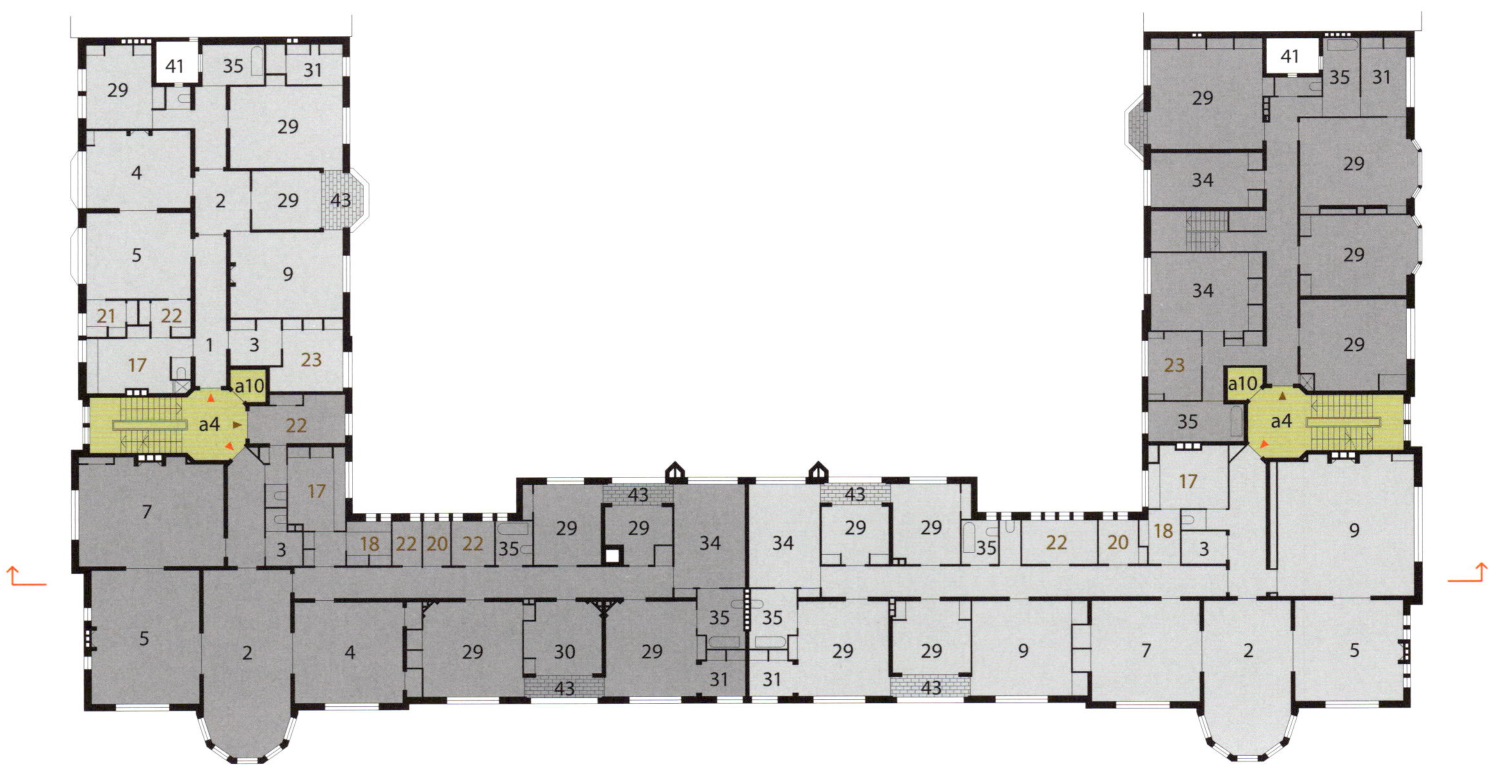

1e verdieping
1st floor

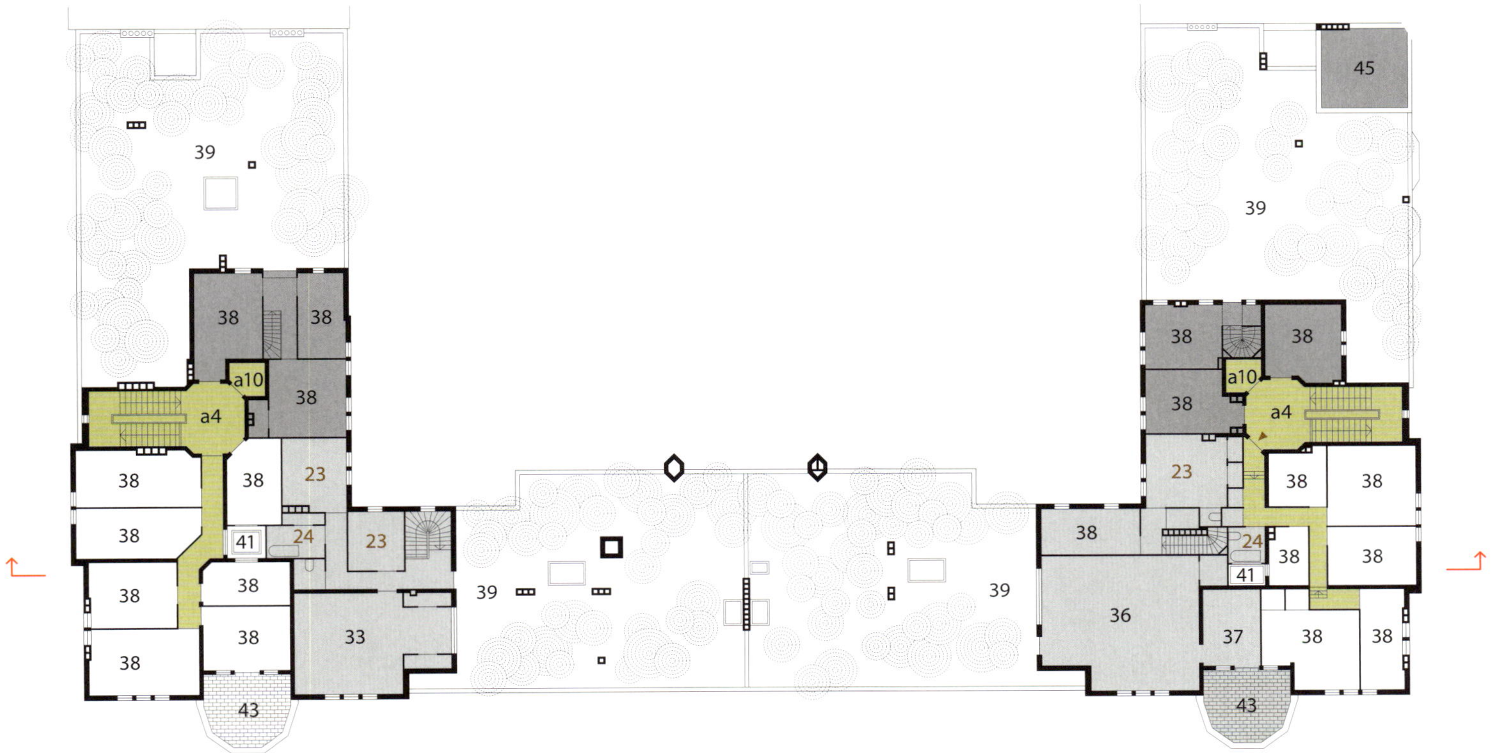

Zolderverdieping
Attic

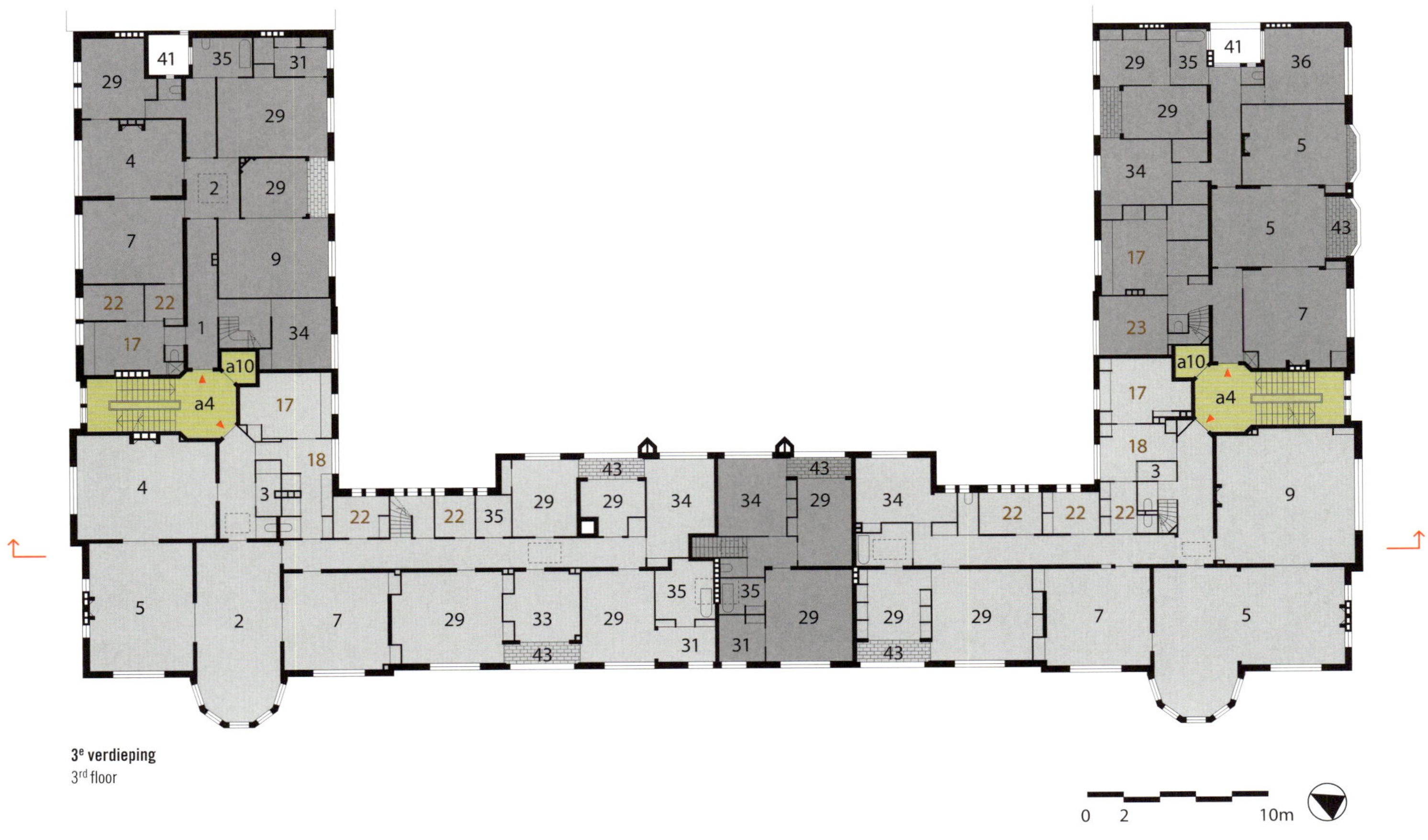

3e verdieping
3rd floor

Doorsnede
Section

Westgevel aan het Valeriusplein met Lyceumtuin, eind jaren twintig

West façade on the Valeriusplein with Lyceum garden, late 1920s

Zuidgevel aan de Jan van Goyenkade
South façade on the Jan van Goyen-kade

Poort aan de De Lairessestraat
Gateway on the De Lairessestraat

Daktuin aan de Jan van Goyenkade
Roof garden on the Jan van Goyen-kade

Binnenhof met zicht op de grote daktuinen
Inner courtyard with view of the large roof gardens

Woonkamer hoekwoning Valeriusplein en Jan van Goyenkade, derde verdieping, eind jaren twintig

Living room of the corner on dwelling Valeriusplein and Jan van Goyenkade, third floor, late 1920s

Werkkamer hoekwoning Valeriusplein en Jan van Goyenkade, derde verdieping, eind jaren twintig

Study of the corner on dwelling Valeriusplein and Jan van Goyenkade, third floor, late 1920s

Trappenhuis met keukenlift, eind jaren twintig
Staircase with kitchen lift, late 1920s

Voormalige eetkamer van de oostwoning aan de Jan van Goyenkade, derde verdieping
Former dining room of the east dwelling on the Jan van Goyenkade, third floor

Doorzicht tussen beide woonkamers van de oostwoning aan de Jan van Goyenkade, derde verdieping
View between the two living rooms of the east dwelling on the Jan van Goyenkade, third floor

119 Avenue de Wagram Parijs/Paris

Auguste & Gustave Perret

Entree aan de Avenue de Wagram
Entrance on the Avenue de Wagram

119 Avenue de Wagram:
119 Avenue de Wagram, Parijs / Paris, Frankrijk / France
Architect:
Auguste & Gustave Perret
Opdrachtgever / Client:
Perret et Fils
Ontwerp / Design:
1902
Oplevering / Completion:
1902
Typologie / Typology:
Appartementengebouw / apartmentbuilding
Totaal aantal woningen / Total number of dwellings: 9 (7 7-kamerappartementen, 1 2-kamer-appartement en 1 conciërge-woning) / 9 (7 seven-room apartments, 1 two-room apartment and 1 porter's lodge)
Vloeroppervlak appartementen / Floor area apartments:
Appartement begane grond 135 m²; overige appartementen circa 300 m² / Ground-floor apartment 135 m²; other apartments approximately 300 m²
Aantal bouwlagen / Number of floors: 10 (souterrain, begane grond, 7 woonlagen, zolder) / 10 (basement, ground floor, seven residential floors, attic)
Gemeenschappelijke voorzieningen / Communal facilities:
Conciërge, parkeergarages / Porter, car park
Marktsegment / Market segment:
Huur / Rental
Parkeren / Parking:
Verscheidene parkeerplaatsen rond de binnenplaats / Several parking spaces around the courtyard

Zowel in zijn gebouwde werk als in zijn geschriften schuwde Auguste Perret (1874-1954) tegenstellingen niet. Begrippenparen als skelet en invulling, orde en wanorde en duurzaam en tijdelijk spelen een belangrijke rol in zowel zijn theoretische verhandelingen als zijn bouwpraktijk. Misschien verklaart die voorliefde voor polariteiten ook het plotselinge vertrek van de briljante student Perret van de École des Beaux-Arts om bij het bouwbedrijf van zijn vader te gaan werken.

In deze periode komt een gebouw tot stand dat in bepaalde opzichten bepalend is voor zijn verdere loopbaan en oeuvre. Het negen verdiepingen hoge appartementencomplex aan de Avenue de Wagram in Parijs, voltooid in 1902, is zowel een synthese van Louis Quinze en Art Nouveau als een proeve van moderne architectuur.

De symmetrische gevel van het gebouw telt vijf traveeën, waarvan de buitenste twee uitkragen over het trottoir. De zesde bouwlaag is geaccentueerd door een colonnade. Deze markeert tevens de beëindiging van de op de gevel aangebrachte plantenmotieven die het gebouw vanaf de begane grond sieren. Boven de zesde bouwlaag ligt nog een verdieping met een kroonlijst, daarboven ontspringt de mansardekap.

Op het souterrain, de begane grond en de zolder na zijn alle verdiepingen identiek. De begane grond bevat een brede doorsteek naar de achtergelegen binnenplaats, waaraan de parkeerplaatsen zijn gelegen. De doorsteek verdeelt de begane grond in een linker deel dat is bestemd voor de conciërgewoning en het diensttrappenhuis, en een rechter deel dat het hoofdtrappenhuis en de lift bevat en een appartement,waarvan de keuken in het souterrain ligt.

De overige woonlagen bevatten elk één appartement met vijf slaapkamers, een grote en een kleine salon, een eetkamer, een keuken, een badkamer en een linnenkamer. Ook zijn er twee grotendeels uit glazen bouwstenen opgebouwde, kleine lichtschachten in het gebouw opgenomen die de woning van extra daglicht voorzien.

Een brede gang evenwijdig aan de gevel organiseert de woning en verbindt de lichtschachten met elkaar. Aan de straatzijde liggen de voornaamste functies: de grote en kleine salon die de middelste drie traveeën beslaan en de hoofdslaapkamers die in de eerste en vijfde travee zijn ondergebracht. Deze traditionele opzet komt ook tot uiting in het gevelontwerp, waarmee Perret aansluiting tracht te vinden bij de belendende, classicistische gebouwen.

Aan de achterzijde laat de architect zich van een andere kant zien. Rond de binnenplaats zijn de keuken, de badkamer, de eetkamer en het hoofdtrappenhuis asymmetrisch gegroepeerd. De ruimtes zijn als afzonderlijke elementen gearticuleerd, waarbij voor de keukens en de badkamers wit geglazuurde tegels als gevelmateriaal zijn gebruikt. De gevels van de eetkamer en het hoofdtrappenhuis zijn uitgevoerd in glazen bouwstenen, die zijn gevat in een uiterst fijn stalen raamwerk.

In vergelijking tot de klassiek geïnspireerde voorgevel is de achtergevel van dit appartementencomplex een moderne creatie. Het gebouw toont daarmee twee gezichten, alsof Perret in gedachten de École des Beaux-Arts nog niet helemaal had verlaten. Het blijkt een voorbode van de rest van zijn oeuvre, waarin traditie en vernieuwing vaker hand in hand gaan. (pvdp)

Auguste Perret (1874-1954) did not shun contradictions, neither in his finished work nor in his writings. Twin concepts such as frame and infill, order and chaos, and permanent and transient play an important role in both his theoretical treatises and his building practice. Perhaps this love of polar opposites explains why the brilliant student Perret suddenly left the École des Beaux-Arts to start work at his father's construction company.

During this period he created a building that in some respects exemplifies the rest of his career and oeuvre. The nine-storey apartment building on the Avenue de Wagram in Paris, which was completed in 1902, is a synthesis of Louis Quinze and Art Nouveau and a model of modern architecture.

The building's symmetrical façade features five bays, of which the outer two overhang the pavement. The sixth storey is accentuated by a colonnade, which also marks the end of the plant motifs that decorate the building from the ground floor up. The sixth floor is crowned by a floor with a cornice, which in turn is topped by the mansard roof.

With the exception of the basement, ground floor and attic, all floors are identical. The ground floor contains a wide passage to the rear courtyard, which has a number of parking spaces. The passage divides the ground floor into a left wing intended for the porter's lodge and the service stairwell, and a right wing containing an apartment, the central stairwell and the lift. The kitchen of the ground-floor apartment is in the basement.

The other floors all feature one single apartment with five bedrooms, large and small drawing room, dining room, kitchen, bathroom and linen-room. Two small light wells, built largely of glass brick, provide the homes with extra daylight.

A wide corridor parallel to the façade organizes the home and connects the two light wells. The principal rooms are situated street-side: the large and small drawing rooms occupying the three middle bays and the master bedrooms are in the first and fifth bays. This traditional layout also reveals itself in the design of the façade, which Perret tried to bring in line with the adjacent neoclassical buildings.

At the rear, the architect shows a different side. The kitchen, bathroom, dining room and central stairwell are all grouped asymmetrically around the courtyard. The rooms have been articulated as individual elements, with white glazed tiles demarcating the façades of the kitchens and bathrooms. The façades of the dining room and the central stairwell are done in glass brick, set in an extremely delicate steel frame.

In contrast to the classic-looking front elevation, the rear elevation of this apartment building is a modern creation. It gives the building two faces, as if in his mind Perret had not quite left the École des Beaux-Arts. It is a precursor for the rest of his oeuvre, in which tradition and innovation often go hand in hand. (pvdp)

Bronnen / Sources:
Kenneth Frampton, 'Auguste Perret: de ontwikkeling van het klassieke rationalisme 1899-1925', uit: *Moderne Architectuur* (Nijmegen: Uitgeverij SUN, 1980) p. 131-135
Joseph Abram, 'Auguste Perret, un intellectuel constructeur', lezing, 28 november 2007 / Kenneth Frampton, 'Auguste Perret: The Evolution of Classical Rationalism 1899-1925', in: *Modern Architecture: A Critical History* (London: Thames & Hudson, 1980), 131-135
Joseph Abram, 'Auguste Perret, un intellectuel constructeur', lecture, 28 November 2007

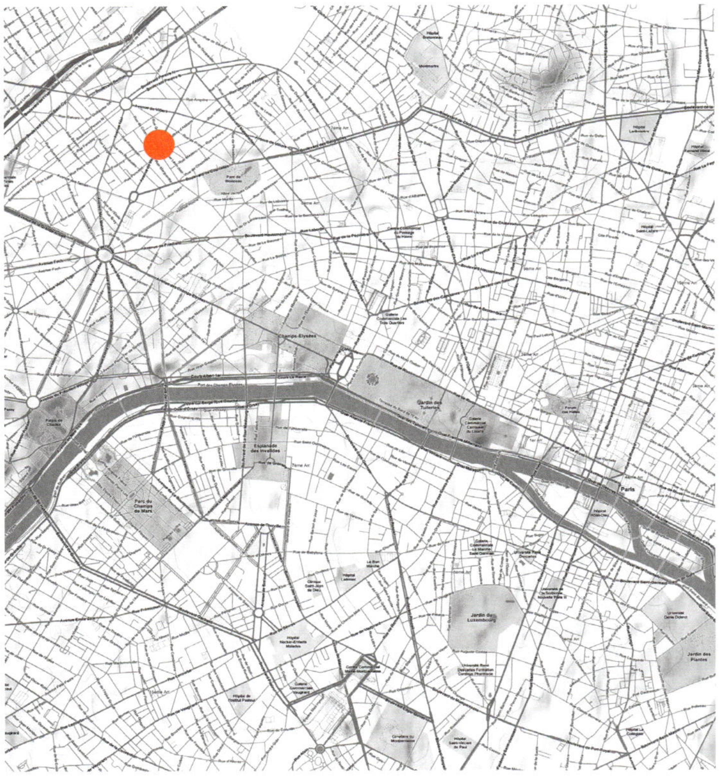

Situering
Location

0 500 1000m

Noordgevel aan de binnenplaats
North façade on the inner courtyard

Oostgevel aan de binnenplaats met het hoofdtrappenhuis en de eetkamers
East façade on the inner courtyard with the main staircase and the dining rooms

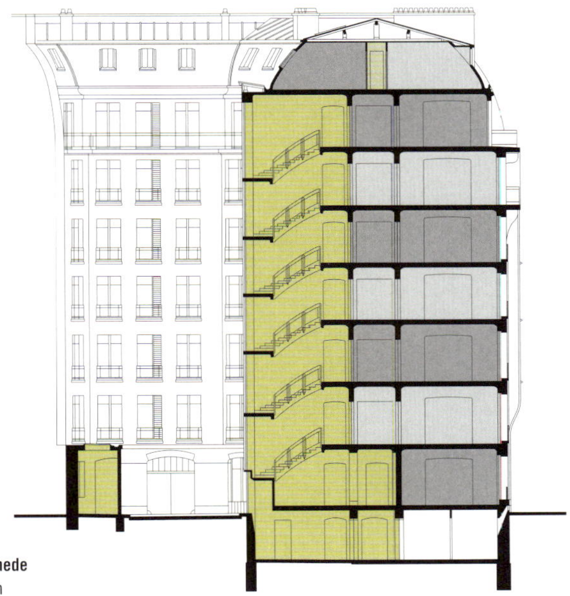

Doorsnede
Section

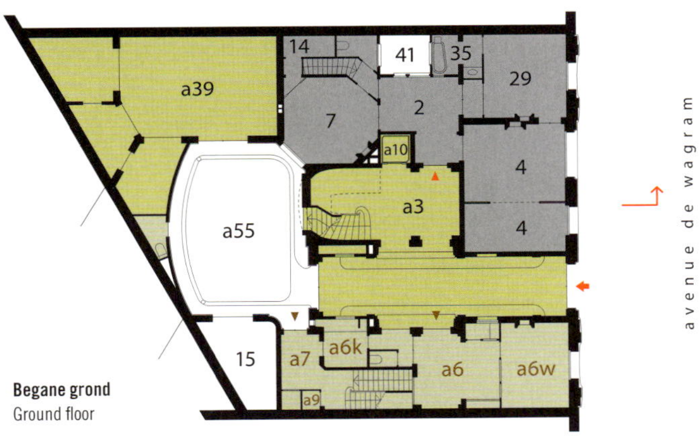

Begane grond
Ground floor

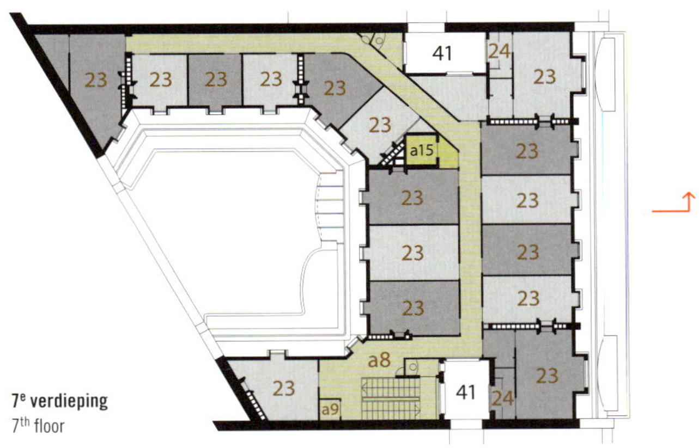

7e verdieping
7th floor

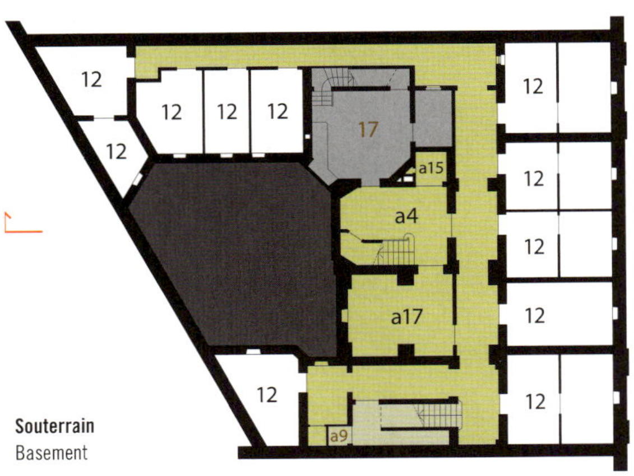

Souterrain
Basement

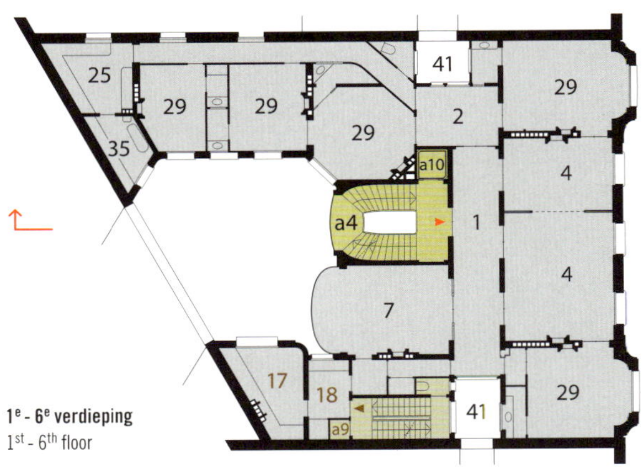

1e - 6e verdieping
1st - 6th floor

Gevel aan de Avenue de Wagram, circa 1906
Façade on the Avenue de Wagram, circa 1906

Voordeur aan de Avenue de Wagram, circa 1906
Entrance door on the Avenue de Wagram, circa 1906

Geveldetail met ornament
Detail of façade with ornament

Gevel als onderdeel van het bouwblok aan de Avenue de Wagram
Façade as component of the building block on the Avenue de Wagram

Gemeenschappelijke entreehal met doorgang naar de binnenplaats
Communal entrance hall with passage to the inner courtyard

Albert Hall Mansions Londen/London

Richard Norman Shaw

Westelijke kopgevel met aangrenzend de Royal Albert Hall
West end façade with the adjacent Royal Albert Hall

Albert Hall Mansions:
Kensington Gore, South Kensington, Londen, Engeland
Architect:
Richard Norman Shaw
Opdrachtgever / Client:
Royal Commisioners for 1851 Exhibition en Thomas Hussey
Ontwerp / Design:
1876 - 1879
Oplevering / Completion:
1881
Typologie / Typology:
Appartementengebouw / Apartment building
Totaal aantal woningen / Total number of dwellings: 24 grote appartementen en 24 kleine wooneenheden; vermoedelijk zijn de woningen in de onderste zolderlaag bachelorflats, in de daarboven gelegen zolderlaag bediendenflats / 24 large apartments and 24 smaller units; the dwellings in the lower attic are thought to be bachelor flats, and those in the upper attic servants' quarters
Vloeroppervlak appartementen / Floor area apartments: Appartementen met toegang op de begane grond circa 440 m^2: overige (grote) appartementen circa 310 - 335 m^2; kleine appartementen op de vierde en vijfde verdieping 80 - 90 m^2 / Apartments with ground-floor access approximately 440 m^2; other (large) apartments approximately 310 to 335 m^2; smaller apartments on the fourth and fifth floors 80 to 90 m^2
Aantal bouwlagen / Number of floors: 7 bouwlagen aan de parkzijde, 9 bouwlagen aan de entreezijde / 7 floors park-side, 9 floors entrance-side
Gemeenschappelijke voorzieningen / Communal facilities: Portiersverblijf / Porter's lodge
Marktsegment / Market segment: Huur / Rental
Parkeren / Parking:
Op straat / Street parking

Bronnen / Sources:
Andrew Saint, *Richard Norman Shaw* (New Haven/Londen: Yale University Press), 1976
Bridget Cherry en / and Nikolaus Pevsner, *The buildings of England, London 3: North West* (Londen: Penguin Books, 1991)

Albert Hall Mansions, gelegen pal naast de Royal Albert Hall in de exclusieve Londense wijk Knightsbridge, bestaat uit drie blokken met luxe appartementen. Ze werden ontworpen door de architect Richard Norman Shaw (1831–1912), die de opdracht in 1878 verwierf, nadat hij al twee jaar eerder was aangetrokken om voor een ontwerp van architecten Driver en Rew nieuwe gevels te tekenen.

In de tijd dat Albert Hall Mansions werd ontworpen en opgeleverd (tussen 1876 en 1886) werden appartementencomplexen in Engeland beschouwd als huisvesting voor de armen. Voor speculatiebouwers in de luxe sector was de hoge woningdichtheid van dit gebouwtype reden om te zoeken naar oplossingen die ook gefortuneerden aansprak. De risico's voor de investeerders in dergelijke nieuw te ontwikkelen gebouwen waren echter groot. De ontstaansgeschiedenis van Albert Hall Mansions wordt dan ook gekenmerkt door aarzeling, vertraging en ten slotte een gefaseerde uitvoering. Het hier gedocumenteerde blok is de eerste fase (opgeleverd in 1881) en is beduidend complexer van opzet dan de twee later uitgevoerde blokken.

Het ongeveer 70 m lange en 30 m hoge appartementengebouw kijkt uit over Kensington Gardens, een deel van Hyde Park. Shaw heeft geprobeerd de grootschaligheid van het gebouw te verzachten door het volume te geleden. Bovenop een plint van twee lagen lijken nu drie grote stadshuizen te verrijzen die uitmonden in halsgevels. In de bovenste laag zijn erkers gemaakt. De geveldelen tussen deze vooruitstekende 'herenhuizen' liggen ongeveer 1,5 m terug. Hier zijn de buitenruimten van de woningen gerealiseerd, in de vorm van loggia's en balkons.

De drie hoofdingangen liggen niet aan de parkzijde, maar aan de achterkant. Elke hoofdingang telt twee deuren: de ene leidt via een hal en een binnenhof naar een hoofdtrappenhuis, de andere geeft direct toegang tot een diensttrap. De appartementen zijn per twee rond deze trappenhuizen gelegd. Elk van de drie hoofdtrappenhuizen en diensttrappen ontsluit acht grote appartementen. Shaw voorziet in daglicht door elk appartement aan twee lichthoven te laten grenzen. De eerste verlicht het centrale trappenhuis en de diensttrap, de andere de (entree)hallen van de woningen zelf.

De doorsnede onthult hoe ingenieus de woningen in Albert Hall Mansions zijn gestapeld. Aan de parkzijde telt het gebouw, exclusief de zolderverdiepingen, vijf lagen, terwijl het aan de andere kant zeven lagen telt. Dit verschil wordt verklaard door de gebruikte woningtypologie, waarin verschillende verdiepingshoogtes voorkomen, ook binnen één appartement.

In wezen is Albert Hall Mansions een stapeling van Engelse landhuizen. Elk appartement bestaat uit twee vleugels: één van twee lagen, met de diensvertrekken onderin en de slaapkamers bovenin, en één met de woon- en de eetkamer. De precieze positie van de vleugels ten opzichte van elkaar verschilt per appartement: sommige woningen zijn split-level, andere zijn gelijkvloers met een etage erboven of eronder. Het personeel en de hoofdbewoners maken gebruik van gescheiden circulatiesystemen. De enige trap waarop ze elkaar kunnen tegenkomen, is de interne trap die in elk appartement de slaapkamerverdieping met de keukenverdieping verbindt. (pvdp)

Albert Hall Mansions, directly adjacent to the Royal Albert Hall in the exclusive London neighbourhood Knightsbridge, consists of three blocks of luxury apartments. They were designed by architect Richard Norman Shaw (1831-1912), who received the commission in 1878, two years after he had been hired to draw new façades for a design by architects Driver and Rew.

At the time when the Albert Hall Mansions were designed and built (1876-1886), the English saw apartment buildings as housing for the poor. But the high density of this type of housing was a reason for speculative builders in the luxury sector to seek solutions that might appeal to the wealthy. Investors in such new buildings faced immense risks. So it should not come as a surprise that the development of Albert Hall Mansions was blighted by indecision, delays and, ultimately, a phased completion. The block documented here constitutes the first phase (completed in 1881) and is a great deal more complex than the two later blocks.

The apartment building, approximately 70 m in length and 30 m in height, overlooks Kensington Gardens, the western part of Hyde Park. Shaw has tried to mitigate the building's large scale through articulation. A two-storey base appears to support three large townhouses topped with neck gables. The upper floor features recessed balconies. The walls between these projecting 'mansions' are set back approximately 1.5 m and feature the dwellings' outside spaces in the shape of loggias and balconies.

The three main entrances are not situated park-side, but at the rear. Each main entrance has two doors: one leads via a lobby and an inner courtyard to a central stairwell, the other opens directly on to a service staircase. The apartments are set around these stairwells in pairs. Each of the three central stairwells and service staircases leads to eight large apartments. Shaw provides daylight by placing each apartment adjacent to two light wells. The first illuminates the central stairwell and the service staircase, the other the (entrance) lobbies of the apartments themselves.

The cross section reveals the ingenious stacking of the dwellings inside Albert Hall Mansions. Not including the attic floors, the building has five storeys park-side and seven on the other side. The difference is attributable to the dwelling types, which have different floor heights, even within individual apartments.

Albert Hall Mansions is essentially a stack of English country houses. Each apartment consists of two wings: one two-storey wing, with service quarters on the lower and bedrooms on the upper level, and one wing featuring the living room and dining room. The exact layout of the wings in relation to one another varies: split-level apartments alternate with single-storey apartments with a floor above or below. Servants and residents use separate routes through the building. The only staircase where they might meet is the internal staircase that connects the bedroom floor with the kitchen floor in each apartment. (pvdp)

Situering
Location

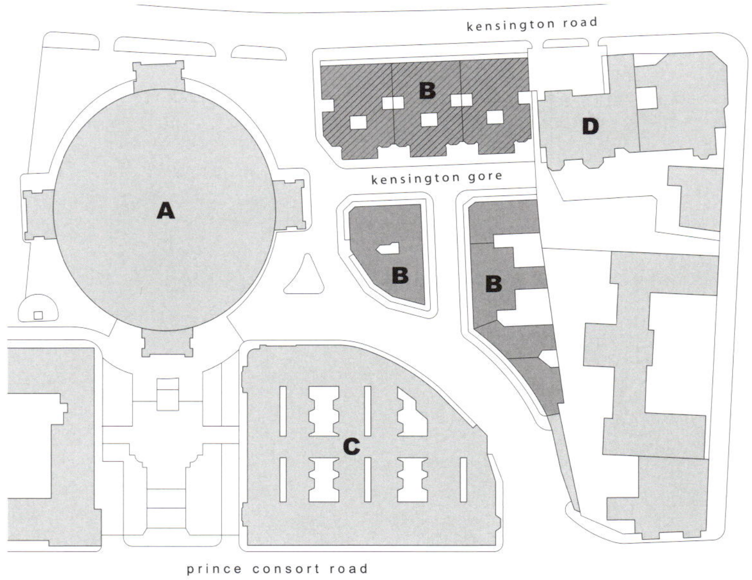

A **Royal Albert Hall**
B **Albert Hall Mansions**
C **Albert Court**
D **Lowther Lodge**

Albert Hall Mansions en Royal Albert Hall gezien vanuit Hyde Park
Albert Hall Mansions and Royal Albert Hall seen from Hyde Park

Begane grond
Ground floor

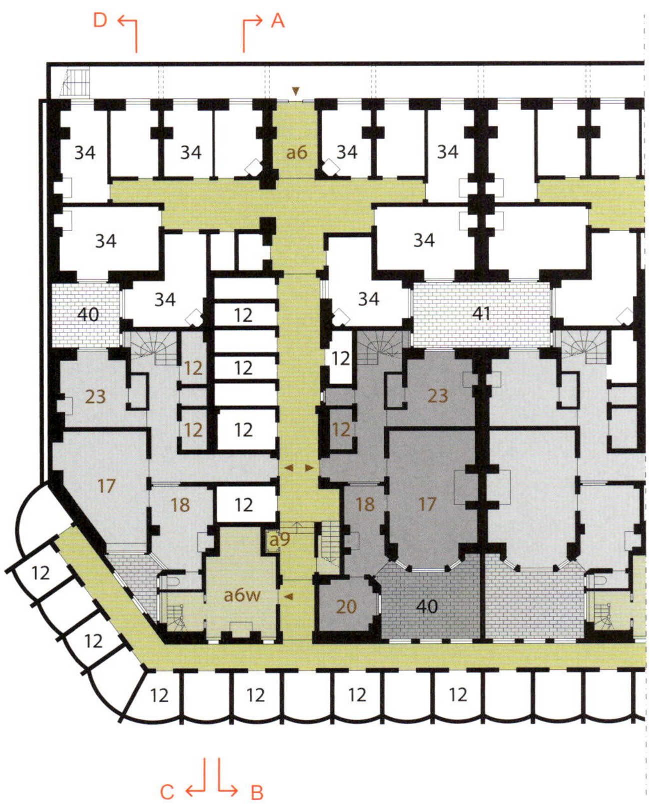

Souterrain
Basement

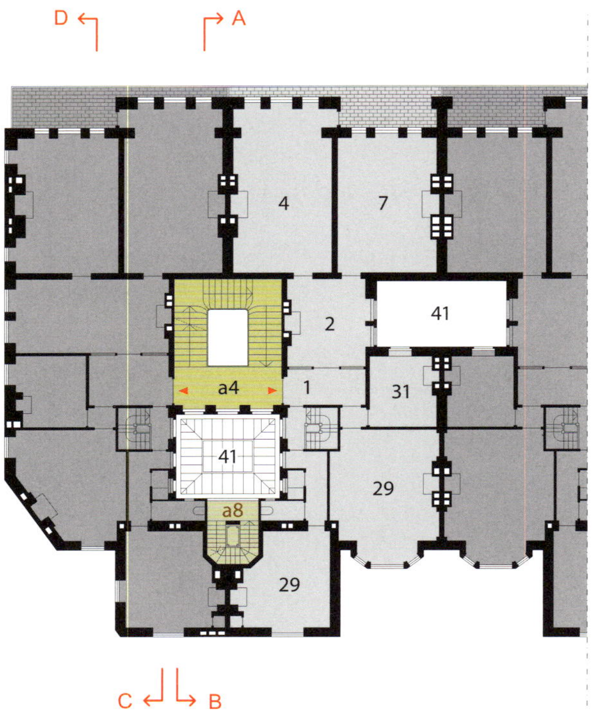

1e verdieping
1st floor

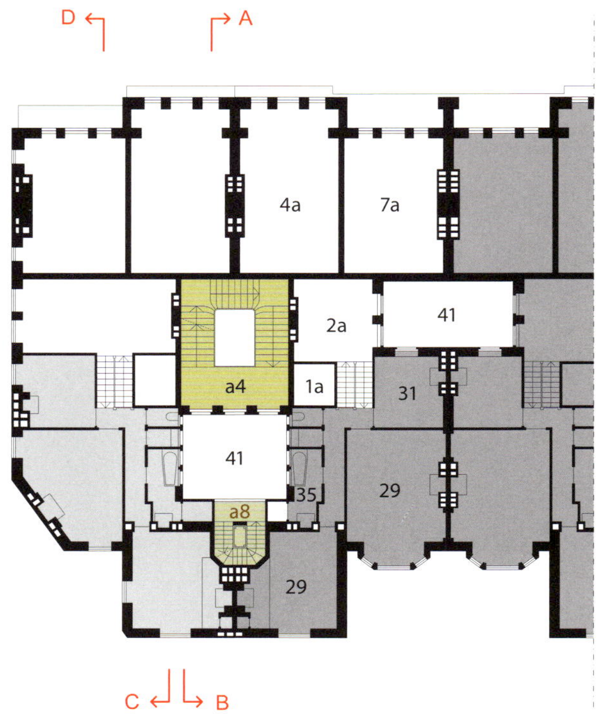

2e tussenverdieping
2nd mezzanine

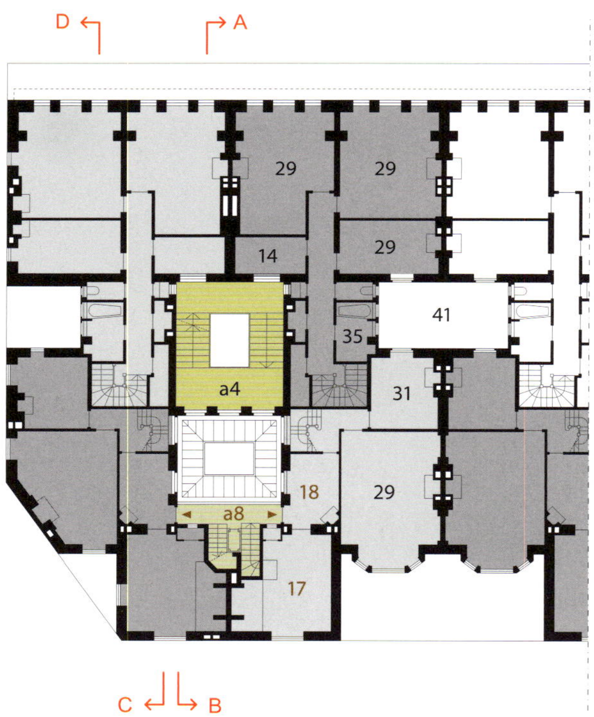

Mezzanine
Mezzanine

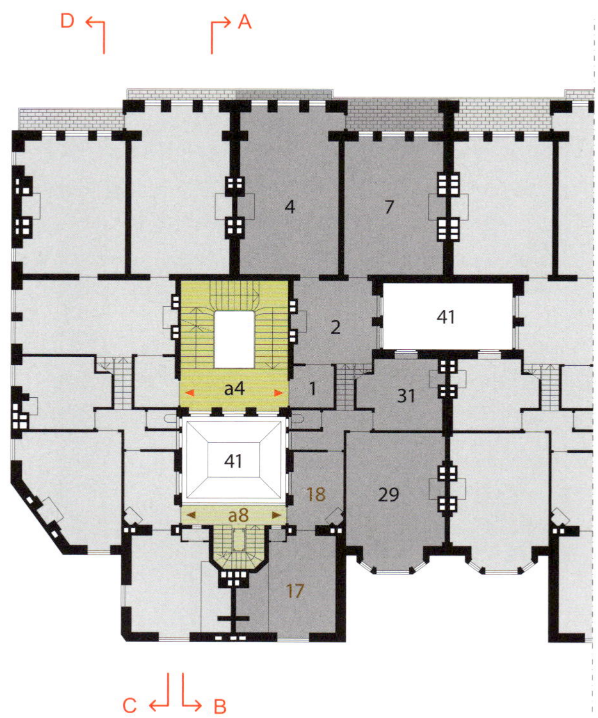

2e verdieping
2nd floor

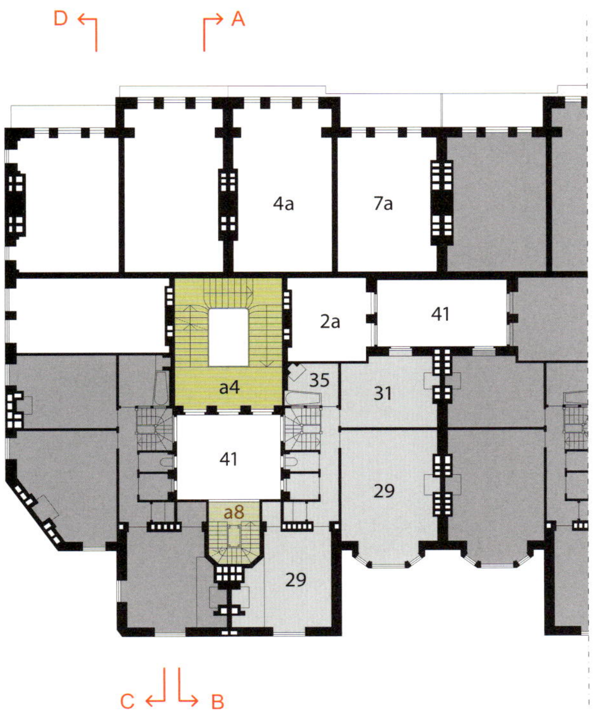

3e tussenverdieping
3rd mezzanine

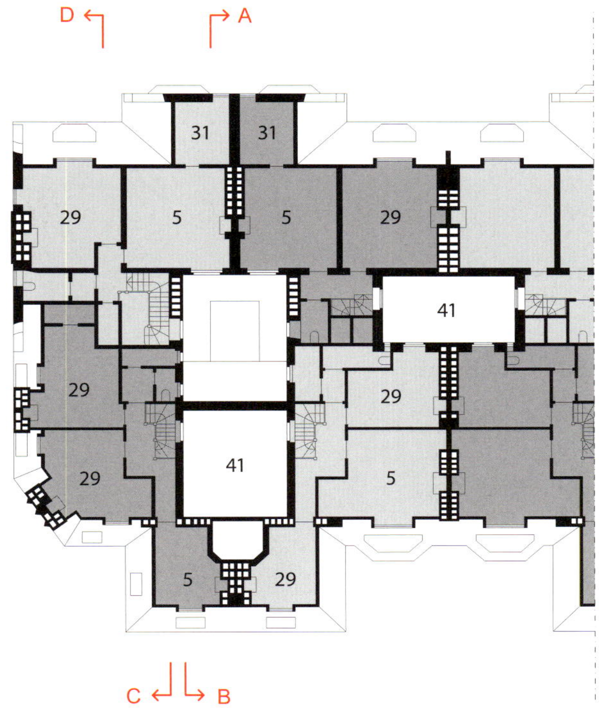

5e verdieping
5th floor

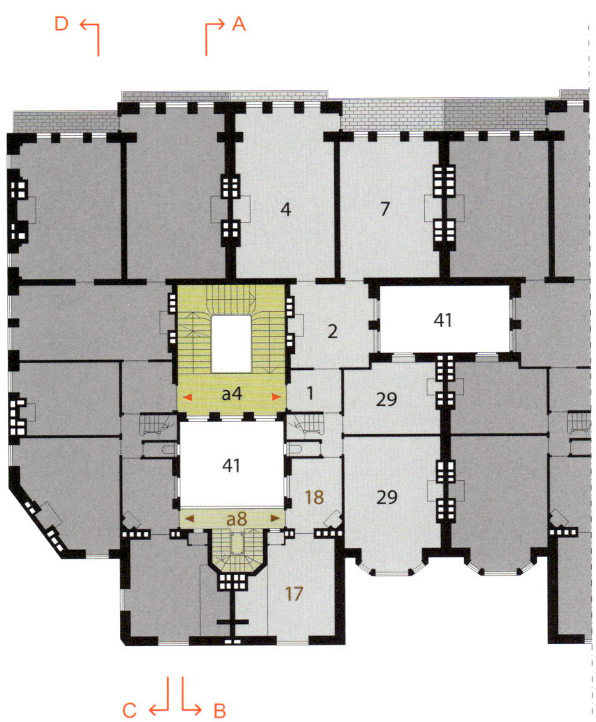

3e verdieping
3rd floor

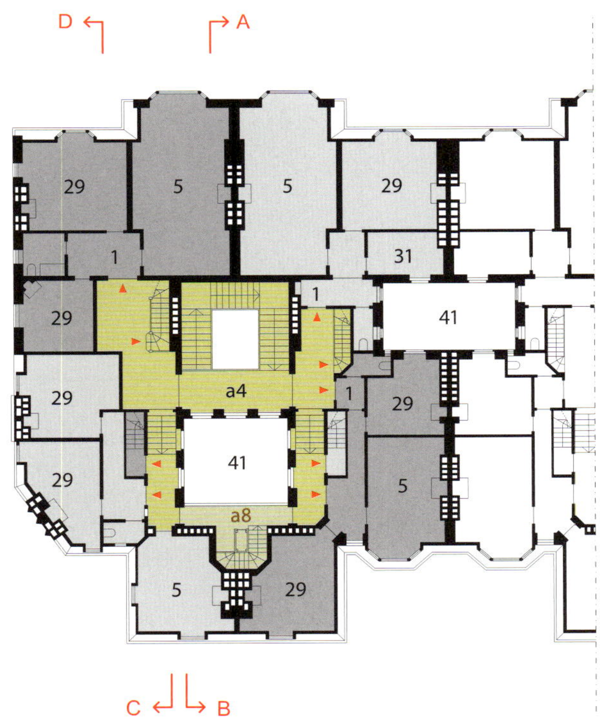

4e verdieping
4th floor

Doorsnede A-B
Section A-B

Doorsnede C-D
Section C-D

Noordgevel aan Kensington Gore gezien richting Royal Albert Hall
North façade on Kensington Gore seen in the direction of Royal Albert Hall

Noordgevel aan Kensington Gore met balkons en loggia's
North façade on Kensington Gore with balconies and loggias

Zuidgevel gezien richting Royal Albert Hall
South façade seen in the direction of Royal Albert Hall

Bewoners- en dienstingang naast elkaar
Residents' and service entrances next to each other

De drie blokken van Albert Hall Mansions gezien vanaf Albert Court
The three blocks of Albert Hall Mansions seen from Albert Court

Bovenste deel van het centraal trappenhuis
Uppermost part of the central staircase

Centraal trappenhuis
Central staircase

Entreehal met later ingebouwde lift
Entrance hall with a lift that was built in later

Dick van Gameren
& Christoph Grafe

Mansion flats en het wonen van de middenklasse

Mansion Flats and Middle-Class Living

Gekromde weg tussen links de tweede en derde fase van Shaw's Albert Hall Mansions en rechts Worley's Albert Court, Londen
Curving road between on the left the second and third part of Shaw's Albert Hall mansions and on the right Worley's Albert Court

In *Howard's End* van E.M. Forster observeert Margaret Schlegel, hoofdpersoon in de roman, met een mengeling van walging en melancholie hoe er grote flatgebouwen verrijzen, die bezit nemen van de straat die al decennialang het tweede thuis vormt voor haar liberale, uit Duitsland afkomstige familie. We mogen aannemen dat Forster hier de stem van de erudiete buitenlander gebruikt om uitdrukking te geven aan zijn eigen gloeiende verontwaardiging over de verschijning van deze grote 'uitsteeksels' met hun 'spelonkachtige entrees vol portiers en palmen', die de elegante, onopvallende *Georgian* huizen met hun gracieuze proporties en hun beheerste voorkomen verdringen.[1] Forster's verachting voor de nieuwe grote gebouwen is voor een deel gebaseerd op een afwijzing van de drieste handelsgeest en de parvenuachtige pretenties die hen aankleven, maar ook op de angst van de burgerij ten prooi te vallen aan een nóg heviger golf van speculatieve stadsontwikkeling.

De ondergang van de straat vertegenwoordigt de snelle en verontrustende ontwikkeling van de moderne samenleving in een periode van ongeremd kapitalisme en imperialistische expansie: 'het soort tafereel dat je overal in Londen kunt zien, om het even waar – bakstenen en metselspecie stijgen en dalen even woelig als het water in een fontein, terwijl de stad steeds meer mensen op haar grondgebied toelaat'.[2] De *mansion flats* in de wijk van Margaret Schlegel zijn niet alleen een belediging voor het oog; ze zijn een aanslag op de grondbeginselen van de cultuur, waarmee de schrijver en zijn personage zich identificeren. Ze getuigen van de stagnatie van de moderne metropool en haar onverschilligheid voor diepgewortelde noties van *Englishness* en fatsoen.

Forster is lang niet de enige die stelt dat er een tegenstelling bestaat tussen het huis, als de plaats waar zich een stabiel en gezond bestaan afspeelt, en het appartementengebouw als teken van een ontwortelde cultuur die is beroofd van haar morele besef. De afkeer van het 'flatsysteem' is een vast thema in het debat over woonvoorzieningen in Londen. Vanaf het midden van de Victoriaanse periode tot aan de revisionistische debatten van de jaren zeventig en tachtig van de 20e eeuw zijn de meeste discussies over stadsontwikkeling in het centrum van Londen doortrokken van de Engelse voorkeur voor het individuele huis.

De Thatcheriaanse verwerping van ieder woningtype behalve de eengezinswoning, hetzij in vrijstaande vorm, hetzij als rijtjeshuis, was weliswaar gebaseerd op een vermaarde antisociale ideologie, maar hield toch een sinds lang gevestigde traditie in ere die wonen in een appartementengebouw associeerde met een on-Engelse levensstijl en een al net zo on-Engels collectivisme. Dergelijke veronderstellingen zijn overigens ook geen exclusief Engels fenomeen. Het feit dat de stad Londen hoofdzakelijk uit huizen bestaat, komt terug als *leitmotiv* in diverse studies van 20e-eeuwse Europese architecten die Engeland als referentie gebruikten voor de hervorming van de massawoningbouw op het continent: van Hermann Muthesius' monumentale onderzoek naar *The English House* (1904-1908)[3] tot Steen Eiler Rasmussen's *London – The Unique City* (1937).[4]

In zijn verlangen Londen neer te zetten als een voorbeeld voor de stenen steden met hun huurkazernes en monumenten op het continent, negeert Rasmussen handig het feit dat huurappartementen ook in Londen, zelfs al vóór de grote reconstructiecampagnes uit de periode na de Tweede Wereldoorlog, een groot deel van de stad in beslag namen. Veel van die appartementen

In E.M. Forster's *Howard's End* Margaret Schlegel, the central character of the novel, observes with a mixture of disgust and melancholia the emergence of large flat buildings taking over the street which for decades has been the adopted home of her liberal German immigrant family. It is the voice of the cultured foreigner, one may assume, that the writer uses to express his own deep resentment against the appearance of these large 'promontories' with their 'cavernous entrance halls, full of concierges and palms', sweeping away the politely inconspicuous Georgian houses with their graceful proportions and unostentatious demeanour.[1] Forster's rejection of the new large buildings is partly informed by a rejection of the brash commercialism and the nouveau-riche pretensions associated with them, and by the fear of the middle class of becoming the victim of yet another violent wave of speculative urban development. The destruction of the street represents the rapid and disturbing development of modern society in a period of rampant capitalism and imperial expansion; 'the kind of scene that may be observed all over London, whatever the locality – bricks and mortar rising and falling with the restlessness of the water in a fountain, as the city receives more and more men upon her soil.'[2] The mansion flats in Margaret Schlegel's neighbourhood are not merely an eyesore, they attack the very foundations of the culture with which the writer and his character identify and testify to the congestion of the modern metropolis and its negligence towards honoured notions of Englishness and modest propriety.

Forster is hardly alone in stating an oppositional relationship between houses as sites of a stable and healthy existence and flats as signs of an uprooted culture deprived of its moral compass. The aversion against the 'flat system' is a perennial theme in discourses on housing provision in London. The preference of 'the English' for a house permeates most of the discussions of the urban development of the city, from the mid-Victorian period to the revisionist debates of the 1970s and 1980s. The Thatcherite rejection of all types of housing other than the single-family house, either in its freestanding form or as part of a terrace, although motivated by a famously anti-social ideology, stood in a long-established tradition of associating apartment living with foreign social mores and an un-English collectivism. Nor are these assumptions an exclusively English phenomenon. The fact that London is predominantly a city of houses returns as the *leitmotiv* of various studies of twentieth-century European architects of England as a reference for housing reform on the continent, from Hermann Muthesius's monumental study of the *English House* (1904-1908)[3] to Steen Eiler Rasmussen's *London – The Unique City* (1937).[4]

In his desire to establish London as a counterexample for the continental cities of stone, of tenements and monuments, Rasmussen expediently ignores the fact that in London, too, apartments for rent occupied a large part of the city even before the large reconstruction campaigns of the post-Second World War period. Many of these were part of philanthropic housing developments instigated by middle-class and aristocratic reformers to ameliorate the domestic situation of the worthy poor, and as such seemed to confirm the idea that the flat was essentially a solution for those who could not afford a house, and whose social position prevented them from realizing the aspiration of a private castle. There were, however also the mansion flats described by Forster, speculative developments explicitly aimed at the wealthier sections of the middle class, which occupy a considerable territory

Entreehal, mansion flats, 25 Berkeley Square, 1906, Londen, Frank T. Verity

Entrance hall, mansion flats, 25 Berkeley Square, 1906, London, by Frank T. Verity

Hanover House, St John's Wood, 1903, Londen, E.P. Warren
Hanover House, St John's Wood, 1903, London, by E.P. Warren

Mansion flats, Thirleby Road, 1890, South Westminster, Londen
Mansion flats, Thirleby Road, 1890, South Westminster, London

maakten deel uit van filantropische huisvestingsprojecten die door hervormers uit de middenklasse en de aristocratie waren geïnitieerd om de huiselijke situatie van de waardige armen te verbeteren en leken als zodanig het idee te bekrachtigen dat het appartementengebouw in wezen een oplossing was voor mensen die zich geen huis konden permitteren en wier sociale positie hen belette het ideaal van een privékasteel te verwezenlijken. Maar daarnaast waren er de *mansion flats* die Forster beschreef: speculatieve bouwprojecten die uitdrukkelijk bedoeld waren voor de kapitaalkrachtiger middenklasse en die een aanzienlijk deel van de voorname wijken Kensington en Knightsbridge en het daarnaar aspirerende, maar fatsoenlijke Maida Vale in beslag namen.

De belangstelling in de laatste twee decennia van de 20e eeuw voor de ontwikkeling van de 19e-eeuwse binnenstad en de daarin aanwezige gebouwen heeft geleid tot onderzoek naar Victoriaanse openbare gebouwen en het Engelse rijtjeshuis. Terwijl vanuit een vergelijkbare belangstelling uitgebreid en systematisch onderzoek naar de typologie van appartementen in Berlijn en Parijs is geïnstigeerd[5], is aan de ontwikkeling van de Londense *mansion flat*, die op specifieke en commercieel succesvolle wijze voorzag in de behoeften van de hoofdstedelijke bevolking, nooit veel kritische of historische aandacht besteed. Het is goed mogelijk dat de associatie met commerciële projectontwikkeling, die in het 20e-eeuwse kritische debat een negatieve connotatie heeft, een van de redenen is voor de relatieve onbekendheid van de *mansion flat*. Een breed gedragen reserve ten opzichte van de benadering van laat 19e-eeuwse architecten en hun opdrachtgevers, en de verwerping van de typologie van het uniforme gesloten bouwblok uit die periode, vormden immers de basis, zowel in Engeland als in the Scandinavische of Duitstalige landen en Nederland, voor veel van de verbeteringen in de volkshuisvesting. Maar deze verbeteringen waren allemaal geënt op het ideaal van de tuinstad.

Het is aannemelijk dat deze afkeuring in de Engelse context werd versterkt door een sinds het eind van de 19e eeuw bestaande, sterke culturele reactie tegen Victoriaanse sociale zeden.[6] Aan het begin van de 20e eeuw zagen hervormers de samenleving van de generatie vóór hen als een van hebzucht, ongelijkheid en onrechtvaardigheid, terwijl kunstenaars en schrijvers haar veronderstelde utilitarisme, oppervlakkigheid en verstikkende conventies verwierpen. De opkomst van de *mansion flat*, één van de omvangrijkste vernieuwingen in het stedelijk landschap van Londen, is onmiskenbaar verbonden met onroerendgoed speculatie en klassenbewustzijn en diende meestal ter illustratie van wat Lewis Mumford in een beroemde beschrijving 'de achterbuurt van de middenklasse' van de 19e-eeuwse stad noemde.[7]

Dit artikel is niet louter bedoeld om de Londense *mansion flat* als overblijfsel van een episode in de geschiedenis van de huisvesting van de middenklasse in ere te herstellen. Het is eigenlijk een eerste poging om een woningtype te analyseren dat als verzoening van een reeks tegenstrijdige vereisten – de logica van de commercie en maatschappelijke conventies – ook relevant is voor de hedendaagse discussie over compacte stedelijke woonvoorzieningen. In een poging de voornaamste principes van het 19e-eeuwse Engelse herenhuis te reproduceren, werden in de *mansion flats* diverse niveaus van comfort, ruimte, privacy en

in the fashionable districts of Kensington or Knightsbridge and aspiring, but respectable Maida Vale.

The interest in the last two decades of the twentieth century for the development of the nineteenth-century city and its buildings has produced studies on Victorian public buildings and the English terraced house. However, whereas the same concerns have informed extensive and systematic studies of typologies of apartment houses in Berlin or Paris,[5] the development of the London mansion flat as a specific, and commercially successful, response to the needs of a metropolitan population has not received much critical or historical attention. One of the reasons for this relative obscurity of the mansion flat may well be its association with commercial development, an anathema for twentieth-century critical discourses. After all, a widely shared contempt for the preoccupations of late nineteenth-century architects and their clients and the rejection of the uniform perimeter block typology of the period is one of the basic tenets of many of the proposals – in England as well as in the Scandinavian or German-speaking countries and the Netherlands – for housing reforms departing from the ideal of the garden city.

In the English context this rejection is quite probably reinforced by a strong cultural reaction since the late nineteenth century against Victorian social values.[6] To early twentieth-century reformers the society of the previous generation was one of greed, inequality and injustice, whereas artists and writers rejected its perceived utilitarianism, superficiality and stifling conventions. The mansion flat, as one of the physically largest innovations in the London urban landscape and indisputably connected with property speculation and class-consciousness, figured mostly as an illustration of what Lewis Mumford famously portrayed as the 'middle-class slums' of the nineteenth century city.[7]

The aim of this article is not merely to rehabilitate the London mansion flat as an episode in the history of middle-class housing. It is rather a first attempt at analysing a type of housing which, as a result of a series of conflicting requirements, commercial logics and social conventions, provides a reference also for contemporary debates on high-density urban housing. In an attempt to reproduce the main principles of the English nineteenth-century town house, the mansion flats assigned various levels of convenience, space, privacy and importance to different members of the household according to their age and station; passages, corridors and staircases establishing social divisions within the household.[8] It was this emphasis on comfort, the stress on representational requirements, privacy and aspect that produced residential buildings with often highly intricate plans and access solutions and constitutes a valuable precedent for housing concepts in the early twenty-first century. Preoccupations with social standing and the separation of service and representative rooms may no longer have the defining importance they had for the late Victorians. However, the elaborate division of different spheres inside the dwelling – now defined in their gradations of privacy – seems as topical as it was when the London mansion flat was introduced by speculative house builders on the highly competitive housing market of what was then the largest city in the world. From an architectural point of view the absorption of design principles of the English free style and picturesque planning into residential ensembles in an urban context provides another reason for a study of this particular and largely overlooked building type.

gewicht toebedeeld aan de verschillende leden van de huishouding, overeenkomstig hun leeftijd en positie, waarbij sociale verschillen binnen het huishouden werden geconstitueerd door de verschillende toegangen, gangen en trappen.[8] Dit accent op comfort en de nadruk op representatieve vereisten, privacy en aanzien leverde woongebouwen op die vaak voorzien waren van hoogst ingewikkelde plattegronden en alternatieve toegangssystemen. Ze vormen een waardevol precedent voor huisvestingsconcepten in het begin van de 21e eeuw. Preoccupatie met sociale status en de scheiding van dienst- en representatieve ruimten zijn misschien niet langer even belangrijk als aan het einde van de Victoriaanse tijd, maar de goed doordachte scheiding van verschillende domeinen binnen de woning – die tegenwoordig worden afgebakend door gradaties van privacy – lijkt echter even actueel als toen de Londense *mansion flat* door speculerende huizenbouwers, in wat indertijd de grootste stad ter wereld was, op de zeer concurrerende huizenmarkt werd gebracht.

Uit architectonisch oogpunt vormt de absorptie van ontwerpprincipes uit de *Free Style* in woonensembles binnen een stedelijke context nóg een reden voor onderzoek naar dit specifieke en grotendeels vergeten gebouwtype.

Appartementen voor de hoofdstedelijke middenklasse

Het verhaal van de opkomst, bloei en ondergang van de Londense *mansion flat* is relatief kort. Het begint in de jaren vijftig van de 19e eeuw met geïsoleerde projecten die deel uitmaken van grotere stadsvernieuwingsprogramma's in centraal gelegen delen van de binnenstad. Pas in de jaren zeventig van de 19e eeuw echter verrijzen er in de modieuze wijken in west en noordwest Londen grotere aantallen *mansion flat*-gebouwen. Deze bouwactiviteit, opvallend vanwege een overwegend (maar niet uitsluitend) gebruik van helderrode baksteen en terracotta ornamenten, liet in een aanmerkelijk deel van de stad haar sporen na. Hoewel de onstabiele huizenmarkt herhaaldelijk door crisis werd geplaagd, werden er gedurende de laatste twee decennia van de 19e eeuw voortdurend en op grote schaal appartementengebouwen opgetrokken, waardoor een groot deel van Londen transformeerde in een stad met een hoge dichtheid aan *mansions.*

In een artikel dat verscheen in W. Shaw Sparrow's compendium *Flats, Urban Houses and Cottage Homes* uit 1906 en dat de 'betere klasse' van de Londense appartementen vergeleek met die voor personen met een soortgelijke sociale positie in Parijs en Wenen, schreef de architect Edwin Hall:

> Flats zijn geen modegril gebleken en zijn onder de huidige economische omstandigheden onontbeerlijk. Ja, er is veel en wild gespeculeerd. Veel van de flats die zo haastig in Londen zijn neergezet, lijken niet op maat te zijn gemaakt voor een bepaalde klasse van de samenleving. Ze spreken op goed geluk een nogal onbestemd publiek aan, want ze zijn noch luxueus genoeg voor de rijken, noch goedkoop genoeg voor die enorme klasse die zich onledig houdt met onbestendige ambachten en beroepen.[9]

Met de constructie van appartementengebouwen in de hoofdstad werd afgeweken van de stedenbouwkundige traditie van Londen. Anders dan Edinburgh, waar tijdens de bouw van de New Town-projecten uit de jaren vijftig van de 18e eeuw was voorzien in

The Flat System for the Metropolitan Middle Class

The history of the emergence, flourishing and disappearance of the London mansion flat is a relatively short one. It begins in the 1850s with isolated projects as part of larger urban reconstruction schemes in central areas of the city. Only in the 1870s, however, did a larger number of mansion flat buildings appear in the fashionable neighbourhoods of West and North West London. This building activity, notable for the predominant (but not exclusive) use of bright red brick and terracotta ornament, left its mark on a significant part of the city. Although repeatedly affected by the ups and downs of a highly volatile housing market, flat buildings continued to be erected on a grand scale during the last two decades of the nineteenth century, transforming a large area of London into a densely developed city of mansions. In an article published in W. Shaw Sparrow's 1906 compendium of *Flats, Urban Houses and Cottage Homes* and comparing 'better-class flats' in London with apartments for persons in similar social circumstances in Paris and Vienna, the architect Edwin Hall wrote:

> Flats have passed through the crisis of fashion and become necessary under the economic conditions of today. There has been much wild speculation, it is true. Many of the flats so hastily built in London seem to be fitted for no particular class of the community. They appeal at random to some quite indefinite public, being neither luxurious enough for the rich nor cheap enough for the immense class engaged in precarious trades and professions.[9]

The construction of flat buildings in the capital constituted a departure from the established patterns of urban development. Unlike Edinburgh, where in the New Town development of the 1750s tenement flats had been provided for different sections of the middle classes, and in contrast to Paris, London remained a city made up of single houses.[10] Even where developments were explicitly modelled on the architectural models of Continental urban palaces, houses were the main constituent element: the 1768 Adelphi Terrace by Robert and James Adam, a grand project for fashionable dwellings stacked upon several layers of warehouses and dressed as a palatial complex, consists of houses, as do the stuccoed neo-classical Regent's Park terraces developed by John Nash in the 1820s. Nineteenth century discourses on housing in England are dominated by proposing the individual house as desirable, and house ownership as a defining characteristic of the true Englishman. In an article in *The Builder* commenting on new developments of luxury flats, the journalist T.H.S Escott rejected the 'Parisian mode of life' suggested by the project's layout, noting: 'No arrangement can be imagined more diametrically antagonistic to the tastes with which Englishmen are generally credited.'[11] This was a view shared also by Hermann Muthesius, who feared that the flat buildings appearing in London were 'the sign of economic decline and, worse even, the loss of one of the best sides of the English national character'.[12]

The term 'mansion flat' itself seems to reflect the widespread resentment against living in flat buildings. It extends the use of the word mansion for 'the principal house of the lord of the manor' or, in the London case, the Mayor of the City of London to buildings composed of separate flats.[13] Advertising a flat building as 'house', 'court' or 'gardens' often enhanced the desired

Eerste ontwerp van de Albert Hall Mansions, 1877, plattegronden en gevels van Driver en Rew
First project for the Albert Hall Mansions, 1877, plans and elevations by Driver and Rew

Tweede ontwerp van de Albert Hall Mansions, 1877, plattegronden van Driver en Rew, gevels van Shaw
Second project for the Albert Hall Mansions, 1877, plans by Driver and Rew, elevations by Shaw

Albert Hall Mansions, gezien vanuit het noordwesten
Albert Hall Mansion, seen from the north-west

Kensington Gore, van links naar rechts: Lowther Lodge, Albert Hall Mansions, Royal Albert Hall
Kensington Gore, from left to right: Lowther Lodge, Albert Hall Mansions, Royal Albert Hall

huurflats voor verschillende segmenten van de middenklasse – en in tegenstelling tot Parijs – was Londen nog steeds een stad van individuele huizen.[10] Zelfs in bouwprojecten die expliciet het voorbeeld van het architectonische type van het continentale stadspaleis volgden, was het huis het belangrijkste samenstellende element: de *Adelphi Buildings* van Robert en James Adam uit 1768, een indrukwekkend project met voorname rijwoningen op een onderbouw van opslagruimten, uitgevoerd als was het een groot paleiscomplex. Een ander voorbeeld zijn de gepleisterde neoklassieke stadshuizen aan Regent's Park die John Nash in de jaren twintig van de 19e eeuw ontwikkelde. Het 19e-eeuwse Engelse debat over huisvesting werd beheerst door de stelling dat het individuele huis te prefereren valt en dat het bezit van een eigen huis een bepalend kenmerk is van de ware Engelsman. In een artikel in *The Builder* dat de nieuwe bouwprojecten met luxe flats becommentarieerde, verwierp de journalist T.H.S. Escott de 'Parijse manier van leven' waaraan de indeling van het project deed denken, met de opmerking: 'Er is geen opstelling te bedenken die sterker in strijd is met de smaak die doorgaans aan Engelsen wordt toegeschreven.'[11] Ook Hermann Muthesius, die vreesde dat de in Londen verrijzende flatgebouwen 'een teken van economisch verval en, erger nog, de teloorgang van een van de mooiste kanten van het Engelse nationale karakter' waren, was deze mening toegedaan.[12]

Het begrip '*mansion flat*' zelf lijkt als zodanig de wijdverbreide weerzin tegen het wonen in een appartementengebouw te weerspiegelen. Het gebruik van het woord *mansion*, voor de hoofdzetel van de *lord of the manor* of, als het om Londen gaat, van de burgemeester van de *city*, wordt uitgebreid naar gebouwen die bestaan uit aparte appartementen.[13] Als een appartementengebouw als 'house', 'court' of 'gardens' werd aangeprezen, nam de gewenste associatie met aristocratische status vaak toe. Ook werd zo de suggestie gewekt, semantisch tenminste, dat het eerder om vrijstaande gebouwen ging dan om delen van dichtbebouwde gesloten bouwblokken.

Hoewel appartementen uiteindelijk werden aanvaard als een redelijk alternatief voor leden van de middenklasse, was dit in weerwil van sterke en diepgewortelde bezwaren; de huisvesting van een groep huishoudens onder één dak, met een gezamenlijke entree, maakte inbreuk op fundamentele principes van betamelijkheid en fatsoen. Alleen de gedachte al dat een vrouwelijk gezinslid op weg naar huis de kans liep op de trap een vreemde man met een inferieure sociale positie tegen het lijf te lopen, deed denken aan sociale willekeur en zedelijk verval. De bedienden van de verschillende huishoudens die in één groot gebouw woonden, die in Parijs vaak samen op zolder waren ondergebracht, konden onvoldoende door hun werkgevers in de gaten worden gehouden en zouden onbetamelijk of zelfs gevaarlijk gedrag kunnen gaan vertonen.[14] Engelse waarnemers hadden ook grote bezwaren tegen de indeling van het interieur van continentale appartementen. Niet alleen waren de keukens onvoldoende afgescheiden van de representatieve ruimten, maar ze misten de onderverdeling die onontbeerlijk werd geacht om de hygiëne op peil te houden en, het belangrijkste punt, de kamers waren vaak alleen toegankelijk via andere kamers.[15]

Toen William White het appartementensysteem in een veelbesproken rede tot het *Royal Institute of British Architects* aanbeval als een passend en noodzakelijk alternatief voor de afzonderlijke

association with aristocratic status. It also suggested that these were, at least semantically, freestanding buildings rather than parts of densely developed perimeter blocks.

If flats were finally adopted as an acceptable option for members of the middle classes, this was in spite of strong and deep-seated reservations; accommodating a group of households under one roof and with shared means of access violated basic principles of decency and respectability. The idea that a female member of the family might have to face a male stranger of inferior social position on the stairs to her dwelling was enough to suggest social promiscuity and moral decay. Servants of the different households living in one large building, who in Paris were often lodged together in the attic, could not be supervised properly by their employers and might turn to immoral or even dangerous behaviour.[14] English observers also objected strongly to the internal arrangements of Continental apartments. Kitchens were not only insufficiently separated from the representative spaces, they lacked the subdivisions which were seen as necessary for maintaining standards of hygiene and, most importantly, rooms were often accessible only through other rooms.[15]

When William White, in a widely discussed address to the Royal Institute of British Architects, advocated the 'flat system' as a suitable and necessary alternative to the individual middle-class house, he was cautious to persuade his audience that flats did not necessarily jeopardize the separation of different households or the functional an symbolic differentiation inside the dwelling both of which were regarded as signs of propriety.[16] The extent to which the individual house figured as a reference even for architects propagating alternative models is also illustrated by the first passage in the introduction to *Flats, Urban Houses and Cottage Homes*, explicitly presenting the urban apartment as 'a substitute for a house', which was to 'supply what a house gives – namely, proper facilities for entertaining and quietude for the principal tenants, whose rooms, accordingly, when possible, should be isolated from the secondary rooms and from the servants' quarters'.[17]

The flat, if it was to become a commercially successful alternative to the conventional middle-class house, needed to emulate 'the differentiation of functions, the allocation of a separate room for each and every purpose', which was the overriding principle of English domesticity.[18] Its design had to incorporate the planning principles guiding the design of – ideally free-standing – dwellings into a larger composition and integrate staircases and entrance halls in a fashion that both reduced undesirable encounters between different inhabitants to a minimum and provided a decorum for the aspiring middle-class tenant. In an urban society engaged in an increasing segregation of social classes, the architect of an apartment building also needed to keep in mind 'one class of tenant, with its average income, its social customs, and all the other circumstances governing its mode of life'.[19] Shaw Sparrow reminded his readers that appearance was an essential part of the design: '. . . members of the middle class are called upon to keep up a position more or less beyond their means.' It was, in other words, of the greatest importance that the middle-class mansion building was immediately distinguishable from collective working-class housing and that 'none who looks at it from outside should be able to guess that rents are low'.[20] Like the suburban middle-class suburb with its terraces and semi-detached villas, the

middenklassewoning, ging hij omzichtig te werk om zijn publiek ervan te overtuigen dat appartementen de scheiding tussen verschillende huishoudens en de functionele en symbolische differentiatie binnen de woning, die beiden werden gezien als tekenen van fatsoen, niet noodzakelijkerwijs in gevaar brachten.[16]

De mate waarin het individuele huis werd gezien als een referentiepunt, zelfs door architecten die alternatieve woningtypen propageerden, wordt ook geïllustreerd door de eerste passage uit de inleiding van *Flats, Urban Houses and Cottage Homes*, waarin het stadsappartement expliciet wordt neerzet als 'een substituut voor een huis', dat moest 'voorzien in wat een huis verschaft – namelijk, passende voorzieningen voor de ontvangst van gasten en rust voor de hoofdbewoners, waarvan de kamers bijgevolg waar mogelijk zouden moeten zijn afgezonderd van de secundaire ruimten en de kamers van de bedienden'.[17]

Om een commercieel succesvol alternatief voor de conventionele middenklassewoning te worden, moest het appartement 'de differentiatie van functies, waarbij voor absoluut ieder doel een aparte kamer was gereserveerd' trachten te evenaren, als allerbelangrijkste principe van Engelse huiselijkheid.[18] Het ontwerp moest de ordeningsprincipes die de indeling van – idealiter vrijstaande – woningen tot leidraad dienden, tot een grotere compositie verenigen en trappen en entrees integreren op een manier die ongewenste ontmoetingen tussen verschillende bewoners tot een minimum beperkte volgens de fatsoensnormen van de huurder uit de middenklasse met haar maatschappelijke aspiraties.

In een stedelijke samenleving, die werd getekend door een toenemende scheiding van sociale klassen, moest de architect van een appartementengebouw ook 'een bepaalde klasse van huurder, met zijn modale inkomen, zijn maatschappelijke gewoonten en alle andere omstandigheden die zijn manier van leven bepalen' in gedachten houden.[19] Shaw Sparrow herinnerde zijn lezers eraan dat het uiterlijk een wezenlijk onderdeel van het ontwerp was: '. . . leden van de middenklasse worden genoodzaakt een stand op te houden die min of meer buiten hun bereik ligt'. Het was met andere woorden van het grootste belang dat het *mansion*-gebouw voor de middenklasse onmiddellijk te onderscheiden was van de collectieve huisvesting voor de arbeidersklasse en dat 'iemand die er van buiten af naar kijkt nooit zou kunnen raden dat de huur laag is'.[20] Net als de voorsteden met hun rijtjeshuizen en halfvrijstaande villa's voor de middenklasse vormde het compacte *mansion*-huizenblok 'een arena voor de manipulatie van sociale verschillen, voor diegenen die zich het meest bewust waren van de mogelijkheden daarvan en die in de praktijk het meest bedreven waren in het vormgeven van die mogelijkheden'.[21]

Sociale verschillen kwamen tot uitdrukking in een grote verscheidenheid aan vormen, in zowel de plattegrond als het uiterlijk. De meeste van de roodstenen appartementengebouwen voor de middelste lagen van de middenklasse volgen de conventie door de belangrijkste kamers aan de straatzijde te plaatsen, met aan de achterkant een vleugel met dienst- en personeelsruimten, waartussen een smalle lichthof overblijft om ze te ventileren. Grotere en prestigieuzere projecten maakten daarentegen vaak gebruik van behoorlijk gewaagde typologische en stilistische oplossingen. Een van de eerste grotere *mansion flat*-gebouwen, dat in 1865 werd ontwikkeld door de markies van Westminster als onderdeel van de herinrichting van Grosvenor Estate, ont-

Doorsnede Albert Hall Mansions, blok 1, de letters verwijzen naar de vier hoofdappartementen
Section of Albert Hall Mansions, block 1, the letters indicate the four main apartments

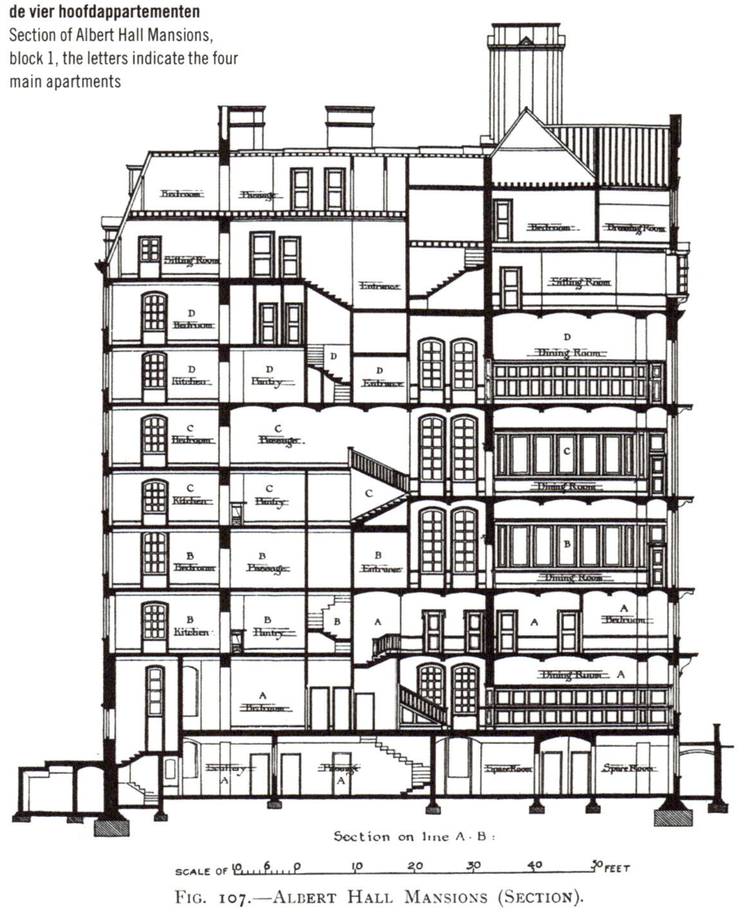

Webb's originele plattegrond voor de begane grond en eerste verdieping van het Red House, Bexleyheath, 1859
Webb's original ground and first floor plans of the Red House, Bexleyheath, 1859

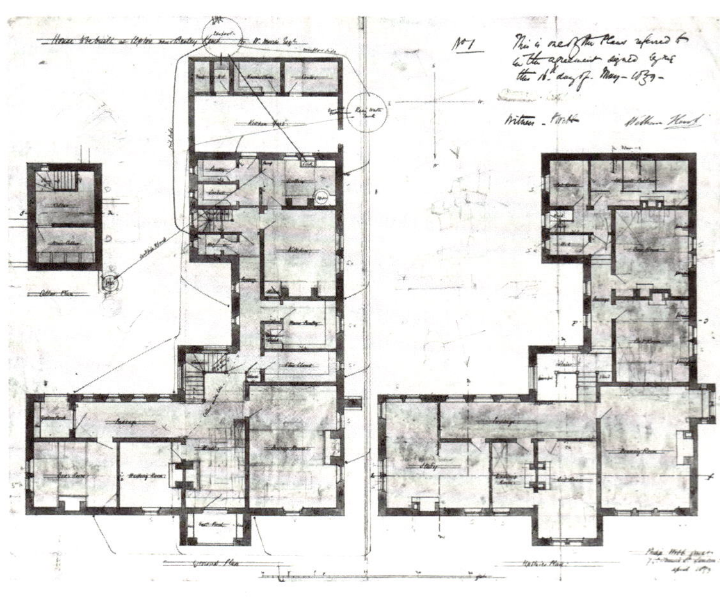

leende zeer veel aan de continentale en Noordamerikaanse neo-renaissance hotelarchitectuur. Deze buitenlandse invloeden lijken ook te zijn doorgedrongen tot het programma van het project, waarin winkels zijn opgenomen en 'een restaurant, daar de eigenaar verplicht is de bewoners van de appartementen service te bieden'.[22]

Perspectieftekening van Lowther Lodge, 1873
Perspective drawing of Lowther Lodge, 1873

Een Engels appartement

De ingrijpende veranderingen die zich in het laatste kwartaal van de 19e eeuw in het Londense woonlandschap voordeden – en die Margaret Schlegel zo betreurde – zijn nog steeds uitstekend zichtbaar in het gebied rond de Royal Albert Hall in Kensington. Er staan twee gebouwen van Richard Norman Shaw zij aan zij, met uitzicht op de zuidelijke rand van Kensington Gardens. Lowther Lodge, gebouwd tussen 1873 en 1875, in een poging een 'verstedelijkte' versie van het typisch 19e-eeuwse landhuis in het centrum van Londen te introduceren, wordt aan de westzijde begrensd door het eerste van drie blokken die samen de Albert Hall Mansions vormen. De schaal van het *mansion*-gebouw is reusachtig; het telt zeven verdiepingen, werd opgeleverd in 1881 en miniaturiseert Lowther Lodge praktisch tot een poppenhuis.

Perspectieftekening van Shaw's eigen woonhuis, 6 Ellerdale Road, Hampstead, 1874
Perspective drawing of Shaw's own house, 6 Ellerdale Road, Hampstead, 1874

Shaw deed in zijn ontwerp geen enkele poging een verband te leggen tussen zijn *mansion*-gebouw en zijn eerdere project. De bijna blinde zijgevel verklaart arrogant dat Londen een nieuwe fase van haar ontwikkeling is ingegaan; de scherpe verticale insnijding in de zijgevel staat op het punt Lowther Lodge op te slokken om zo ruimte te maken voor nog meer *mansion flats.*

Shaw's betrokkenheid bij de ontwikkeling van de locatie die direct ten westen van Lowther Lodge lag, begon toen de architect in 1876 door de *Exhibition Commissioners*, die verantwoordelijk waren voor het toezicht op de ontwikkeling van het gebied rondom de Royal Albert Hall, werd gevraagd de gevels te ontwerpen bij een plattegrond die was getekend door de architecten Driver en Rew.[23] Het ontwerp, dat zich in veel opzichten laat vergelijken met het Grosvenor Gardens project uit 1865 op de Grosvenor Estate, gaf een voorstel voor een groot vrijstaand gebouw van vorstelijke dimensies, met een voorhof die uitzag over het park, en een binnenhof. De vleugelvorm van het gebouw kwam voort uit de ligging van de straten rondom de ovale Royal Albert Hall uit 1871. Het geplande gebouw bevatte appartementen voor alleenstaanden en kleine gezinnen, met gemeenschappelijke voorzieningen. In die tijd was dit type gebouw voor bewoners uit de middenklasse nog een noviteit en het werd maar nauwelijks geaccepteerd door de huurders voor wie het bedoeld was. Het appartement als woning werd nog steeds sterk geassocieerd met filantropische ondernemingen om de armen te huisvesten.

Perspectieftekening van huizen langs de Chelsea Embankment, getekend door W.R. Lethaby, 1879
Perspective drawing of houses on Chelsea Embankment, drawn by W.R. Lethaby, 1879

De gevels in het ontwerp van Driver en Rew hadden het gebouw het uiterlijk gegeven van een enigszins ongerijmd Frans neorenaissance kasteel dat noch bij Shaw's Lowther Lodge aansloot, noch bij de neoclassicistische Albert Hall. Het was Shaw's taak een reeks gevels te ontwerpen die beter op de omgeving waren afgestemd.[24] Shaw deed dit door een exterieur te ontwerpen in de roodstenen Queen Anne stijl die hij had geïntroduceerd in verscheidene projecten uit dezelfde periode, inclusief zijn eigen naastgelegen Lowther Lodge en het grote herenhuis om de hoek op 196 Queen's Gate. Tegen de achtergrond van een complete depressie van de markt voor dure huizen en flats aan

Perspectieftekening van Albert Hall Mansions, getekend door W.R. Lethaby
Perspective drawing of Albert Hall Mansions, drawn by W.R. Lethaby

het eind van de jaren zeventig van de 19e eeuw, vonden zijn opdrachtgevers de reusachtige onderneming te riskant en Shaw nam de gelegenheid te baat het project over te nemen als ontwerper van niet alleen de gevels, maar het totaal. In februari 1880 dienden Shaw en ontwikkelaar en aannemer Hussey een voorstel in bij de Exhibition Commissioners om het project te veranderen in drie afzonderlijke gebouwen. Een gefaseerde ontwikkeling zou de risico's voor de aannemer natuurlijk verkleinen.

Shaw's voorstel voor het eerste gebouw was een ontwerp voor grote luxe appartementen voor gezinnen, zonder gemeenschappelijke voorzieningen. Het belangrijkste aspect van het ontwerp van dit eerste gebouw was de nieuwe typologie die Shaw introduceerde: hij ontwierp appartementen die zich het beste laten karakteriseren als kleine landhuizen die bovenop elkaar zijn gestapeld. Zodoende zouden de appartementen verwijzen naar de traditionele manier van leven van gezinnen. Shaw voerde dit idee, het stapelen van landhuizen, uit door een doorsnede te ontwerpen, waarin vier boven elkaar liggende appartementen waren opgebouwd uit vijf verdiepingen aan de kant van het park en acht verdiepingen aan de kant van de zuidelijke entree. Daar kwamen nog een kelder en twee zolderverdiepingen bij en zo ontstond een ingewikkelde en tot dusver ongekende split-level.

Het onderste appartement, dat de kelder tot en met een tussenetage boven de begane grond beslaat, is het grootst. De drie appartementen op de hogere verdiepingen hebben allemaal één etage met een markant hoog plafond, waar de zitkamer en de eetkamer zich bevinden, met uitzicht op het park, en twee verdiepingen aan de achterkant. Hier zijn de plafonds lager, en ze bevatten respectievelijk de slaapkamers op de bovenste verdieping en de keuken en de overige dienstruimten, met extra slaapkamers voor de bedienden, op de onderste verdieping. Alle appartementen liggen rondom een hal met een open haard, van waaruit de belangrijkste woonvertrekken direct toegankelijk zijn. Trappen en gangetjes verbinden de centrale hal met de slaapverdiepingen en de dienstruimten.

Dit organisatorische principe kan worden beschouwd als identiek aan dat van het gangbare contemporaine kleine landhuis met zijn L-vormige plattegrond, een hoofdvleugel met zitkamer en eetkamer, een tweede vleugel waarin dienstruimten zoals de keuken zijn ondergebracht, en een grote hal om die twee met elkaar te verbinden. In deze landhuizen leidt een trap in of naast de hal meestal naar de slaapkamers op de bovenverdieping. Een diensttrap achter in de keukenvleugel wordt gebruikt als tweede toegang tot de bovenverdieping. Om de gewenste differentiatie in plafondhoogtes mogelijk te maken, is de doorsnede van het huis gewoonlijk onregelmatig.

Een van de oorsprongen van deze typische indeling is Philip Webb's Red House uit 1859, dat vaak wordt gezien als het beginpunt van de Arts & Crafts beweging.[25] De organisatie van dit compacte landhuis bleek een bruikbaar voorbeeld voor een woning voor een welgestelde familie te zijn en werd keer op keer opgepakt door 'buitenhuis'-architecten zoals Shaw en de volgende generatie van architecten, zoals Baillie Scott, Voysey en vele anderen.

In zijn ontwerp voor de Albert Hall Mansions koppelde Shaw twee appartementen op elke verdieping rond een centrale trap, zodat de centrale hal vanuit iedere flat via een vestibule toegankelijk werd. De vleugels die de slaapkamers en dienstruimten bevat-

dense mansion house block offered an 'arena for the manipulation of social distinctions to those most conscious of their possibilities and most adept to turning them into shapes on the ground'.[21]

Social distinctions found their expression in a large variety of forms, both in plan and appearance. The majority of red brick flat buildings for the middle strata of the middle class follow the convention of organizing the principal rooms facing the street and a wing of services and servant quarters at the back, leaving a narrow light yard for their ventilation. Larger and more prestigious schemes, by contrast, often employed considerably adventurous typological and stylistic solutions. One of the first larger mansion flat buildings, developed in 1865 by the Marquess of Westminster as part of the re-planning of the Grosvenor Estate, borrowed heavily from Continental and North American neo-Renaissance hotel architecture. These foreign references seem also to have informed the programme of the project, which included shops and a '*restaurant*, the proprietor being bound to supply the residents in the apartments'.[22]

An English Flat

The drastic changes occurring in London's domestic landscape in the last quarter of the nineteenth century, so much deplored by Margaret Schlegel, are still eminently visible in the area around the Royal Albert Hall in Kensington. Facing the southern edge of Kensington Gardens, two works by Richard Norman Shaw stand next to one another. Lowther Lodge, built between 1873 and 1875, an attempt at introducing an 'urbanized' version of the typical nineteenth century country house in Central London, is bordered on the west side by the first of three blocks that together form the Albert Hall Mansions. The scale of the mansion block is huge; the seven-storey block, finished in 1881, almost miniaturizes Lowther Lodge to a dolls house.

In his design Shaw made no attempt to relate his mansion block to his earlier house project. The almost blind side façade makes an arrogant and confident statement; a new period in London's development has arrived; the narrow vertical incision in the elevation is ready to swallow Lowther Lodge, clearing the space for more mansion flats.

Shaw's involvement with the development of the site immediately west of Lowther Lodge started in 1876, when the architect was invited by the Exhibition Commissioners, in charge of supervising the development of the area around the Royal Albert Hall, to design the elevations for a plan drawn by the architects Driver and Rew.[23] The plan, comparable in many ways to the 1865 Grosvenor Gardens project on the Grosvenor Estate, proposed a large freestanding block of palatial dimensions, with a front court facing the park and an interior court. The grand piano shape of the block was a result of the layout of streets surrounding the oval Royal Albert Hall, finished in 1871. The proposed block contained flats for bachelors and small families, with communal facilities. This type of building for a middle-class population was at that time still a novelty and hardly accepted by the intended clients. The flat as a dwelling was still very much associated with philanthropic undertakings to house the poor.

The façades of the Driver and Rew design had given the block the appearance of an incongruous French Renaissance castle, connecting neither to Shaw's Lowther Lodge nor to the neo-classical Albert Hall. Shaw's task was to create a set of façades

ten, zijn aan de achterzijde verbonden door een diensttrap, waarmee de lichthof tussen beide appartementen wordt afgesloten.

De grote entreehal op de begane grond, leidend naar de trap, werd oorspronkelijk van boven verlicht door een glazen dak in de binnenhof. (Later werd in de binnenhof een lift geplaatst, waardoor het daklicht verdween). Een open haard verleent de hal een huiselijke en behaaglijke sfeer.

De toegang tot de diensttrap op straatniveau bevindt zich direct naast de hoofdingang. Zo kon de portier die naast de hoofdingang was gestationeerd, ook de toegang tot de diensttrap in de gaten houden. De vrees in de grote entreehal of op de trap personeel tegen te komen, werd door deze opzet vermeden, net als de huiver voor een onopgemerkt komen en gaan via de diensttrap.

Twee appartementen vormen samen een eenheid, die wordt ontsloten via een centrale trap; in het gebouw wordt deze eenheid driemaal herhaald. Om de centrale hal van ieder appartement en sommige kleinere kamers van licht te voorzien, is tussen de eenheden een tweede lichtschacht gevoegd. Bij elk van de eenheden bevatten de twee verdiepingen onder het grote dak acht kleine flats, bedoeld voor alleenstaanden of dienstpersoneel.

Een opvallend aspect van het exterieur is dat het 'verstoppertje' lijkt te spelen. Het blok is niet bedacht als één groot gebouw, met een duidelijke hiërarchische geleding van centrale en flankerende delen. Met zijn drie identieke geveltoppen aan Kensington Gardens ziet het gebouw eruit als een rijtje traditionele, grote herenhuizen die deel uitmaken van een groter stadsblok. Hetzelfde geldt voor de entreekant. Doordat de deuren van de hoofdingang maar nauwelijks van die van de dienstingang verschillen, lijkt het blok ook hier op een rijtje, nu van zes identieke huizen. De blinde zijgevel naast Lowther Lodge versterkt de indruk dat het hier slechts om een fragment van een groter blok of huizenrij gaat.

Deze bewerkingen van Shaw, bedoeld om het gebouw eerder deel te laten uitmaken van de omliggende straten met hun grote huizen, dan het herkenbaar te maken als een appartementengebouw, zijn frappant. Het lijkt erop dat Shaw de bedoeling had de *mansion flats* niet alleen aanvaardbaar te maken, door de functionele en ruimtelijke kenmerken van een landhuis in de appartementen zelf te herscheppen, maar ook door ze het uiterlijk van een huizenrij te geven.

Shaw als woonhuisarchitect

Het ontwerp voor het eerste blok van de Albert Hall Mansions was er slechts één uit een reeks van inventieve ontwerpen die Shaw in de periode tussen 1870 en 1880 vervaardigde.[26] Nadat hij eerst een aanzienlijk aantal grote landhuizen had ontworpen en gebouwd, kreeg hij steeds meer belangstelling voor het ontwerpen van gebouwen in de stad. Deze verschuiving leidde tot de uitvinding van nieuwe typologische oplossingen, die misschien bij Shaw opkwamen toen hij probeerde de ruimtelijke eigenschappen van de *Free Style*, naar het voorbeeld van de wijdlopige landhuizen die hij daarvoor had ontworpen, in te passen in de beperkingen en conventies die het bouwen in een stedelijke context met zich meebracht.[27] Shaw's eigen huis aan de Ellerdale Road in Hampstead was ontworpen in 1874 en kan worden opgevat als een evolutionaire schakel tussen de landhuizen en de stedelijke projecten: een vrijstaand maar duidelijk en eenvoudig volume met een complex interieur, georganiseerd in een split-

more congenial to the surroundings.[24] Shaw did this by designing an exterior in the red brick 'Queen Anne' style, introduced by him in several projects from that same period, including his own adjacent Lowther Lodge and the large townhouse around the corner at 196 Queen's Gate. Against the background of a general depression in the market for expensive houses and flats in the late 1870s the clients, however considered the huge project still too much of a risk, and Shaw took the opportunity to take over as designer, not only of the elevations, but of the project as a whole. In February 1880 Shaw and the developer and builder Hussey submitted a proposal to the Exhibition Commissioners to change the project into three separate blocks. A staged development would clearly diminish the risks for the developer.

For the first block Shaw proposed a design with large luxurious apartments for families, without communal facilities. The most important aspect of the design of this first block was the new typology introduced by Shaw; he designed flats that can best be characterized as small country houses stacked on top of one another. The flats would therefore appeal to the traditional way of living for families. Shaw achieved this idea of stacking a country house layout by designing a section in which four main apartments on top of one another are composed of five floors on the park side and eight floors on the southern entrance side. Together with a basement and two attic floors, an intricate and unprecedented layout was created.

The lowest apartment, reaching from the basement to a mezzanine level above the ground floor is the largest. The three apartments on the upper floors all have a one-storey part facing the park, with a strikingly high ceiling, containing the drawing and dining rooms, and two floors on the entrance side. These floors with lower ceiling heights contain respectively the family bedrooms on the upper level, and on the lower level the kitchen and other service spaces, with additional (servants) bedrooms. All apartments are organized around a hall with a fireplace giving direct access to the main living spaces. Stairs or small corridors connect the main hall to the floors with bedrooms and service areas.

This organizational principle can be considered as similar to that of the quintessential contemporary small country house and its L-shaped plan, with a main wing with drawing room and dining room, and a second wing accommodating serving spaces such as the kitchen, with a large hall as connecting space between the two. In these country houses a staircase in or next to the hall usually leads to the bedrooms on the upper floor. A service stair at the end of the kitchen wing is used as a secondary access to the upper floor. The section of the house is usually irregular, allowing the required differentiation of ceiling heights.

One of the origins of this typical layout is Philip Webb's Red House of 1859, often considered to be the starting point of the Arts and Crafts style.[25] This compact house proved a model for the ideal home for the well situated family, taken up again and again, by country house architects like Shaw and the next generation of architects such as Baillie Scott, Voysey and many others.

In his design for the Albert Hall Mansions, Shaw coupled two apartments on each floor around one central staircase, allowing access via a vestibule to the central hall of each flat. The wings containing the bedrooms and service spaces are connected at the back with a service stair, closing the courtyard between the two apartments.

level doorsnede. Iedere leefruimte krijgt zo een optimale hoogte, waardoor een rijk en levendig ruimtelijk karakter wordt bewerkstelligd. De vrij geplaatste vensters in het straataanzicht laten iets van de complexiteit van het interieur doorschemeren. Dit is het moment waarop Shaw voor het eerst gebruik maakte van de Queen Anne stijl, die hij in zijn latere ontwerpen voortzette. Het ontwerpen in deze uit circa 1700 stammende, architectonische stijl waarin dankzij Nederlandse invloeden veel baksteen werd gebruikt, bleek een adequaat middel om informele huiselijkheid in een formele setting uit te drukken.

Shaw bleef deze thema's ontwikkelen in zijn ontwerpen voor een aantal grote herenhuizen, zoals die aan Cadogan Square uit 1878 en een rij huizen langs de Chelsea Embankment uit 1879.

Achter de Nederlandse of Noordduitse bakstenen fronten leidden het gebruik van complexe doorsneden, slim geplaatste lichthoven en trappen, heldere plattegronden tot verbazingwekkende ruimtelijke oplossingen die zijn vroegere, veel grotere landhuizen voor wat betreft architectonische inventiviteit overtreffen en die vele latere concepten, zoals het *Raumplan* van Loos en Le Corbusier's *Promenade architecturale*, naar de kroon steken.

Hij paste veel van deze ideeën toe in het ontwerp van de Albert Hall Mansions en dat resulteerde in een uniek project van appartementen voor de middenklasse, een oplossing die hij jammer genoeg in zijn eigen oeuvre niet verder verkende. De erop volgende ontwerpen voor het tweede en derde gebouw van de Albert Hall Mansions waren conventioneler en maakten gebruik van lange gangen, als het belangrijkste structurerende element in een eenvoudige herhaling van identieke plattegronden.

Zustand des Versuchens

25 jaar na de constructie van Shaw's eerste gebouw voor de Albert Hall Mansions schreef Muthesius dat het gebouw voor wat betreft indeling als architectuur van de gevels nog steeds het meest succesvolle en opmerkelijke appartementengebouw in Engeland is. In zijn hoofdstuk over appartementengebouwen (slechts vijf pagina's in zijn 700 pagina's tellende, driedelige onderzoek *Das Englische Haus*) stelt hij dat dit gebouwtype nog in een 'Zustand des Versuchens', in een experimentele fase verkeert.[28] Toen Muthesius dit rond 1905 schreef, was het appartementengebouw een algemeen geaccepteerd onderdeel van de Londense woningvoorraad geworden. Een ontwerpstandaard was echter nog niet gevonden. Het ontwerp van appartementen vertoonde nog steeds gebreken in vergelijking met het afzonderlijke huis, dat nog steeds de ultieme Engels maatstaf voor comfortabel wonen was. Muthesius' scherpste kritiek betreft het kleine formaat van de kamers in de appartementen, een probleem dat nog werd verhevigd door de relatief hoge plafonds die op beperkte stedelijke locaties nodig waren voor een goede ventilatie.

Muthesius is niet de enige die op de gebreken in de ontwerpen van appartementen wijst. Rond 1905 werden er meer boeken over het onderwerp *'flats'* gepubliceerd. Een daarvan is het boek onder redactie van W. Shaw Sparrow, waaruit al eerder werd geciteerd. Shaw Sparrow formuleert alleen algemene opmerkingen en adviseert over het ontwerp van appartementen. Het boek geeft een aantal buitengewone voorbeelden van ontwerpen, die vaak strijdig zijn met de aanbevelingen van de auteur.

Het *mansion flat*-gebouw dat door één van deze auteurs, Frank Verity, werd ontworpen voor een prominente locatie met uitzicht

The main entrance hall on the ground floor, leading to the staircase, was originally lit from above through a glass roof in the courtyard. (The addition later of a lift in the courtyard space resulted in the removal of the skylight.) A fireplace gives the hall a domestic and comfortable appearance.

The entrance to the service stair on street level is immediately next to the main entrance. The porter, positioned next to the main entrance, could in this way also control the access to the service stair. Fear of encountering staff in the main hall or staircase was unnecessary, as was the fear of unnoticed comings and goings by means of the service stairs.

The unit consisting of two flats served by one central staircase is repeated three times. A second light well is inserted between the repeated units in order to give light to the main hall of each flat and some smaller rooms. The two floors under the large roof contain eight small flats in each of the three repeated units, to be used as bachelor flats or flats for service staff.

A striking feature of the exterior is the play of hide-and-seek. The block is not conceived as one large building, with a distinct and hierarchical articulation of centre and side parts. The building with its three identical gables facing Kensington Gardens, appears as a terrace of more traditional large town houses, forming part of a larger city block. The same is true on the entrance side. By making only a very subtle difference between the main entrance doors and the service entrances, the block again appears to be a terrace, now of six identical houses. The blind end elevation next to Lowther Lodge emphasizes the idea that this is only a fragment of a larger block or terrace of houses.

These manipulations by Shaw to make the building part of the surrounding streets with large houses, rather than making it recognizable as a block of flats, are striking. It seems that Shaw intended to make the mansion flats acceptable not only by re-creating the functional and spatial characteristics of a country house in the flats themselves, but also by fashioning its outward appearance as a terrace of houses.

Shaw as Domestic Architect

The design for the first block of the Albert Hall Mansions was just one of a range of inventive designs produced by Shaw in the period between 1870 and 1880.[26] After first designing and building a substantial number of large country houses, his attention shifted towards designing buildings for the city. This shift led to the invention of new typological solutions, possibly brought forward by Shaw's attempt to fit the spatial qualities of the English Free Style, exemplified by the rambling country houses he had designed previously, into the constrictions and conventions of building in an urban context.[27]

Shaw's own house in Hampstead on Ellerdale Road, designed in 1874, could be considered as an evolutionary link between the country houses and the urban projects; freestanding but clear and simple in volume, with a complex interior organized in a split-level section, giving each living space its optimal height and achieving a rich and eventful spatial character The free placement of the windows in the street elevation gives a hint of the interior complexity. Shaw started here to use the Queen Anne style, as he continued to do in his subsequent designs. Designing in this Dutch-influenced brick architectural style from around 1700 proved to be

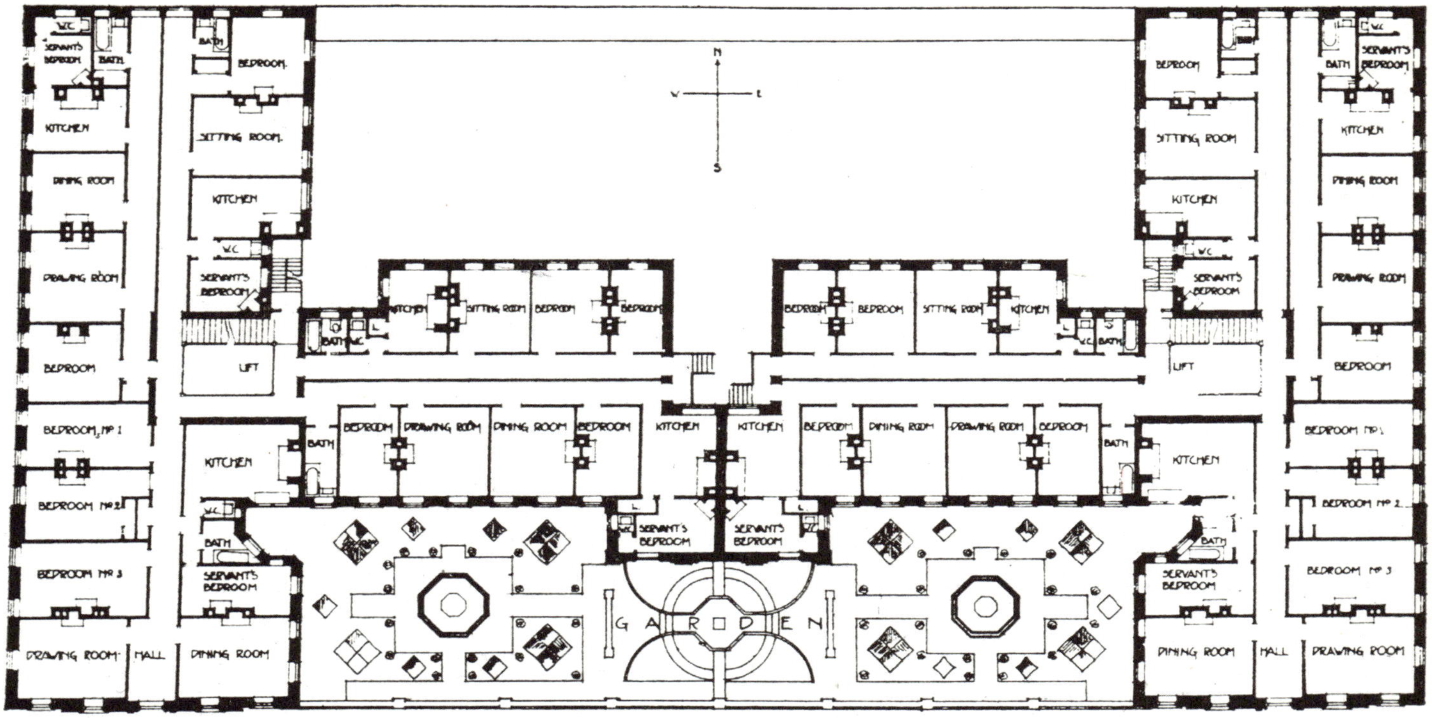

Hornton Court, plattegrond van de tweede verdieping, Kensington, Londen
Hornton Court, plan of second floor, Kensington, London

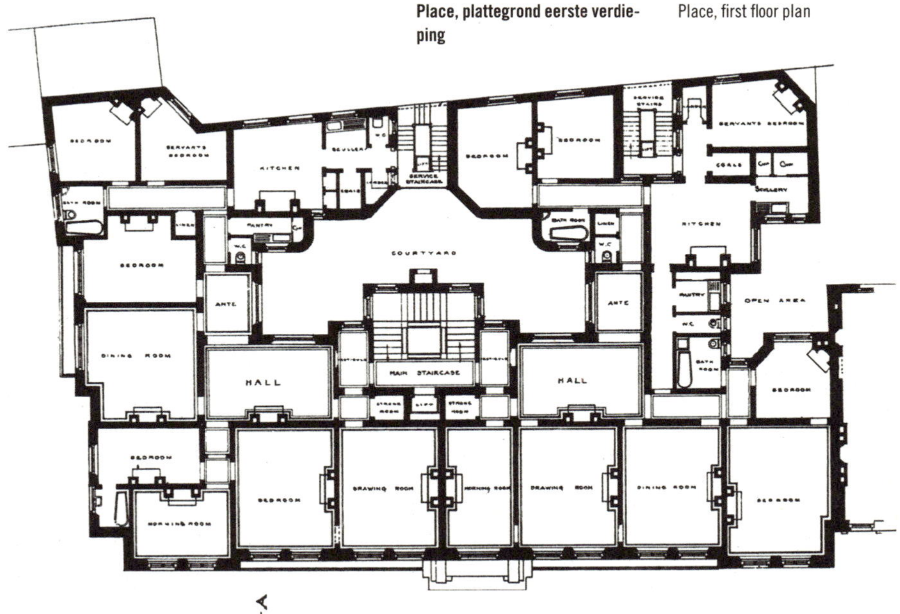

Hornton Court, gezien vanaf Kensington High Street, Londen
Hornton Court, view from Kensington High Street, London

Mansion flats aan 12 Hyde Park Place, plattegrond eerste verdieping
Mansion flats at 12, Hyde Park Place, first floor plan

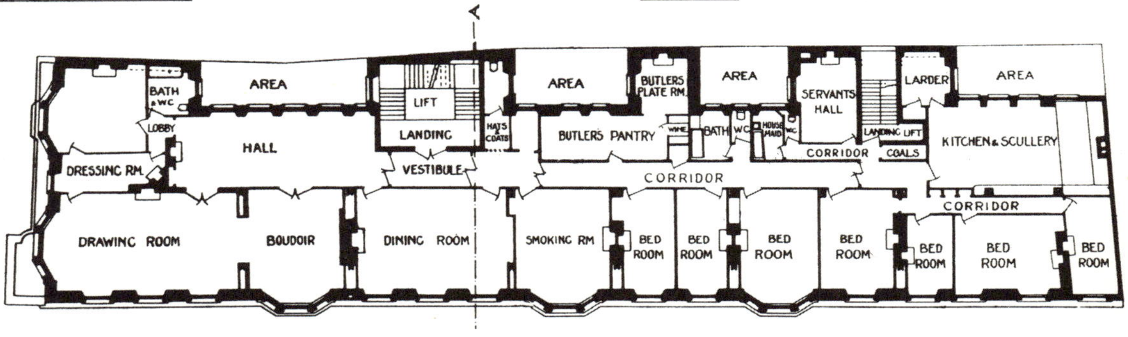

Gloucester House, plattegrond eerste verdieping, Piccadilly, Londen
Gloucester House, plan of first floor, Piccadilly, London

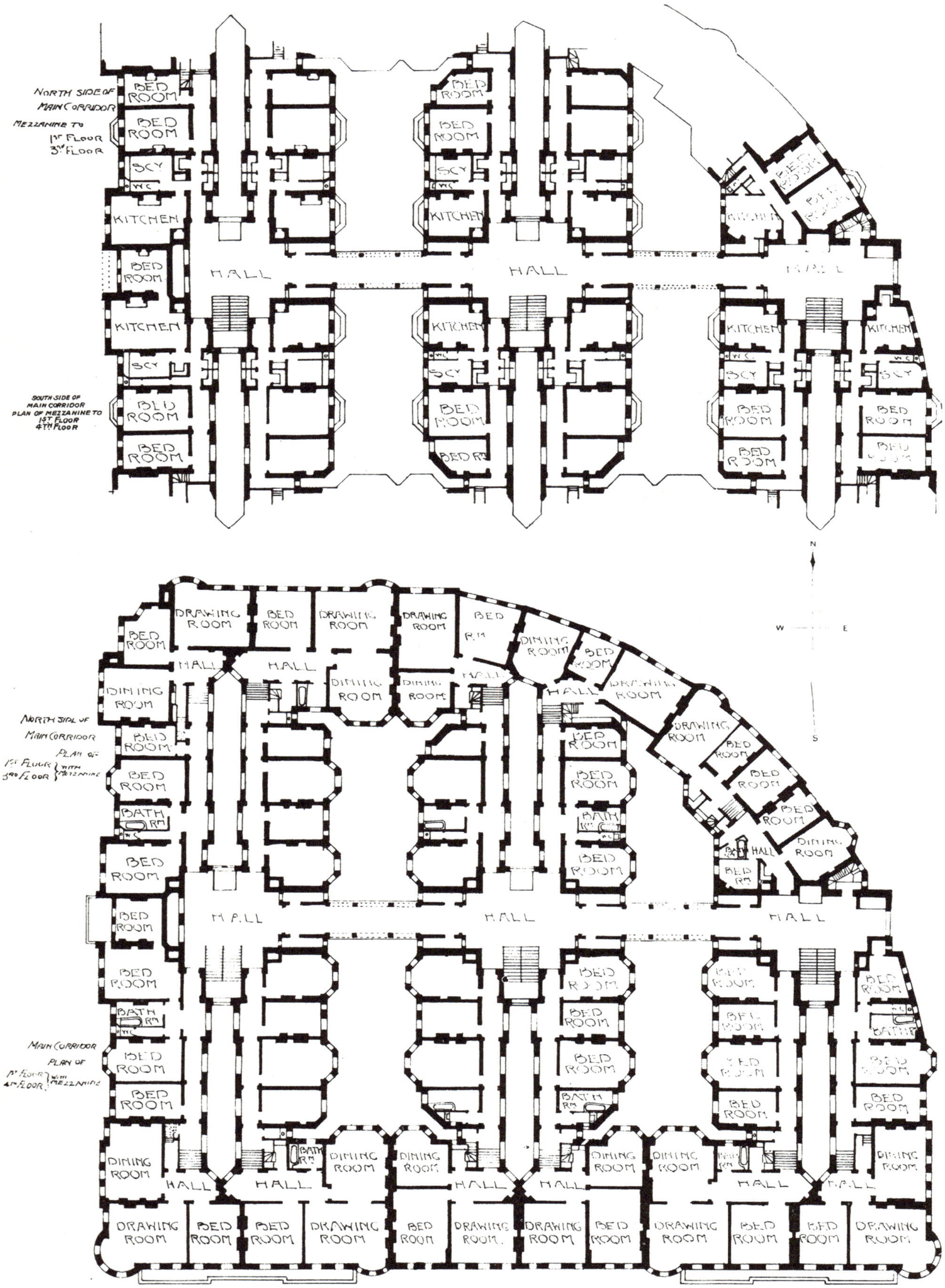

Plattegronden van Albert Court met de eerste en vierde verdieping ten zuiden van de centrale gang (hal), en de eerste en derde verdieping ten noorden van de gang. De kleinere plattegrond toont de mezzanine lagen die horen bij de flats op de grote plattegrond

Plans of Albert Court showing the first and fourth floor south of the central corridor (hall), and the first and third floor north of the corridor. The smaller plan shows the mezzanine levels belonging to the flats shown on the large plan

op Hyde Park (met appartementen die verhuurd werden voor het aanzienlijke bedrag van £ 850 per jaar) onderscheidt zich door de aandacht die is besteed aan de grote entreehal en de trappen, die zijn bekleed met composietsteen, en de genereuze reeks hallen, gangen en voorkamers binnenin de appartementen.[29] Hornton Court, dat uitziet op Kensington High Street en een scala aan kleinere en grotere appartementen biedt (van £ 90 tot £ 210 per jaar), ziet eruit als een groot 17e-eeuws landhuis dat boven op een plint met winkels is geplaatst. Hier was de invloed van het aristocratische paleis duidelijk werkzaam als het doorslaggevende principe, ten koste van de interne ordening. De appartementen zijn toegankelijk via buitensporig lange gangen, de goedkopere kijken uit op het achterterrein en in de middenrisaliet van deze grootse compositie zijn, tamelijk curieus, de slaapkamers van de bedienden ondergebracht.[30]

Gloucester House aan Piccadilly 137 is een uit 1905 stammende *'remarkable freak'*, ontworpen door Collcut & Hamp.[31] Op iedere verdieping ligt een appartement, destijds de grootste en duurste van Londen. Het ontwerp maakt weer eens aanschouwelijk, wat een opgave het is een groot appartement met onopvallend aanwezig dienstpersoneel dat tegelijkertijd zo dicht mogelijk in de buurt moet zijn, te ontwerpen zonder ruimte te verspillen aan gangen. De appartementen werden verhuurd voor £ 3000 per jaar.[32]

Het eerste boek uitsluitend gewijd aan appartementen was *Residential Flats* van Sydney Perks, dat verscheen in 1905.[33] Dit onderzoek naar het ontwerp van appartementen is veel gedetailleerder dan de analyse in de publicaties van Muthesius en Shaw Sparrow; de dilemma's die grote en luxe appartementen met zich meebrengen, worden er uitgebreid in behandeld.

De analyse van Perks resulteert in twee schematische versies van de L-vormige plattegrond en laat de voor- en nadelen zien van de mogelijke plaatsing van de keuken, andere dienstruimten en de slaapkamers. Hij tekent een derde plattegrond om te laten zien hoe ontwerpproblemen kunnen worden opgelost door een bredere straatgevel te benutten.

Waar Perks het idee om appartementen meerdere verdiepingen te laten beslaan beschrijft, noemt hij Albert Hall Mansions als het beste voorbeeld daarvan en hij merkt op dat 'de indeling buitengewoon ingenieus is'. 'De maisonnette lijkt de ideale indeling voor een appartement te zijn,' stelt hij vast. Maar, 'naar het schijnt hebben mensen die een appartement willen bezwaar tegen trappen (...) en het systeem is niet erg in trek'.[34]

Hij wijst op een ander, recenter voorbeeld dat volgens de auteur 'goed verhuurbaar was'.[35]

Dit voorbeeld is Albert Court, een gebouw pal naast Shaw's Albert Hall Mansions. Ontworpen door R.J. Worley en gebouwd in 1900, kijkt het uit over het kleine plein vóór de zuidelijke ingang van de Royal Albert Hall en volgt de rondingen van Shaw's tweede en derde gebouw aan de andere kant.

Het gebouw telde oorspronkelijk ongeveer 55 grote appartementen die kennelijk direct geïnspireerd waren door die in Shaw's eerste gebouw. De plattegrond van deze appartementen is in wezen L-vormig, gescheiden van de naburige appartementen door middel van een reeks smalle lichtschachten en ruimere binnenhoven. In de doorsnede van het gebouw zijn twee verdiepingen met de belangrijkste woonruimten gekoppeld aan drie verdiepingen met lagere plafonds. Op deze manier bestaat de

an adequate means for expressing an informal domesticity in a more formal urban setting.

Shaw continued to develop these themes in the designs for a number of large town houses, such as the houses on Cadogan Square of 1878 and a row of houses on Chelsea Embankment from 1879.

Behind the Dutch or North German brick gabled elevations, the use of complex sections, cleverly placed light wells and staircases, and clear floor plans led to amazing spatial solutions that surpass in architectural inventiveness his previous, much larger country houses, and rivals many later concepts such as Loos's *Raumplan*, or Le Corbusier's *Promenade architecturale*.

Applying many of these ideas to the design of the Albert Hall Mansions resulted in a unique project for middle-class flats, a solution that unfortunately was not explored any further in his own oeuvre. The subsequent designs for the second and third block of the Albert Hall Mansions were more conventional, using long corridors as the main organizing element in a simple repetition of identical floor plans.

Zustand des Versuchens

Twenty-five years after the construction of Shaw's first Albert Hall Mansions building, Muthesius described the block as still being the most successful and exciting block of flats in England, both in its layout and in the architecture of the façades. He states in his chapter on flats (only five pages out of the 700 pages that constitute his three-volume study *Das Englische Haus*) that this building type is still in a 'Zustand des Versuchens', in an experimental phase.[28] At the time of Muthesius's writing, around 1905, the block of flats had become an accepted part of the London housing stock. A standard of planning had, however, not yet been found. The planning of flats still showed imperfections in comparison with the individual house, which continued to be the ultimate English measure for comfortable living. Muthesius's most poignant comment concerns the smallness of the rooms in flats, a problem made even worse by relatively high ceilings, necessary for a good ventilation in constricted urban sites.

Muthesius is not alone in pointing at the imperfections of flat design. Around 1905 more books on the subject of flats were published. One of them is the already quoted book edited by W. Shaw Sparrow. Shaw Sparrow gives only general remarks and advice on the design of flats. The book shows some extraordinary examples of plans that are often quite contradictory to the author's recommendations,

The mansion flat block designed by one of the authors, Frank Verity, for a prominent site facing Hyde Park (with flats for rent at the considerable amount of £ 850 per annum) distinguishes itself by the attention given to the main entrance hall and staircases, decorated with composition stone carvings, and the generous set of halls, corridors and ante-rooms inside the flats.[29] Hornton Court, facing Kensington High Street and offering a range of smaller and larger flats (from £ 90 to £ 210 per annum), appears as a large seventeenth-century country house placed on a plinth of shops. Here the reference to the aristocratic palace clearly operated as the overriding principle, at the cost of the internal arrangements. Excessively long corridors access the flats, the cheaper of which face the service yard, and the central pavilion of the grand composition rather paradoxically accommodates servants' bedrooms.[30]

helft van de appartementen gedeeltelijk uit twee verdiepingen, bestemd voor de slaapkamers en dienstruimten. Het resultaat is een complex patroon van ruimten die allemaal bijeen worden gehouden door centrale gangen, die op elke verdieping over de hele lengte van het blok lopen en waar daglicht binnenvalt via de lichthoven. De gang op de begane grond is zeer indrukwekkend: hij lijkt op een grote gemeenschappelijke woonkamer, een *Elizabethan 'long gallery'*, met open haarden, zitjes, schilderijen en klokken.

Een van de grote nadelen van het toegangssysteem is dat de belangrijkste woon- en ontvangstruimten van het appartement alleen toegankelijk zijn vanuit de centrale gangen, door middel van een andere gang binnenin de flat zelf, die langs de slaapkamers en de dienstvertrekken loopt. Het gebouw is door de verbazingwekkende combinatie van grandeur en onbeholpenheid een duidelijk bewijs van Muthesius' conclusie dat het ontwerp van appartementen nog steeds in een experimentele fase verkeerde.

Conclusie

Alle aangehaalde auteurs lijken het er over eens te zijn dat het buitengewoon inventieve en functionele ontwerp van de Albert Hall Mansions 25 jaar na de bouw nog steeds onovertroffen is voor wat betreft het wonen in appartementen.

De Albert Hall Mansions, ontworpen door één van de belangrijkste voorvechters van de revival van de Queen Anne stijl en de *Free Style*, leek de belichaming en het eindresultaat te zijn van de tegenstrijdige vereisten die het bouwen van appartementen voor de middenklasse in Londen aan het einde van de 19e eeuw met zich meebracht. Hierbij ging het om zowel het overbrengen van de principes van het Engelse huis naar een gemeenschappelijk woongebouw, als het maken van een uitzonderlijk stedelijk statement.

De experimentele fase waarin het appartementontwerp verkeerde, zou zich nog heel lang voortzetten. Het was moeilijk de vereisten van de complexe programma's voor luxe appartementen in overstemming te brengen met de beperkingen van het bouwen in de stedelijke context van Londen. De poging van architect Hugh Mackay Baillie Scott deze problemen op te lossen in nóg een boek uit 1906 was radicaal en voorspelde de ontwikkelingen die de 20^{e}-eeuwse moderne architectuur in gang zou zetten. In zijn boek *Houses and Gardens* richt Baillie Scott zich zoals te verwachten valt vooral op het traditionele, vrijstaande landhuis, maar neemt daarnaast interessante hoofdstukken over het huis in de stad en het appartement op.[36]

Hij beschrijft het probleem van de plattegrond van het appartement met een voor hem karakteristieke helderheid: 'Een bezoek aan het doorsnee appartement zal de intelligente waarnemer vooral doordringen van de immense onbekendheid met het ontwerpen die eruit blijkt. . . Wie de voordeur van het appartement dat hij bezoekt opent, wordt geconfronteerd met een kennelijk oneindige gang, smal en hoog'.[37] De oplossing die Bailie Scott voorstelt is om een nieuwe visie te formuleren op het bouwen in de stad, niet om nieuwe en complexe vormen van plattegronden en doorsneden te verkennen. Het appartementengebouw moet zich bevrijden van het gesloten bouwblok en een vrijstaand object worden, waardoor de ontwerpvrijheid enorm toeneemt. Hij schetst een visioen van gebouwen in publiek toegankelijke tuinen.

A 'remarkable freak'[31] is Gloucester House, 137 Piccadilly, designed by Collcut and Hamp and built in 1905. Each floor contains one flat, at the time the largest and most expensive in London. The plan is a clear demonstration again of the problem of designing a large flat without wasting space on corridors and with an inconspicuous but at the same time as near as possible presence of the service staff. The flats rented at £ 3000 per year.[32]

The first book devoted solely to flats was Sydney Perks' Residential Flats, which appeared in 1905.[33] This study of flat design is much more detailed than the analysis in Muthesius's and Shaw Sparrow's publications, discussing at length the dilemmas of the large and luxury flat.

Perks' analysis leads to two diagrammatic versions of the L-shaped plan, showing advantages and disadvantages of the possible placement of kitchen, other serving spaces and bedrooms. He draws a third plan to show how dilemmas of planning can be resolved by using a much wider frontage.

Describing the idea of flats arranged on more than one floor, Perks mentions the Albert Hall Mansions as the best example, noting that 'the arrangement is exceedingly ingenious'. He concludes that 'the maisonette seems an ideal arrangement for a flat'. However, 'it would seem that when people want a flat they object to any stairs . . . and the system has found little favour'.[34]

He points at one other, more recent example that according to the author 'have let well'.[35] This example is Albert Court, a block immediately adjacent to Shaw's Albert Hall Mansions. The block, designed by R.J. Worley and built in 1900, is facing the small square in front of the Royal Albert Hall's south entrance, and follows the curves of Shaw's second and third blocks on the other side.

The block originally contained about 55 large flats that seem to have been inspired directly by those in Shaw's first block. The plans of these flats are basically L-shaped, separated from their neighbours by means of a succession of narrow light wells and wider courtyards. In the block's section, two floors with main living rooms are coupled to three floors with lower ceiling heights. In this way, half of the apartments partly have two floors, for bedrooms and service spaces. The result is an intricate patterns of flats and areas, all bound together by central corridors on each level running along the whole length of the block and receiving daylight through the courtyards. The ground floor corridor is very impressive; it appears as a large collective living room, an Elizabethan long gallery, with fire places and seats, and is decorated with paintings and clocks.

One of the big disadvantages of the access system is that the main living and reception rooms of the flats can only be reached from the central corridors by means of another internal corridor in the flats, passing the bedrooms and service quarters. The building combines the grandiose with the awkward in an astonishing way; and is a clear demonstration of Muthesius's conclusion that the design of flats was still in an experimental state.

Conclusion

As all authors quoted seem to agree, 25 years after its construction, the Albert Hall Mansions remained unsurpassed as an exceptionally inventive and adequate design for living in flats. Designed by one of the main protagonists of the Queen Anne Revival and the English Free Style, the Albert Hall Mansions seem to epitomize and bring to a conclusion the conflicting requirements

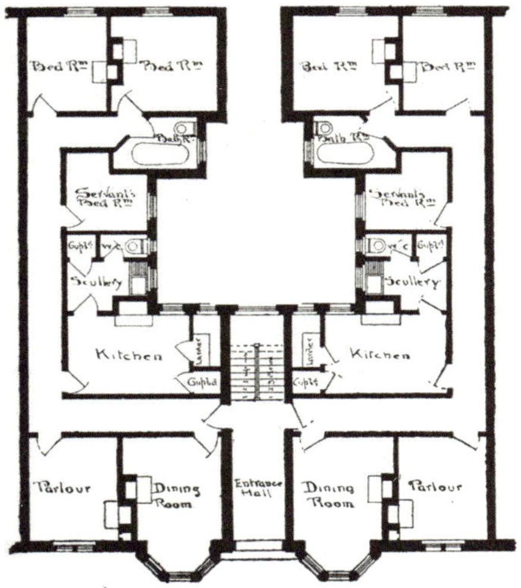

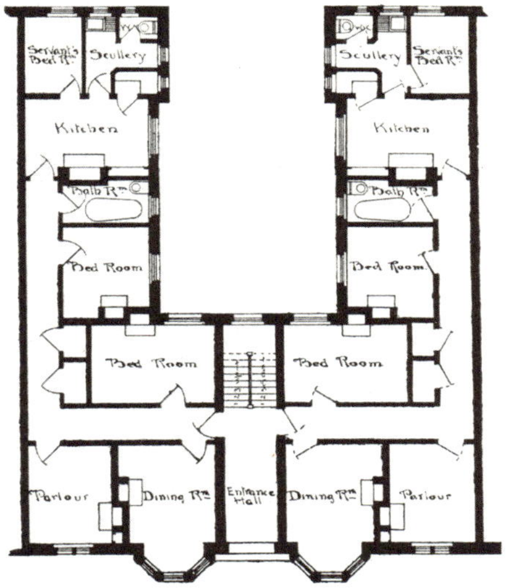

Twee alternatieve plattegronden voor flats met ruimte voor twee kamers aan de straatkant, getekend door Sydney Perks. De plattegronden tonen het dilemma: óf optimale privacy voor zowel gezin als personeel (B), óf een optimale ligging van slaapkamers (A)
Two alternative plans for flats with space only sufficient for two rooms to face the street, drawn by Sydney Perks. The plans show the dilemma's of choosing either for an optimal privacy between family and staff (B), or for an optimal position of the family bedrooms (A)

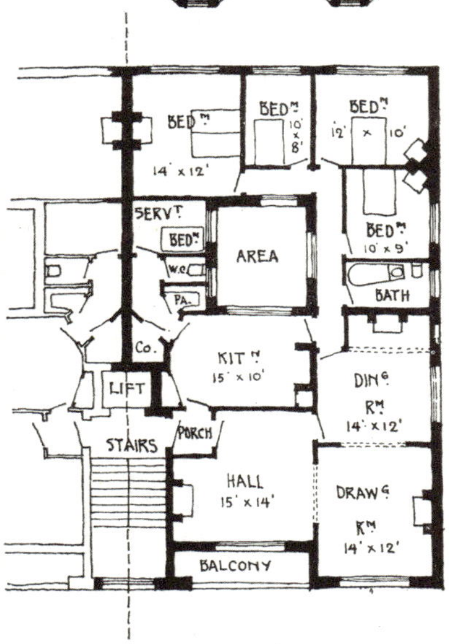

Ideaalplattegrond voor een groot apartement, ontworpen door M.H. Baillie Scott, resulterend in een vrijstaand blok met op iedere laag twee flats
Ideal plan for a large flat, designed by M.H. Baillie Scott, resulting in a freestanding block with two flats on each floor

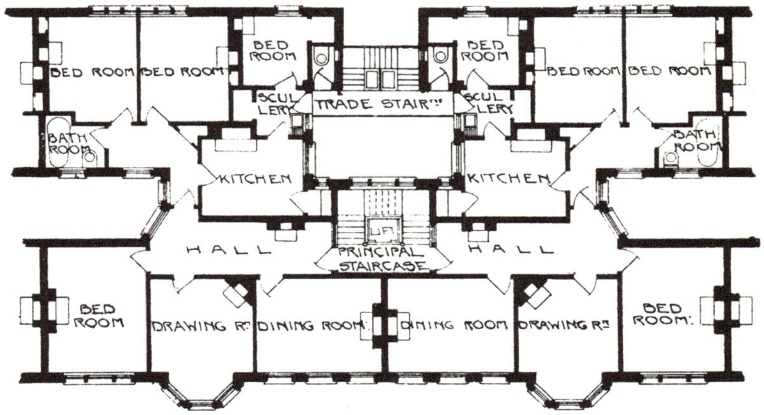

Interieurperspectief van de ideaalplattegrond voor een groot apartement, ontworpen door M.H. Baillie Scott. Een grote hal geeft toegang tot de eetkamer en zitkamer
Interior perspective of the ideal plan for a large flat, designed by M.H. Baillie Scott. A large hall opens towards the dining and drawing room

Meer gevellengte geeft een betere oplossing, met minder gangruimte, tekening Sydney Perks
More frontage enables a more satisfactory solution with less corridor space, drawing by Sydney Perks

Baillie Scott beschrijft een dergelijke tuin als de opvolger van het privédomein, met het karakter van een park dat langs natuurlijke lijnen is ontwikkeld, met bosschages, beekjes en omheinde percelen met bloemperken en fruitbomen. Het Engelse platteland, geïmporteerd naar de stad, als een nieuwe context voor het appartementengebouw.

Binnen het huis moest de plattegrond worden opengebroken. Waar grote kamers niet mogelijk waren, zouden de woonruimten met elkaar verbonden moeten worden door een open en compacte indeling die uiteindelijk een einde zou maken aan de traditionele specificiteit die ieder vertrek in het Engelse huis had.

Baillie Scott bracht zijn visie zelf nooit ten uitvoer. Het duurde nog minstens 20 jaar voordat zijn ideeën in de praktijk werden gebracht. Niet door hemzelf of door andere Arts & Crafts architecten, maar door de nieuwe generatie moderne architecten die actief waren in de jaren dertig van de 20e eeuw. F.R.S. Yorke's compendium *The Modern Flat*, dat voor het eerst uitkwam in 1937, neemt de geschiedenis van de ontwikkeling van het appartement op, waar de studie van Sydney Perks ophield.[38] Het boek prijst ondubbelzinnig de deugden van de functionalistische benadering en toont beelden van deprimerende Victoriaanse rijtjeshuizen in industriesteden, naast fotomontages van schitterende appartementengebouwen op het onbedorven platteland. Latere edities van Yorke's boek bevatten enkele Engelse voorbeelden die aantonen dat de ideeën van Shaw niet helemaal vergeten waren. Toen architecten als Wells Coates en Berthold Lubetkin appartementengebouwen voor de middenklasse ontwierpen, experimenteerden ook zij weer met split-level doorsneden en woonvertrekken met hoge plafonds, in combinatie met verdiepingen met lagere plafonds.[39]

Zij deden dit onder sociale en economische omstandigheden die radicaal verschilden van die van de laat-Victoriaanse periode, waarin Shaw zijn karakteristieke woningprojecten ontwierp en bouwde. De moderne projecten tonen evenwel aan dat de combinatie van de vereisten die de huisvesting van de middenklasse in appartementen met zich meebracht en een ruimtelijke en functionele differentiatie van de woning, zoals die was geïntroduceerd in de Albert Hall Mansions, nog steeds een aantrekkelijke en inspirerende architectonische oplossing was.

implied in building flats for the middle classes in London at the end of the nineteenth century, both in transferring the principles of the English House to a collective residential building and in providing a rare urban statement.

The experimental state of the design of flats was to continue for a much longer period. The demands of complex programmes for luxury flats and the constraints of building in London's urban context were hard to reconcile. The architect Hugh Mackay Baillie Scott's attempt to answer these questions, in yet another book from 1906, was radical and prophetic for the development twentieth-century modern architecture was to bring about. In his book *Houses and Gardens*, Baillie Scott focuses predictably on the traditional freestanding country house, but includes interesting chapters on the town house and the apartment.[36]

He describes the problem of the flat plan with characteristic lucidity: 'A visit to the average flat will impress the intelligent observer chiefly with the enormous ignorance of planning which it displays . . . On opening the front door of the flat he is visiting he will be confronted with an apparently interminable passage, narrow and lofty.'[37] The solution proposed by Bailie Scott is not in the exploration of new and complex forms for plans and sections, but by formulating a new vision of building in the city. The apartment block should liberate itself from the perimeter block and become a freestanding object, allowing for a much larger freedom of planning. A vision of blocks in public gardens is brought forward. Baillie Scott describes such a public garden as replacing the private domain, appearing as a park developed on natural lines, with woodlands and streams, having enclosed apartments for flowers and fruit. The English countryside imported into the city as a new context for the block of flats.

Inside the house the floor plan was to be opened up. If large rooms are not possible, one should connect the living spaces in an open and compact layout, eventually abolishing the traditional specificity of each space in the English house.

Baillie Scott's vision was never realized by himself. It took at least 20 years more for his ideas to be brought into practice. Not by him or his fellow Arts and Crafts architects, but by the new generation of modern architects working in the 1930s. F.R.S. Yorke's compendium *The Modern Flat*, first published in 1937, picks up the history of the development of the flat where Sydney Perks' study ended.[38] The book praises unequivocally the virtues of the functionalist approach, showing images of dreary Victorian terraces in industrial towns next to photomontages of shiny apartment blocks in unspoiled countryside. Later editions of Yorke's book include some English examples that show that Shaw's ideas were not entirely forgotten. Designing blocks of flats for the middle class, architects such as Wells Coates and Berthold Lubetkin again experimented with split-level sections and living halls with high ceilings connected to floors with lower ceiling heights.[39]

They did this in social and economic conditions radically different from those in the late Victorian periods when Shaw designed and built his exemplary domestic projects. The modern projects show, however, that the combination of the demands of middle-class living in flats with a spatial and functional differentiation of the dwelling, as introduced in the Albert Hall Mansions, was still a very attractive and inspiring architectural solution.

Noten

1 E.M. Forster, *Howard's End*, Harmondsworth: Penguin, 1968; oorspronkelijke uitgave: Londen: Edward Arnold, 1910, 23.
2 Ibid., 59.
3 Hermann Muthesius, *Das englische Haus: Entwicklung, Bedingungen, Anlage, Aufbau, Einrichtungen und Innenraum*, Berlijn: Wasmuth, 1904-1908; herdruk facsimile: Berlijn: Gebr. Mann, 1999.
4 Steen Eiler Rasmussen, *London, The Unique City*, Londen: Jonathan Cape, 1937.
5 Jonas Geist, *Das Berliner Mietshaus*, 3 delen, München: Prestel, 1994; Monique Eleb en Anne Debarre, *L'invention de l'habitation moderne, Architectures de la vie privée, suite*, Parijs: Hazan - Brussel: AAM, 1995.
6 Tegen de achtergrond van de aanhoudende kritiek op het utilitarisme gedurende de 19e eeuw is het een simplificatie om deze waarden 'Victoriaans' te noemen.
7 Lewis Mumford, *The City in History*, San Diego: Harcourt, 1961.
8 Victoria Rosner, *Modernism and the Architecture of Private Life*, New York: Columbia University Press, 2005, 63.
9 Edwin T. Hall, 'Flats – British and Foreign', in: W. Shaw Sparrow (ed.), *Flats, Urban Houses and Cottage Homes (A Companion Volume to The British Home of Today)*, Londen: Hodder and Stoughton, 1906, 82.
10 Stefan Muthesius suggereert onder meer dat het Londense model van eigendomsrecht en in het bijzonder het pachtsysteem de ontwikkeling van flats voor de markt van middenklasse huizenkopers in de weg stond. In Schotland was het heel gebruikelijk dat flats particulier bezit waren. Stefan Muthesius, *The English Terraced House*, New Haven - Londen: Yale University Press, 1982, 3.
11 T.H.S. Escott, 'The Grosvenor-Place and Pimlico Improvements of the Marquis of Westminster', *The Builder* 25, nr. 1255, februari 1867, 122; geciteerd uit Sharon Marcus, *Apartment Stories: Cities and Home in Nineteenth Century Paris and London*, Berkeley: California University Press, 1999, 87.
12 Muthesius, *Das englische Haus*, op. cit. (noot 3), 5.
13 *Encyclopaedia Britannica*, 11e editie, deel 17, Cambridge: Cambridge University Press, 1911.
14 Donald Olsen, *The Growth of Victorian London*, Londen: Batsford, 1976, 116.
15 Verg. Hall, 'Flats', op. cit. (noot 9), 100-103.
16 Marcus, *Apartment Stories*, op. cit. (noot 11), 88.
17 Frank T. Verity, 'Introductory notes on the designing of flats-de-luxe or mansion flats', in: Shaw Sparrow, *Flats, Urban Houses and Cottage Homes*, op. cit. (noot 9), 9.
18 Muthesius, *The English Terraced House*, op. cit. (noot 10), 45.
19 Shaw Sparrow, *Flats, Urban Houses and Cottage Homes*, op. cit. (noot 9), 16.
20 Ibid.
21 H.J. Dyos and D.A. Reeder, 'Slums and Suburbs', in: Dyos and M. Wolff (red.), *The Victorian City*, Londen: Routledge & Kegan Paul, 1973, 369.
22 Geciteerd uit Olsen, *The Growth of Victorian London*, op. cit. (noot 14), 141.
23 *Survey of London: volume 38: South Kensington Museums Area* (oorspronkelijk uitgegeven in 1975), 325-348. URL: http://www.british-history.ac.uk, bekeken op 11 juni 2009.
24 Andrew Saint, *Richard Norman Shaw*, New Haven - Londen: Yale University Press, 1976, 194-197.
25 Edward Hollamby, Red House, Bexleyheath, 1859, Philip Webb (Architecture in Detail), Londen: Phaidon Press, 1991.
26 De eerste monografie over het werk van Shaw is: Sir Reginald Blomfield, *Richard Norman Shaw, R.A. Architect 1831-1912*, Londen: Batsford, 1940. Dit boek bevat een soms willekeurige selectie uit Shaw's werk en een zeer persoonlijk commentaar van de auteur, een voormalige assistent van Shaw. De monografie van Andrew Saint (zie noot 24) geeft een volledig overzicht van leven en werk van Shaw.
27 Er zijn aanwijzingen dat Shaw en zijn assistent Ernest Newton naar Parijs gingen om de flats daar te bestuderen (zie noot 24), misschien vooral met het oog op hun indeling. Verg. *Survey of London*, op. cit. (noot 23).
28 Verg. Muthesius, *Das englische Haus*, deel II, op. cit. (noot 3), 155-160.
29 Shaw Sparrow, *Flats, Urban Houses and Cottage Homes*, op. cit. (noot 9), 31-33.
30 Ibid., 44-45.
31 Simon Bradley and Nikolaus Pevsner, *The Buildings of England, London 6: Westminster*, New Haven - Londen: Yale University Press, 2003, 565.
32 Shaw Sparrow, *Flats, Urban Houses and Cottage Homes*, op. cit. (noot 9), 28-29.
33 Sydney Perks, Residential Flats of All Classes, Including Artisan Dwellings, a Practical Treatise on Their Planning and Arrangement, Londen: Batsford, 1905.
34 Ibid., 49.
35 Ibid., 50.
36 M.H. Baillie Scott, *Houses and Gardens*, Londen: George Newnes, 1906.
37 Ibid., 113.
38 F.R.S. Yorke, Frederick Gibberd, *The Modern Flat*, Londen: Architectural Press, 1937, 3e editie 1950.
39 Ibid., zie Palace Gate, Kensington, 1939, ontworpen door Wells Coates, 91-93, en Highpoint II, ontworpen door Lubetkin en Tecton, 88-90.

Notes:

1 E.M. Forster, *Howard's End* (Harmondsworth: Penguin, 1968; original edition London: Edward Arnold, 1910), 23.
2 Ibid., 59.
3 Hermann Muthesius, *Das englische Haus: Entwicklung, Bedingungen, Anlage, Aufbau, Einrichtungen und Innenraum* (Berlin: Wasmuth, 1904-1908; facsimile reprint Berlin: Gebr. Mann, 1999).
4 Steen Eiler Rasmussen, *London, The Unique City* (London: Cape, 1937).
5 Jonas Geist, *Das Berliner Mietshaus*, 3 volumes, (Munich: Prestel, 1994); Monique Eleb and Anne Debarre, *L'invention de l'habitation moderne, Architectures de la vie privée, suite* (Paris: Hazan/Brussels: AAM, 1995).
6 The identification of these values as 'Victorian' is a simplification against the background of the sustained attacks against Utilitarianism throughout the nineteenth century.
7 Lewis Mumford, *The City in History* (San Diego: Harcourt, 1961).
8 Victoria Rosner, *Modernism and the Architecture of Private Life* (New York: Columbia University Press, 2005), 63.
9 Edwin T. Hall, 'Flats – British and Foreign', in: W. Shaw Sparrow (ed.), *Flats, Urban Houses and Cottage Homes (A Companion Volume to The British Home of Today)* (London: Hodder and Stoughton, 1906), 82.
10 Stefan Muthesius suggests that, among other reasons, the London patterns of ownership and particularly the leasehold system prevented the development of flats for the middle-class market of house owners. In Scotland individual ownership of flats had been common. Stefan Muthesius, *The English Terraced House* (New Haven/London: Yale University Press, 1982), 3.
11 T.H.S. Escott, 'The Grosvenor-Place and Pimlico Improvements of the Marquis of Westminster', *The Builder* 25, no. 1255 (February 1867), 122; quoted from Sharon Marcus, *Apartment Stories: Cities and Home in Nineteenth Century Paris and London* (Berkeley: California University Press, 1999), 87.
12 Hermann Muthesius, *Das englische Haus*, op. cit. (note 3), 5.
13 *Encyclopaedia Britannica*, Eleventh edition, vol. 17, (Cambridge: Cambridge University Press, 1911).
14 Donald Olsen, *The Growth of Victorian London* (London: Batsford, 1976), 116.
15 Cf Hall, 'Flats', op. cit. (note 9), 100-103.
16 Marcus, *Apartment Stories*, op. cit. (note 11), 88.
17 Frank T. Verity, 'Introductory notes on the designing of flats-de-luxe or mansion flats', in: Shaw Sparrow, *Flats, Urban Houses and Cottage Homes*, op. cit. (note 9), 9.
18 Stefan Muthesius, *The English Terraced House*, op. cit (note 10), 45.
19 Shaw Sparrow, *Flats, Urban Houses and Cottage Homes*, op. cit. (note 9), 16.
20 Ibid.
21 H.J. Dyos and D.A. Reeder, 'Slums and Suburbs', in: Dyos and M. Wolff (eds.), *The Victorian City*, (London: Routledge & Kegan Paul, 1973), 369.
22 Quoted from Olsen, *The Growth of Victorian London*, op. cit. (note 14), 141.
23 *Survey of London: volume 38: South Kensington Museums Area* (originally published in 1975), 325-348. URL: http://www.british-history.ac.uk, accessed 11 June 2009.
24 Andrew Saint, *Richard Norman Shaw* (New Haven and London: Yale University Press, 1976), 194-197.
25 Edward Hollamby, *Red House, Bexleyheath, 1859, Philip Webb (Architecture in Detail)* (London: Phaidon Press, 1991).
26 The first monograph on Shaw's work is: Sir Reginald Blomfield, *Richard Norman Shaw, R.A. Architect 1831-1912* (London: Batsford, 1940). This book shows a sometimes arbitrary selection of Shaw's work, and gives a very personal comment by the author, a former assistant of Shaw's. The monograph by Andrew Saint (see note 24) gives a full overview of Shaw's life and work.
27 There is evidence that Shaw and his assistant Ernest Newton went to study flats in Paris, (see note 24) perhaps chiefly with an eye to their arrangement. Cf *Survey of London*, op. cit. (note 23).
28 Hermann Muthesius, *Das englische Haus*, Band II, op. cit. (note 3), 155-160.
29 Shaw Sparrow, *Flats, Urban Houses and Cottage Homes*, op. cit. (note 9), 31-33.
30 Ibid., 44-45.
31 Simon Bradley and Nikolaus Pevsner, *The Buildings of England, London 6: Westminster* (New Haven and London: Yale University Press, 2003), 565.
32 Shaw Sparrow, *Flats, Urban Houses and Cottage Homes*, op. cit. (note 9), 28-29.
33 Sydney Perks, *Residential Flats of All Classes, Including Artisan Dwellings, a Practical Treatise on Their Planning and Arrangement* (London: Batsford, 1905).
34 Ibid., 49.
35 Ibid., 50.
36 M.H. Baillie Scott, *Houses and Gardens* (London: George Newnes, 1906).
37 Ibid., 113.
38 F.R.S. Yorke, Frederick Gibberd, *The Modern Flat* (London: Architectural Press, 1937, third edition 1950).
39 Ibid., see Palace Gate, Kensington, 1939 designed by Wells Coates on pages 91-93; and Highpoint II, designed by Lubetkin and Tecton on pages 88-90.

Monique Eleb

Uitwisselingen, aanpassingen en ontleningen

Exchanges, Adaptations and Borrowings

'Zachte modernisering' in het interbellum

'Soft Modernization' during the Interbellum

Interieur appartement aan de rue Guynemer, Parijs, van M. Roux-Spitz, 1926
Interior of apartment on the Rue Guynemer, Paris, by M. Roux-Spitz, 1926

Zolang de huisvesting in Frankrijk onderwerp is van wetenschappelijke reflectie en theoretisch debat doe ik er onderzoek naar: ik zet ruimtelijke indelingen tegenover de ontwikkeling van gewoonten en levensstijlen. Ik verken de relaties tussen architectuur, cultuur en woonpraktijken, en combineer de bestudering van architectonische doctrines met een analyse van gelijktijdig optredende veranderingen in de Franse samenleving. Deze verkenningen zijn enerzijds te beschouwen als onderdeel van de sociale geschiedenis en een reflectie op het ontstaan van architectuur, bijvoorbeeld in de twee delen van *Architecture de la vie privée*,[1]; anderzijds zijn ze bedoeld als een etnologische studie om meer inzicht te krijgen in nieuwe leefstijlen en de manieren waarop hedendaagse gebouwen zich ontwikkelen, zoals in *Urbanité, sociabilité, intimité*.[2]

De periode tussen de twee wereldoorlogen is een bij uitstek rijke bron voor deze bespreking, omdat in die tijd voor het eerst werd nagedacht over minimumnormen voor sociale woningbouw en door het feit dat een van de zeldzame revoluties in de woningarchitectuur de omkering van een trend inluidde. Voor het eerst werden voor de arbeidersklasse ontwikkelde voorzieningen als de compleet uitgeruste keuken (1905, Groupe des Maisons Ouvrières – GMO – een filantropische woningbouwvereniging) toegepast in de luxe woningbouw. Bovendien leidde de vernieuwende geest onder de architecten van de bourgeoisie tot iconische gebouwen die buiten Frankrijk veelvuldig werden geïmiteerd. De officiële geschiedschrijving van de moderne beweging getrouw, zijn we echter alleen die architecten als modern gaan beschouwen, die zich aansloten bij utopische vertogen, de retoriek van de breuk met het verleden en de *tabula rasa*, waardoor het impopulair is geworden om de kwaliteiten van het bourgeoishuis te erkennen. Mijn doel met dit essay is een beknopte genealogie op te stellen van de woningbouw voor de bourgeoisie in Parijs tijdens het interbellum, via een beschrijving van de trends in woningtypes, maar ook van de uitwisselingen, aanpassingen en ontleningen die tussen de twee hoofdcategorieën plaatsvonden.

De met mythes omgeven geschiedenis van bepaalde projecten laat weinig ruimte voor de geschiedenis van de gebouwde realiteit[3] en leidt tot onverschilligheid jegens - of zelfs ontkenning van - het belang van een aantal architecten die niet het etiket 'modern' kregen opgeplakt. Het door critici en onderzoekers ingenomen perspectief raakt aan een ethische vraag: als architecten die een theoretische positie verdedigen zich aanpassen aan de wensen van de bourgeoisie, impliceert dit dan een compromis in de zin van een tussenweg, of wordt er geschipperd met principes? Ook vandaag is dat nog een belangrijke kwestie.[4]

Architecten zijn genegeerd of zelfs in diskrediet gebracht, omdat ze kozen voor een eeuwenoude taakopvatting: architectuur scheppen die rekening houdt met het dagelijks leven, onderdak biedt aan bepaalde leefstijlen en de continuïteit van de cultuur waarborgt. Ze waren geïnteresseerd in de levenskunst van hun tijd, maar stelden zich niet op als leraren die de mensen vertellen hoe ze moeten leven; ze begeleidden de veranderingen liever dan ze op te leggen.

In het midden van de 19e eeuw stelde César Daly de volgende definitie van huisvesting voor: het appartement is bourgeois, volkshuisvesting is voor de arbeidersklasse.[5] In 1908 stelde de GMO op haar beurt dat de met de woonkamer verbonden open

Since it became the subject of scholarly reflection and theoretical debate, housing in France has been the subject of my research and my position consists of confronting spatial arrangements with the evolution of customs and life styles. The relations between architecture, culture and living practices are explored, combining the examination of architectural doctrines and the analysis of changes occurring at the same time in French society. These investigations, which are considered on the one hand as part of social history and of a reflection on architectural conception, for example in the two volumes of *Architecture de la vie privée*,[1] also concentrate on an ethnological examination aimed at understanding new ways of life and the modes of evolution of contemporary buildings, as in *Urbanité, sociabilité, intimité*.[2]

The period between the two World Wars is a particularly rich source for this discussion because it marked the rise of a reflection on minimum social housing and because the fact that one of the rare revolutions in domestic architecture implies the inversion of a trend. In fact, for the first time in France, facilities developed for the working class such as the fully equipped kitchen (1905, Groupe des Maisons Ouvrières – Philanthropic Housing Group) were adopted in luxury housing. Furthermore, a spirit of invention among architects led to iconic buildings that were frequently imitated outside France. However, the official historiography of the *Mouvement Moderne* has lead us to only consider as modern those architects who rallied to utopian discourses, the rhetoric of rupture and the *tabula rasa*, and as a consequence, it became unpopular to acknowledge the qualities of the bourgeois house. My intention here is to draft a concise genealogy of bourgeois housing in Paris during the interbellum by describing the evolution of and trends in housing types, but also the exchanges, adaptations and borrowings that took place between the two main categories.

The mythical history of certain projects leaves little room for the history of constructed reality[3] and brings about indifference towards or even a denial of the importance of the work of a number of architects who were not labelled as modern. The perspective adopted by critics or researchers touches on a question of ethics: does adapting to the wishes of the bourgeoisie imply a compromise in both senses of the word on the part of architects defending theoretical positions? This is still an important issue today.[4]

Architects have been ignored or even disparaged because they chose to adopt an age-old role: to create architecture that takes account of daily life, accommodates certain ways of living and upholds culture. They were interested in the art of living of their days, but did not pose as teachers instructing people how to live, preferring to accompany changes rather than impose them.

In the middle of the nineteenth century, César Daly suggested a definition of housing: the apartment is bourgeois, public housing is for the working class.[5] In 1908, the Groupe des Maisons Ouvrières (GMO) in turn suggested that the open kitchen connected to the common room was characteristic of the working-class home, while the isolated kitchen was a defining feature of the apartment.[6] And like the GMO, César Daly names the presence or absence of a salon or drawing room as a distinguishing variable.

Thus the Paris middle classes, lower or upper, had a salon on the middle floors of their tripartite building, while the ground floor often accommodated shops and the top floor housed the servants' quarters. The layout of the apartment building still made social

Voorgevel rue de Franklin 21 bis
Façade of apartment building on the Rue de Franklin 21 bis, G. and A. Perret, 1903

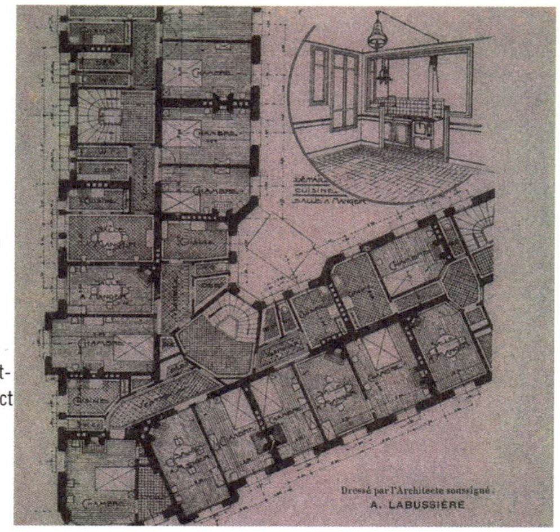

Plattegrond voor arbeiderswoningen met eetkamer en open keuken, Auguste Labussière, architect bij de Groupe des Maisons Ouvrières (GMO), 1908
Floor plan for working-class dwelling with dining room with open kitchen, Auguste Labussière, architect with the Groupe des Maisons Ouvrières (GMO), 1908

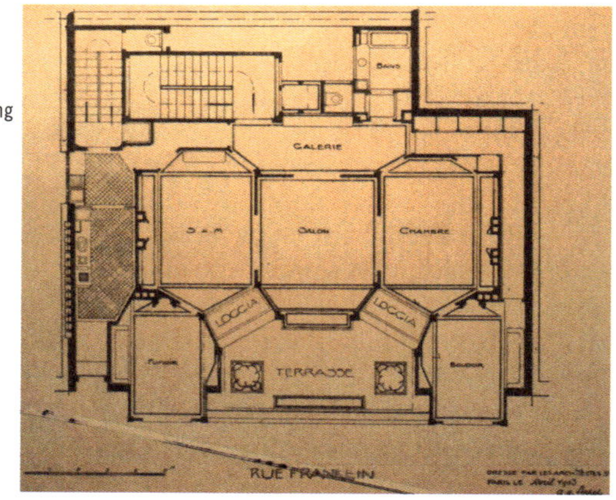

Plattegrond appartement in gebouw rue de Franklin 21 bis, Parijs, G. en A. Perret, 1903
Floor plan of apartment in building on the Rue de Franklin 21 bis, G. and A. Perret, 1903

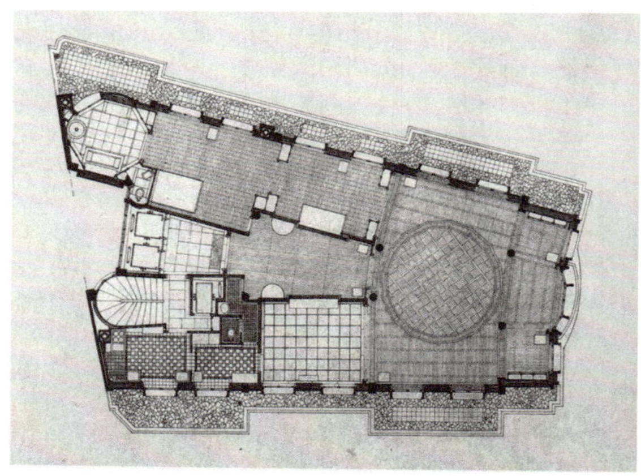

Totaalplattegrond rue Raynouard, Parijs, G. en A. Perret, 1936
Ground plan of apartment building on the Rue Raynouard, G. and A. Perret, 1936

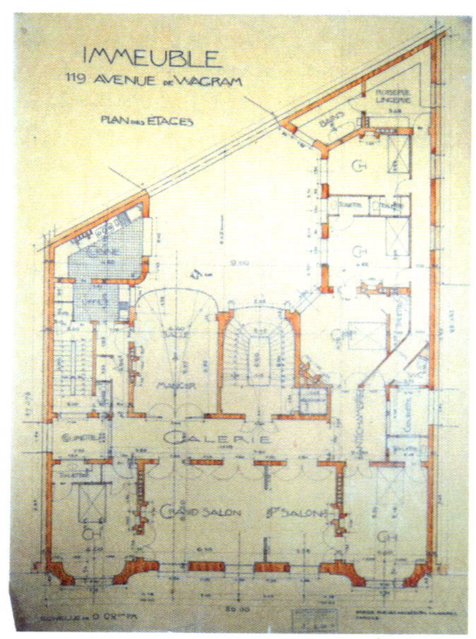

Plattegrond appartement eerste verdieping, rue de Wagram 119, Parijs, G. en A. Perret, 1902
Floor plan of apartment on first level, Rue de Wagram 119, G. and A. Perret, 1902

keuken kenmerkend was voor de arbeiderswoning, en de gesloten keuken een typisch kenmerk van het appartement.[6] En net als de GMO noemde César Daly de aan- of afwezigheid van een salon of ontvangkamer als onderscheidende variabele.

Zo hadden de Parijse middenklassen, zowel de lagere als de hogere, een salon op de middelste verdiepingen van hun in drieën gedeelde woongebouw, terwijl op de begane grond vaak een winkel gevestigd was en de kamers van de bedienden zich op de bovenste etage bevonden. Dankzij deze indeling van het appartementengebouw was sociale menging nog altijd mogelijk, maar die zou in de nieuwe wijken van de Franse hoofdstad geleidelijk verdwijnen.

Wat zijn de indelingsprincipes in de huiselijke architectuur aan het begin van de 20e eeuw? De appartementen waren nog steeds in grote trekken afgeleid van de Parijse particuliere hôtels uit de 17e en 18e eeuw, vooral de enfilade van hoofdvertrekken langs de voorgevel. Een strikte driedeling van het huis was nog gangbaar: publieke, private en dienstvertrekken waren afzonderlijk gegroepeerd en onderling gescheiden. De hoofdvertrekken moesten een goed formaat hebben; architecten waren meesters in de geometrie. De enfilade van salons, de vloeiende verbinding tussen ruimtes en de grote volumes – dit alles was een kwestie van een goede indeling. In de regel bevonden de kamers van de heer en dame des huizes (de bourgeoisie had moeite de echtelijke slaapkamer te accepteren) zich langs de voorgevel en lagen de kamers van de bedienden ver van de hoofdvertrekken. De rangschikking *eetkamer/provisiekast/keuken* werd een vast kenmerk van het appartementengebouw van de bourgeoisie, zoals de open keuken grenzend aan de woonkamer dat van de arbeiderswoning werd.

Parijse vaktijdschriften en portfolio's, vooral van Émile Rivoalen, bekend van zijn 'Promenades à travers Paris', die hij aan het einde van de 19e eeuw in de *Revue Générale de l'Architecture*[7] publiceerde, en die ook begin 20e eeuw portfolio's bleef uitgeven, zetten de trend voor heel Frankrijk.[8] De platen van Rivoalen's portfolio's, in wekelijkse afleveringen gepubliceerd, werden na 1900 door architectenbureaus als voorbeeld gebruikt.

De modernisering van de bourgeoiswoning door de 'andere modernen'

In de periode tussen 1920 en 1930 verschenen de Parijse modellen voornamelijk in portfolio's en monografieën van architecten die een vocabulaire propageerden dat ook in appartementengebouwen in Marseille, Buenos Aires, Rio de Janeiro of Casablanca zou opduiken.[9] De meeste architecten die deze modellen bedachten, waren lid van de Parijse bourgeoisie en bouwden voor hun gelijken.

De gebroeders Perret worden meestal alleen als constructeurs gewaardeerd, maar hebben bijgedragen aan de ontwikkeling van de woningbouw en verdienen een plaats naast 'andere modernen' als Louis Faure-Dujarric, Michel Roux-Spitz, Robert Mallet-Stevens en Jean Ginsberg. Ze beheersten perfect de codes, de *doxa* van de indelingsprincipes die pasten bij de leefstijl en zeden van die tijd, en pasten ze op subtiele wijze toe in hun woongebouwen.[10] Uit de ontwerpen van de gebroeders Perret die werden verwezenlijkt in de 'chique' buurten in het westen van Parijs blijkt dat ze de regels van compositie volledig beheersten. Duidelijk is dat ze het programma trouw bleven en dachten in termen van welvoeglijkheid, dat wil zeggen van het aanpassen van het ge-

mixing possible, but this would gradually disappear in the new districts of the French capital.

What were the principles of distribution at the beginning of the twentieth century in academic domestic architecture? The apartments still used facilities derived from the Paris town houses of the seventeenth and eighteenth century, notably the disposition of the main rooms *en suite* along the façade. The rule of tripartition of the house was still prevalent: the public, private and service areas were each grouped together and separated from one another. The main rooms had to have the right layout and architects were skilled in the geometrical control of the interior spaces. The suite of salons or drawing rooms, the fluid connection between spaces and the large volumes were part of good design. As a rule, the rooms of the masters of the house (the conjugal bedroom had trouble finding acceptance among the bourgeoisie) were situated along the façade, while the service quarters were located far from the main rooms. The arrangement *dining room/pantry/kitchen* imposed itself on the bourgeois apartment building, as did the open kitchen connected to the common room in the working-class dwelling.

Parisian reviews and portfolios, notably those by Émile Rivoalen, who was famous for his 'Promenades à travers Paris' published in the *Revue Générale de l'Architecture*[7] at the end of the nineteenth century and who continued to publish portfolios at the beginning of the twentieth century, set the trend for the whole of France.[8] Distributed in weekly issues, the plates of Rivoalen's portfolios were used as models by architecture firms after 1900.

The Modernization of the Bourgeois Home by the 'Other Moderns'

In the period from 1920 to 1930, the Paris models were mainly revealed in portfolios and in monographs by architects propagating a vocabulary that would reappear in apartment buildings in Marseilles, Buenos Aires, Rio and Casablanca.[9] Most of the architects who conceived these models were members of the Paris bourgeoisie building for their peers.

The Perret brothers, who are generally only credited with being constructors, nevertheless contributed to the evolution of housing, and should have their rightful place next to 'other moderns' such as Louis Faure-Dujarric, Michel Roux-Spitz, Robert Mallet-Stevens and Jean Ginsberg. They had a perfect command of the codes, of the *doxa* of design principles associated with the lifestyles and customs of the times, and applied them in a subtle manner in their residential buildings.[10] The plans of the Perret brothers that were realized in the 'smart' neighbourhoods of western Paris reveal a clear mastery of the rules of composition. It is clear that they adhered to the programme and thought in terms of conformity, that is, of the adaptation of the building to the status of the client, but they subverted these conceptions and used them to come up with very personal spatial innovations. The first rule of design they held to is that of regularity, the harmonious composition of the main rooms, followed by observance of their hierarchy; finally, the rooms need to be conceived in such a manner that they serve each other,[11] and those rooms that are deformed as a consequence of the shape of the building lot and other constraints must be harmonized.

'Classic' Rules and 'Modern' Vocabulary

The narrowness of the lot in the Rue Franklin forced the Perrets to toy with the codes, and this constraint prompted them to rethink

bouw aan de status van de opdrachtgever, maar ze ondermijnden deze concepten en gebruikten ze om zeer persoonlijke ruimtelijke vernieuwingen te creëren. De eerste ontwerpregel waaraan ze zich hielden, was die van regelmaat, de harmonieuze compositie van de hoofdvertrekken, gevolgd door respect voor hun hiërarchie. Ten slotte moesten de kamers zodanig worden ontworpen dat ze dienstbaar waren aan elkaar[11] en moesten kamers die als gevolg van de afmetingen van het perceel en andere restricties een merkwaardige vorm hadden, worden gereguleerd.

'Klassieke' regels en een 'modern' vocabulaire

De smalte van het perceel aan de rue Franklin dwong de Perrets om met de codes te spelen. En deze beperking dwong hen indelingen te heroverwegen, of met vernieuwingen te komen die er vaak uit bestonden dat voorzieningen die onderling eigenlijk geen verband met elkaar hadden, in dezelfde ruimte werden samengebracht. Deze voorzieningen moesten worden gearticuleerd en tegelijkertijd aan de ruimtelijke en sociale situatie worden aangepast. Ten eerste creëerden ze een voorhof in een soort zaagtandvormige opbouw, waarbij ze gebruik maakten van de mogelijkheden die de in 1902 in Parijs geldende voorschriften ten aanzien van de rooilijn van openbare wegen boden. De dienstvertrekken en bijbehorende trap aan de achterkant van het pand zijn rond de binnenplaats gegroepeerd, terwijl de hoofdvertrekken zich aan de straatkant bevinden en zijn onderverdeeld in een privaat en een publiek gedeelte. Hoewel het gebouw zich schijnbaar voegt naar de bestaande regels, brengt een analyse van de ontwerpmethode een andere structuur aan het licht, dit keer een tweeledige. In feite vormen de hoofdvertrekken, gegroepeerd rond de salon, een U-vorm rond de voorhof, aan de achterkant en de zijkanten omringd door een strook met dienstvertrekken. Deze strook maakt een grotere U die de hoofdvertrekken lijkt in te sluiten en deze aldus verlost van het prozaïsche schouwspel van het dagelijks leven. De plattegrond lijkt op een toneel, met een achter- en zijtoneel. Ook moet worden opgemerkt dat in een van de varianten van de plattegrond de kamers waar mannen en vrouwen elkaar ontmoeten, dezelfde behandeling krijgen. In de 19e eeuw was het boudoir vaak vervangen door een rookkamer. De Perrets presenteerden beide, symmetrisch en identiek, voorafgaand aan de enfilade van andere hoofdvertrekken. Hieruit blijkt een zeer moderne kijk op de status van vrouwen: het werd mogelijk het boudoir direct via de voordeur te betreden en discreet te vertrekken.

Het woonhuis aan de rue Raynouard (1936) vertoont in de behandeling van de ruimte een mengsel van conventie en fantasie. De gebroeders Perret wilden sensaties en emoties produceren en bepaalde gewoonten een plek geven. De appartementen, waarin pracht en praal en de mogelijkheid tot grote ontvangsten centraal stonden, waren in overeenstemming met het ideaal van de Parijse bourgeoisie die vanaf het einde van de 19e eeuw in grote, moderne ruimten wilde wonen waarin briljante feesten konden worden gehouden dankzij de open en vloeiend in elkaar overlopende ontvangstruimten die veelvoudige perspectieven boden naast hoekjes voor meer intieme ontmoetingen. Het appartement waar Auguste Perret woonde, had zelfs nog minder scheidingswanden dan de andere.

Avenue de Wagram 119, een van de eerste huurappartementengebouwen en in 1902 door de gebroeders Perret gebouwd,

arrangements or to come up with innovations that often consisted of bringing unrelated facilities together in the same space, facilities that needed to be articulated and at the same time adapted to the spatial and social situation. First, they created a front yard and a kind of saw-tooth-shaped building, using the possibilities offered by the Paris public roads regulations of 1902 on building alignments. The service quarters and their staircase in the back of the building wind around the courtyard, while the main quarters are located on the street side and are divided into a private and a public area. Although the building apparently complies with established regulations, the analysis of the mode of conception reveals another structure, this time binary. In fact, the main rooms, grouped around the salon, form a U-shape around the yard, surrounded in the back and on the sides by service quarters forming a wider U that seem to enclose the main quarters and also free them from the prosaic spectacle of daily life. The plan has the appearance of a stage, with a backstage area and side wings. It should also be noted that, in one of the variations of the plan, the spaces of sociability for men and for women were treated equally. In the nineteenth century, the boudoir had often been replaced by a smoking room. The Perrets presented them both, symmetrical and identical, preceding the suite of other main rooms. This is evidence of a very modern view of the status of women: it made it possible to access the boudoir directly through the front door and leave discreetly.

The residence on Rue Raynouard (1936) displays a mix of convention and fantasy in its handling of space. The Perret brothers sought to produce sensations and emotions and to accommodate certain practices. The apartments, structured around splendour and reception, were in accordance with the ideal of the Paris bourgeoisie which, since the end of the nineteenth century, aspired to live in large modern spaces in which lavish parties could be given thanks to open and fluid reception spaces that offered multiple perspectives and nooks for more intimate encounters. The apartment inhabited by Auguste Perret had even less partitioning than the others.

119 Avenue de Wagram, one of the first rental apartment buildings constructed by the Perret brothers in 1902, was not made of concrete and was not well received by the critics, who found it unworthy of the masters' career because of its façade with lateral projections onto the avenue and its floral decorations, admittedly unremarkable for the period, while the façade on the courtyard, with its glass transparency and very light metal framework and white ceramic cladding, is dazzling. The two façades of the Wagram apartment building are evidence of a genuine reflection on the fashion of the day: one meets the wishes of the bourgeois clientele in that Paris district, the other is a statement by the Perrets to their colleagues. Although they didn't have much experience with interior planning, they gave evidence of a subtle reflection on its evolution and that of bourgeois customs and traditions. As a consequence, they chose a combination of the broad gallery with natural light coming from two small courtyards that met the demands of the bourgeois for a somewhat ostentatious entrée, along with a new element: walls 'built entirely of glass brick'. Apart from its role as a space for circulation, the gallery is also a reception space. Although the drawing rooms (approximately 50 m^2) are very open to each other and are only separated by rudimentary partitions (an

was niet uit beton opgetrokken en werd om die reden niet gunstig ontvangen door de critici, die het de carrière van de meesters onwaardig vonden vanwege de voorgevel met zijn aan de zijkanten vooruitspringende delen en zijn bloemetjespatroon – voor die tijd inderdaad onopmerkelijk – terwijl de gevel aan de kant van de binnenplaats, met zijn glazen transparantie, uiterst licht metalen skelet en witte keramiekbekleding, juist oogverblindend is. De twee gevels van het appartementengebouw aan de avenue de Wagram bewijzen dat serieus is nagedacht over de mode van die tijd: de ene komt tegemoet aan de wensen van de bourgeois opdrachtgevers in die Parijse wijk, de andere is een statement van de Perrets naar hun collega's. Hoewel ze niet veel ervaring hadden met interieurontwerp, gaven ze blijk van subtiele reflectie op de ontwikkeling ervan en van de gewoonten en tradities van de bourgeoisie. Ze kozen daarom voor een combinatie van de ruime galerij, met daglicht afkomstig van twee kleine binnenplaatsen, om tegemoet te komen aan de behoefte van de bourgeois aan een wat meer ostentatieve entree, en een nieuw element: 'muren geheel opgetrokken uit glazen bouwsteen'. Naast circulatieruimte is de galerij ook ontvangstruimte. De ontvangkamers (ongeveer 50 m^2) staan in open verbinding met elkaar en worden slechts gescheiden door restjes van scheidingswanden (een vernieuwend element), maar hun verbinding met de twee hoofdvertrekken aan de straatkant volgt een traditionele indeling. Met de introductie van de maaltijd als bourgeoisritueel werd de eetkamer een van de belangrijkste kamers van het huis en werd aan de straatkant gesitueerd. Hier bevindt zij zich aan de kant van de binnenplaats, maar ontvangt over haar gehele breedte licht via een gebogen erker die ter verhoging van het effect van een fraai ijzeren kozijn is voorzien. In combinatie met een dienstvertrek en een provisiekast vormt zij een gerieflijk gesitueerde voorziening. De badkamer en de waskamer kijken eveneens uit op de lichte binnenplaats met haar witte tegels. Maar de achter in het appartement gelegen badkamer bevindt zich op de plek die zij in de 19^e eeuw ook al innam, toen ze nog als een technische ruimte werd beschouwd. Aan de andere kant zijn de tussenruimten met de kabinetjes voor w.c.'s (soms kop aan staart georganiseerd), die de kamers van elkaar scheiden en als isolatie functioneren, een vaak gekopieerd avant-garde element. De gebroeders Perret bleven hun hele loopbaan de strook met dienstvertrekken en die functionele ruimten tussen kamers ontwikkelen, bijvoorbeeld in het appartementengebouw-Galtier aan de avenue Matignon (1931).

'Zachte modernisering' in luxe appartementengebouwen

Voor de meeste architecten en critici uit die tijd betekende modern zijn, naast een gezuiverd vocabulaire en een breed gedeelde rationalistische opvatting, het creëren van een eigentijdse architectuur die de ontwikkeling van de gewoonten, mentaliteit en cultuur volgt van degenen die de middelen hebben om opdrachten te geven. Ondanks de afnemende afmetingen van dit type woning sinds het begin van de 20^e eeuw bleef men de kenmerken ervan aanpassen aan de nieuwe rituelen van de sociale omgang. Dat komt ook tot uiting in de ontwikkeling van de namen: soms werd de term 'salon' vervangen door 'studio', bijvoorbeeld in sommige gebouwen van Fernand Pouillon, maar het feit dat ook deze term betrekking had op het hoofdvertrek toont aan dat dezelfde leidende principes bleven gelden. Als een architect de regel van

innovative element), their connection with the two main rooms on the street side has a traditional layout. With the introduction of the bourgeois rituals of dining, the dining room became one of the most important rooms in the house, fronting onto the street. Here it is situated on the courtyard side, but it receives light over its entire width from a bow window with a fine iron framework for greater effect. In combination with a service room and a pantry, it forms a conveniently placed facility. The bathroom and the laundry room also look out onto the bright courtyard with its white ceramic cladding. But the bathroom, located at the back of the apartment, occupies the same traditional place it already had in the nineteenth century, when it was seen as a technical space. On the other hand, the partitioning walls equipped with small lavatories (some of them disposed back-to-back) that separate and accentuate the rooms are a frequently copied avant-garde feature. The Perret brothers continued to develop the service ring and the partitions between rooms throughout their career, for example in 1931 in the Galtier residence on the Avenue Matignon.

'Soft Modernization' in Luxury Apartment Buildings

For most of the architects and critics of that period being modern meant, besides a purified vocabulary and a widely shared rationalist point of view, creating a contemporary architecture that follows the evolution of the customs, mentalities and culture of those who have the means to commission it. In spite of the decreasing dimensions of this type of housing since the beginning of the twentieth century, its features continued to be adapted to the new rituals of social intercourse. This is also suggested by the evolution of names: the term *studio* sometimes replaced *salon*, for example in some of Fernand Pouillon's buildings, but its association with the main room shows that it still abided by the guiding principles. When an architect violated the rule of tripartition, everybody noticed. This was the case with Roux-Spitz, who designed a residential building on the Boulevard Montparnasse in 1931 (according to the same principles as those built at 25 and 28 Rue Guynemer and Quai d'Orsay, but designed for the middle classes) based on the bipartition *living quarters/service quarters*.[12]

However, the division *public/private/service* continued to be respected, even though the partitions were less conspicuous. Such familiar arrangements were reassuring to the inhabitants of luxury apartments and made it easier for them to accept an architecture that favours smooth walls without additional decorations and emphasizes horizontal lines. For those who wished to show that they participated in modernity, these apartments with their window façades, their voids that are more significant than their solids, large loggias, and even rooftop villas, were pleasing distinguishing signs, especially when they also featured the desired avant-garde comfort and details.

The apartment building with the jutting façade on the Boulevard Victor that Pierre Patout built for himself on difficult terrain in 1934 has a white-washed façade with stressed horizontal lines made of prefabricated panels and moulded lightweight concrete.[13] It combines a number of aspects of modernity that first appeared in Paris before spreading to holiday resorts: terrace roofs, rooftop villas, galleries, duplexes and/or split levels instead of partitions between the main rooms. The architect's own apartment has an independent entrance. He rented out the other 70 apartments, mostly bachelor studios. However, the building also features a few

de driedeling schond, viel dat iedereen op. Dit was het geval bij Roux-Spitz, die in 1931 een woongebouw ontwierp aan de boulevard Montparnasse (volgens dezelfde principes als de eerdere gebouwen aan de rue Guynemer en quai d'Orsay 25 en 28, maar ontworpen voor de middenklasse), gebaseerd op de tweedeling *woonvertrekken/dienstvertrekken*.[12]

De onderverdeling *publieke/private/dienstvertrekken* werd echter nog steeds gerespecteerd, al werd de onderverdeling met scheidingswanden minder opvallend. Deze vertrouwde indeling was geruststellend voor de bewoners van luxe appartementen en maakte het hen gemakkelijker een architectuur te accepteren, gekenmerkt door gladde muren, zonder toegevoegde versieringen, met de nadruk op horizontale lijnen. Voor mensen die wilden laten zien dat ze meededen aan de moderniteit, waren deze appartementen met hun glasrijke gevels, meer open dan dicht, met de grote loggia's en zelfs dakwoningen, een prettige manier om zich te onderscheiden, vooral als ze ook het gewenste comfort en de uitrusting van de avant-garde bezaten.

Het appartementengebouw met de vooruitspringende gevel aan de boulevard Victor, die Pierre Patout in 1934 op een lastige kavel voor zichzelf bouwde, heeft een wit gekalkte voorgevel waarin de horizontale lijnen worden benadrukt, die is opgebouwd uit geprefabriceerde panelen van lichtgewicht beton.[13] Het gebouw combineert een aantal aspecten van de moderniteit die eerst in Parijs te zien zijn voor ze zich naar vakantieoorden verspreidden: dakterrassen, dakwoningen, galerijen, duplexen en/of split-levels in plaats van scheidingswanden tussen de hoofdvertrekken. Het appartement van de architect zelf heeft een eigen entree. De andere 70 appartementen, voornamelijk vrijgezellenflats, verhuurde hij. In het gebouw bevinden zich echter ook enkele grote appartementen met terras, waarmee het idee van een mix van sociale of leeftijdsgroepen wordt geïntroduceerd.

Luxe is niet louter een kwestie van vierkante meters. In de meeste appartementen creëren de perfecte afwerking, de perfecte detaillering van de steensoort of gebroken keramiek die kleur geeft aan de gevels, de verfijnde raamkozijnen, de grote vensters en de elegante welving van de erkers tezamen een indruk van luxe en gematigde moderniteit. Zelfs als je je als generalist opstelt, zoals Roux-Spitz deed, blijf je toch architect en rationalist: 'Omdat,' schreef hij over het appartementengebouw aan de rue Guynemer, 'deze versieringen in dezelfde tijd zijn bedacht als de constructie en de algehele structuur, kunnen we het gebruik van elke lege ruimte maximaliseren en decoratieve effecten bewerkstelligen die niet liegen. Zo kan het gebeuren dat de buizen van de centrale verwarming in de eetkamer uitgroeien tot decoratieve pilasters...'[14]

Binnenhoven, open binnenplaatsen, *redents*, pleinen

Net zo goed als de locatie zelf en het uitzicht zijn de aantrekkingskracht van de buurt, de status van het arrondissement en het adres van essentieel belang voor hen die in stijl willen leven en menen deel uit te maken van de Parijse beau monde. De keuze voor een verlengde voorgevel en de bouw van een open binnenplaats of een zaagtandgevel (*à redents*) maakte het mogelijk meer hoofdvertrekken te creëren die uitkeken op de kades van de Seine of andere prestigieuze uitzichten. Een andere oplossing was de grote binnentuin. Zo bouwden Bassompierre, De Rutté en Sirvin aan de Mirabeau-rotonde een vrijstaand appartemen-

large apartments with terraces, introducing the notion of a mix of social or age categories.

Luxury is not just a question of surface. In most apartments, the perfection of the finish, the perfect arrangement of the stone or the broken ceramics that add colour to the façades, the lightness of the window frames, the large window panes and the elegant curvature of the bow frames come together to give an impression of luxury and moderate modernity. Even if you take on the role of generalist, as Roux-Spitz did, you still remain an architect and a rationalist: 'Because these decorations,' he wrote about the Guynemer apartment building, 'have been planned at the same time as the construction and the overall structural work, we were able to maximize the use of every empty space and to realize decorative effects that do not lie. It is thus that in the dining room, central heating pipes gave birth to decorative pillars . . .'[14]

Garden Courtyards, Open Courtyards, Redents, Squares

Just like the site itself and the view, the appeal of the neighbourhood, the standing of the arrondissement and the address are essential for those who want to live in style and consider themselves part of the Paris beau monde. Opting for an extended façade and the construction of an open courtyard or a saw-tooth façade made it possible to create more main rooms overlooking the quays and the Seine or other prestigious vistas. Another solution was the large garden courtyard. Thus Bassompierre, De Rutté and Sirvin constructed a freestanding apartment building on the Mirabeau roundabout (1930-1933), well-known among Parisians for its entrance courtyard opposite the bridge, its undulating façade and its two rounded angles, but also for its wrought ironwork by Subes and finally for its garden courtyard featuring a lawn, porticoes and pergolas. The editorialist Pierre Vago[15] seized on the occasion to defend the large courtyard, so vehemently decried by the moderns, contrasting it with the narrow passages adopted in the so-called 'red belt' of the *banlieue*. The servants' rooms (with basins, radiators and upstairs showers) are the only ones fronting the courtyard.

Architects and clients didn't relinquish opulent decoration and the luxury of large spaces in middle-class housing. The common spaces in the apartments are the best place to display skilfully made wrought ironwork, high ceilings and the play of light, heightening the impression of a lavish lifestyle: it is there that the status of the building first manifests itself. This applies to the major project of 1937 by Louis Faure-Dujarric (1875-1943) in Saint-Cloud[16] for the Caisse des Dépôts, which has a hallway worthy of a museum, even though the apartments were rentals. Taking advantage of the sloping terrain, the architect conceived real terraces for the U-shaped apartments that descended from the roof towards the Seine. With its absence of picturesque effects and unadorned style, this building is a precursor of the best projects of the 1950s, closely resembling the approach of Fernand Pouillon. The hierarchy of the rooms facing the river or overlooking the courtyard, the hall that is present even in the smallest apartments, the rooms with bathroom find their origin in the French art of arrangement that had been applied since the eighteenth century, for example the double circulation system that allows for two entrances into the same room, a rule long observed in the aristocratic or bourgeois home. But the mobile partitions between

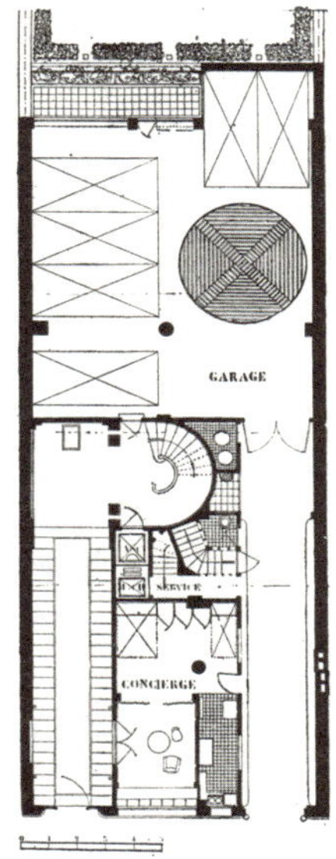

Fig. 11. — Plan du rez-de-chausssée.

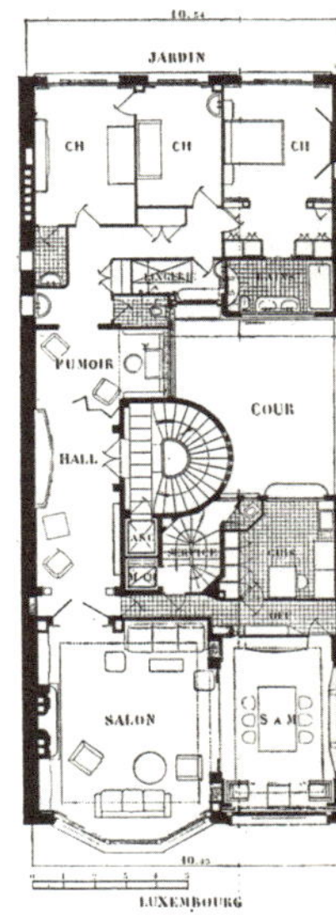

Fig. 12. — Plan d'un étage.

Plattegrond van de begane grond en een verdieping van het appartementengebouw rue Guynemer 25-28, Parijs, M. Roux-Spitz, 1925-27

Floor plan of the ground floor and a higher level of the apartment building on the Rue Guynemer 25-28, M. Roux-Spitz, 1925-1927

Voorgevel rue Guynemer 25-28
Façade of apartment building on the Rue Guynemer 25-28, M. Roux-Spitz, 1925-1927

Interieur hal rue Guynemer 25-28
Interior of entrance hall of apartment building on the Rue Guynemer 25-28, M. Roux-Spitz, 1925-1927

Appartementengebouw boulevard Victor, Parijs, Pierre Patout, 1935
Apartment building on the Boulevard Victor, Pierre Patout, 1935

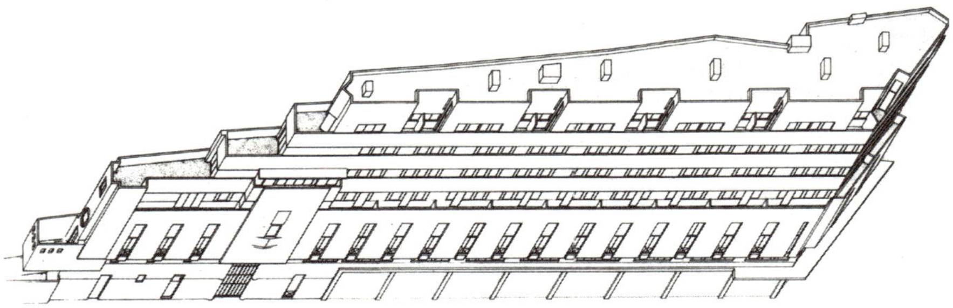

Axonometrie boulevard Victor
Axonometric drawing of apartment building on the Boulevard Victor, Pierre Patout, 1935

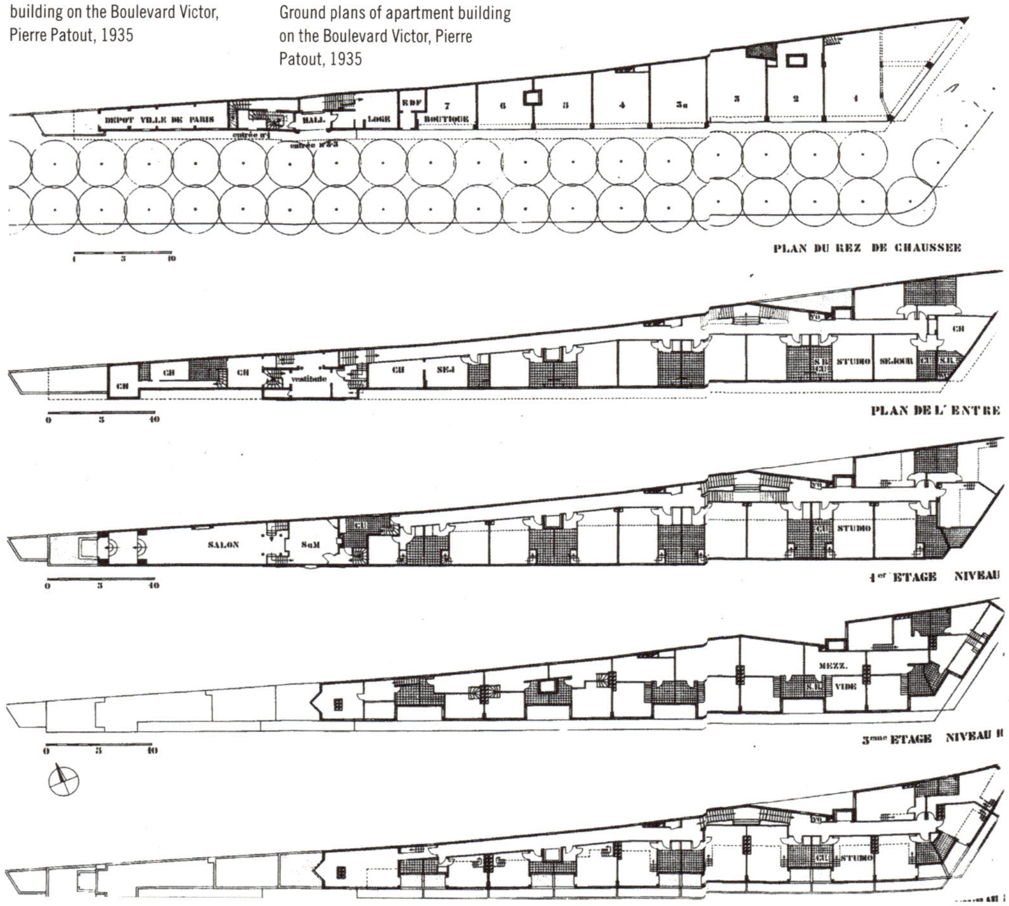

Plattegronden appartementengebouw boulevard Victor
Ground plans of apartment building on the Boulevard Victor, Pierre Patout, 1935

Gevel appartementengebouw Mirabeau-rotonde, Parijs; Bassompierre, De Rutté en Sirvin architectes, 1930-1933
Façade of apartment building on the Mirabeau roundabout, Bassompierre, by De Rutté and Servin Architects, 1930-1933

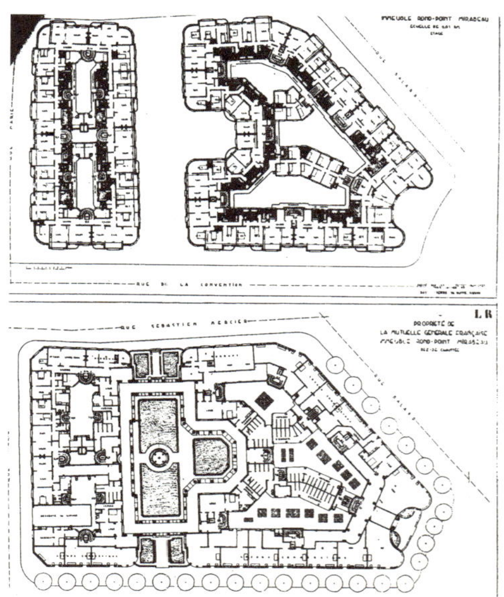

Plattegronden gebouw Mirabeau-rotonde
Ground plans of apartment building on the Mirabeau roundabout, Bassompierre, by De Rutté and Servin Architects, 1930-1933

tengebouw (1930-1933), bij Parijzenaars welbekend vanwege zijn entreehof tegenover de brug, zijn golvende façade en twee afgeronde hoeken, maar ook vanwege het smeedijzerwerk van Subes en ten slotte vanwege de binnentuin met gazon, portico's en pergola's. De tijdschriftredacteur Pierre Vago[15] greep de gelegenheid aan om het op te nemen voor de door de modernen zo hevig bekritiseerde grote binnenplaats en deze te stellen tegenover de nauwe doorgangen die in de zogenoemde 'rode gordel' van de *banlieue* waren toegepast. De dienstvertrekken (met wastafels, radiatoren en douches op de bovenverdieping) zijn de enige die op de binnenplaats uitkijken.

Architecten en opdrachtgevers gaven de weelderige versiering en de luxe van grote ruimten in de middenklassewoning niet op. De gemeenschappelijke ruimten in de appartementen zijn de beste plek om vakkundig smeedijzerwerk, dubbelhoge plafonds en het spel met licht te tonen, die de indruk van een overdadige leefstijl accentueren: op deze plekken manifesteert de status van het gebouw zich. Dit geldt in elk geval voor het grote project uit 1937 van Louis Faure-Dujarric (1875-1943) in Saint-Cloud[16] voor de Caisse des Dépôts, met een hal een museum waardig, al waren het gewoon huurappartementen. Gebruik makend van het hellende terrein ontwierp de architect echte terrassen voor de U-vormige appartementen die vanaf het dak naar de Seine afdaalden. Met de afwezigheid van pittoreske effecten en zijn onopgesmukte stijl is dit gebouw een voorloper van de beste ontwerpen van de jaren vijftig, in benadering nauw verwant aan Fernand Pouillon. De hiërarchie van de kamers met uitzicht op de rivier of op de binnenplaats, de ontvangsthal die ook in de kleinste appartementen niet ontbreekt, en de kamers met badkamer vinden hun oorsprong in de Franse kunst van het rangschikken, die al sinds de 18e eeuw werd toegepast, bijvoorbeeld in het dubbele circulatiesysteem dat het betreden van een kamer via twee ingangen mogelijk maakt, een regel die lang in acht is genomen in aristocratische of bourgeois-woningen. Maar de mobiele scheidingswanden tussen de hal en de eetkamer getuigen van de moderniteit van het gebouw en van de flexibiliteit van de gewoonten. Het is ook mogelijk een volledig uitgeruste studio voor een opgroeiend kind, jongvolwassene of grootouder bij het hoofdappartement te trekken, een mogelijkheid die tegenwoordig steeds populairder wordt, vooral in de 'chique' buurten van Parijs.

Het idee van een ingenieuze indeling rond een binnentuin, bedoeld om eenheid in de buurt te creëren door de keuze voor collectieve appartementengebouwen in plaats van individuele huizen naast elkaar, bereikte zijn hoogtepunt in de grote projecten die in Parijs door Fernand Pouillon werden verwezenlijkt, zoals de Point-du-Jour (Parijs, 16e arrondissement, 1957) en Meudon-la-Forêt (1962), ontworpen voor verschillende bevolkingsgroepen en een toonbeeld van moderniteit. In feite ontwierp hij zijn woongebouwen als openbare voorzieningen – met grote pleinen, hiërarchische assen en waterpartijen – of zelfs als 18e- en 19e-eeuwse Parijse woningblokken voor de verhuur. Hij was duidelijk onder de indruk van het Palais Royal. Hij herintroduceerde in woningen voor de arbeidersklasse en de middenklasse een zekere monumentaliteit, die voor de bewoners plezierig was en hen een zekere waardigheid bezorgde, en een breuk vormde met de ideologie van bepaalde modernen, zoals Bernard Huet duidelijk maakt: 'Steen was immoreel. Monumentaliteit was immoreel.

the hall and the dining room bear witness to the modernity of the place and the flexibility of habits. It is also possible to join the main apartment with a fully equipped studio for an adolescent, a young adult or a grandparent, a feature that is becoming increasingly popular today, particularly in the 'smart' neighbourhoods of Paris.

The idea of an ingenious layout surrounding a courtyard garden, meant to create neighbourly unity by opting for the collective apartment building instead of a juxtaposition of individual houses, reached its high point in the large projects realized in Paris by Fernand Pouillon, notably the Point-du-Jour (Paris, 16th arrondissement, 1957) and Meudon-la-Forêt (1962), designed for different populations and presenting a specific image of modernity. In fact, he composed his residential buildings like public facilities – with large squares, hierarchic axes and the proximity of bodies of water – or even like eighteenth- and nineteenth-century Paris allotments. He was obviously impressed by the Palais Royal. He reintroduced a certain monumentality in working-class and middle-class housing that gave pleasure and dignity to the inhabitants and breached the ideology of some moderns, as Bernard Huet makes clear: 'Stone is immoral. Monumentality is immoral. Giving a city or urban environment to people was considered almost immoral. They should be given green spaces, hygiene, sunlight, that was what they were entitled to. But they were not entitled to all the rest, to all that superfluity which, for Fernand Pouillon, actually became essential. So Fernand Pouillon completely breaks away from a kind of overt morality and austerity that actually covered up a certain "miserabilism".'[17]

Moreover, the courtyard gardens designed by Fernand Pouillon are enclosed yards – this is often overlooked because of their very large dimensions at a time when the series of buildings overlooking a green space was the dominant or even exclusive model. He also created green parcels bordered by buildings, a suite of legible, distinct and sometimes intimate squares defined by apartment buildings, an interiorized exterior – a disposition that upon analysis makes him a direct heir to the architects of the early twentieth-century Fondations Philantropiques and their reflections on working-class housing. But he renewed it, because planning techniques allowed him to recuperate very large irregular plots by juxtaposing the lots.[18] In retrospect, the outright rejection of the courtyard by the moderns emerges as a taboo that had come under challenge at the time, but was only overcome in France in 1991, when Renzo Piano presented his apartment buildings surrounding a garden courtyard in the Rue de Meaux – a clear break that was passed over by the architectural milieu and by architectural reviews that only elaborated on the innovative construction techniques.

Terraces, Loggias, Balconies and Bow Windows

As an alternative for the simple horizontal or vertical window, the bow window with split or curved panes is one of the characteristics of the turn of the nineteenth and twentieth century. Still, in 1907, the jury of the Paris façades competition, exasperated by their proliferation during the preceding 20 years, was delighted to see that none were submitted.[19] In 1925, in the Rue Guynemer, Roux-Spitz breathed new life into them by designing large sash windows, broadening them and changing their geometry, making them merely decorative. It became his

Een stad of stedelijke omgeving aan de mensen bieden, werd bijna als immoreel beschouwd. Ze hoorden groen te krijgen, hygiëne, zonlicht, daar hadden ze recht op. Maar op al het andere hadden ze geen recht, op al die overbodige dingen die voor Fernand Pouillon juist essentieel werden. Fernand Pouillon breekt dus compleet met een soort openlijke moraliteit en soberheid die eigenlijk een zeker "miserabilisme" verhulden.'[17]

Bovendien zijn de door Fernand Pouillon ontworpen binnentuinen in feite gesloten binnenhoven – dit wordt vaak over het hoofd gezien, omdat ze zo groot zijn, in een tijd dat reeksen gebouwen met uitzicht op groen het dominante, bijna exclusieve model waren. Hij creëerde zo groengebieden, omzoomd door gebouwen, of leesbare duidelijke en soms intieme pleintjes, omgeven door appartementengebouwen; een tot interieur geworden exterieur – een tendens die hem bij nader inzien tot een directe erfgenaam maakt van de architecten van de Fondations Philantropiques uit het begin van de 20e eeuw en hun ideeën over huisvesting voor de arbeidersklasse. Maar hij vernieuwde die, want dankzij de planningstechniek van de binnenhoven was hij in staat zeer grote, onregelmatige percelen bij elkaar te trekken.[18] Achteraf bezien lijkt de regelrechte verwerping van de binnenplaats door de modernen een taboe, dat in Frankrijk pas in 1991 echt werd doorbroken, toen Renzo Piano zijn appartementengebouwen rond een binnentuin in de rue de Meaux presenteerde – een duidelijke breuk die zal worden genegeerd door de architectenwereld en de architectuurtijdschriften, die alleen ingingen op de vernieuwende bouwtechnieken.

Terrassen, loggia's, balkons en erkers

Als alternatief voor het simpele horizontale of verticale raam is de erker met in tweeën gedeelde of gebogen ruiten, een van de paradigma's van de tijd rond 1900. Toch was de jury van de Parijse gevelprijsvraag, geërgerd over de algemene verbreiding ervan in de voorgaande 20 jaar, in 1907 opgetogen dat er geen enkele werd ingediend.[19] In 1925 blies Roux-Spitz ze aan de rue Guynemer nieuw leven in, door grote schuiframen te ontwerpen, die te verbreden en hun geometrie te veranderen, zodat ze nog louter decoratief waren. Dat werd zijn handelsmerk, een gemoderniseerd vast element dat niet alleen belangrijk was, omdat het licht in de kamers bracht, maar ook de mogelijkheid bood vanuit een vaste positie in drie richtingen op straat te kijken. Hier voldeed hij aan een sociale vraag, want de verwerping door de modernen van het idee van de 'rue corridor' botste met de wens van de Parijse bourgeois om een duidelijk uitzicht op straat te hebben.

Bovendien werd de 'obstinate eentonigheid van de gevel aan de rue Guynemer'[20] een model dat overal ter wereld werd geïmiteerd. Het was in feite het resultaat van twee compositieprincipes, in die tijd klassiek, volgens welke de slaapkamers van de twee echtelieden (waardoor een onderscheid werd gemaakt met de kleinburgerlijke echtelijke slaapkamer) zich indien mogelijk langs de voorgevel moesten bevinden, het liefst opvallend, met erkers en aan weerszijden van de salon. Een modern vocabulaire, op basis van klassieke regels.

Deze periode wordt gekenmerkt door een grote toename in het aantal terrassen op daken en bovenverdiepingen, waardoor men in de gelegenheid is van de zon en frisse lucht te genieten en dus een gezond leven te leiden. De terrassen, soms terugliggend vanwege de Parijse rooilijnvoorschriften (1902), en vooral bekend

signature feature, a modernized fixture that was not only important because it brought light into the rooms, but also because it made it possible to look out into the street in three directions from a fixed position. Here, he was catering to a social demand, as the moderns' rejection of the idea of the street as a corridor clashed with the Paris bourgeois' call for a clear view of the street.

Moreover, the 'obstinate repetitiveness of the façade in the Rue Guynemer'[20] became a model that was imitated world-wide. It was in fact the result of two principles of composition, classic at the time, that state that the two master bedrooms, those distinguishing elements that contrast with the petit-bourgeois conjugal bedroom, must be, whenever possible, situated along the main façade and must stand out and be fitted with a bow window on either side of the salon: a modern vocabulary created on the basis of classic rules.

This period marks a great increase in the number of terraces on rooftops and upper floors, making it possible to enjoy the sunlight and fresh air and thus lead a healthy life. The receding terraces, that were sometimes required because of the Paris regulations on building alignment (1902) and that were promoted by the buildings of Henri Sauvage (most notably in the Rue Vavin), became a common feature in luxury apartment buildings.[21]

While those who cast themselves as moderns continued to vilify the courtyard, denouncing it as a health hazard, fully in keeping with the hygienists of the turn of the century, the new structure of French cities was being defined by a growing number of buildings with large courtyards.[22] There are many examples of this development, both in social housing, in which it was perfected (like Auguste Labussière's building for the GMO, built in 1908 on the Avenue Daumesnil), and in bourgeois housing, in which it was adopted and adapted (for example in Bouvard's apartment building, Avenue de Suffren, 1912). Faure-Dujarric's building at the Porte Molitor[23] (1934-1936) carried on the tradition of the apartment complex as an island with a large courtyard. The service quarters and corridors and sometimes even the maids' rooms were placed along the courtyard, but this did not preclude an aesthetically refined façade. The basement garages, which received their light from glass brick ceilings, provided the secondary rooms overlooking the courtyard with a setting that lit up at night.

The apartment building at 24 Rue Nungesser-et-Coli (1933), Le Corbusier's only collective building constructed in Paris, just a few steps away from that of Faure-Dujarric, displays features that had already been realized elsewhere before, but here they form a brilliant synthesis, like the glass façade or the flexible layout providing the inhabitants moving into or living in the building with multiple solutions. His own apartment, a duplex on the seventh and eighth floor, has a terrace garden for physical exercise and sunbathing, those 'guarantees for a modern and healthy life'. And because a life of comfort was inconceivable for this social class without domestic servants, rooms were provided for them on the ground floor and in the basement.[24]

The Persisting Presence of Domestic Servants

In fact, if we examine the plans, we see that the presence of servants was still common in the period between the wars, even in apartments with a small number of rooms like those in some

van de gebouwen van Henri Sauvage (met name in de rue Vavin), werden een gangbaar element in die luxe appartementengebouwen.[21]

Terwijl degenen die zich als modernen opwierpen, de binnenhof bleven afkeuren en deze verwierpen als ongezond, precies zoals de hygiënisten van rond de eeuwwisseling, werd de nieuwe structuur van de Franse steden gedefinieerd door een groeiend aantal gebouwen met grote binnenplaatsen.[22] Er zijn veel voorbeelden van deze ontwikkeling, zowel in de sociale woningbouw, waarin ze werd geperfectioneerd (zoals in Auguste Labussière's gebouw voor de GMO, in 1908 gebouwd in de avenue Daumesnil) als in de woningbouw voor de bourgeoisie, waarin ze werden overgenomen en aangepast (bijvoorbeeld in Bouvard's appartementengebouw in de avenue de Suffren uit 1912). Faure-Dujarric's gebouw bij de Porte Molitor[23] (1934-1936) zette de traditie voort van het appartementenblok met een grote binnenplaats. De dienstvertrekken en -gangen, en soms de bediendenkamers werden langs de binnenhof gesitueerd, maar dit stond een esthetisch verfijnde gevel niet in de weg. De garagekelders, die hun licht ontvingen van plafonds van glazen bouwsteen, voorzagen de bijkamers met uitzicht op de binnenplaats van een 's nachts oplichtend decor.

Het appartementengebouw in de rue Nungesser-et-Coli 24 (1933), Le Corbusier's enige collectieve gebouw dat in Parijs is gerealiseerd, op slechts een steenworp afstand van dat van Faure-Dujarric, vertoont kenmerken die elders al eerder waren uitgewerkt, maar hier vormen ze een briljante synthese, zoals de geheel beglaasde voorgevel of de open plattegrond (*plan libre*) die de bewoners bij het betrekken van hun woning allerhande oplossingen biedt. Zijn eigen appartement, een duplex op de zevende en achtste verdieping, heeft een terrastuin voor lichaamsbeweging en zonnebaden, de al genoemde 'garanties voor een modern en gezond leven'. En omdat een comfortabel leven voor deze sociale klasse niet voorstelbaar was zonder huisbedienden, werd er op de begane grond en in het souterrain voor kamers voor hen gezorgd.[24]

De blijvende aanwezigheid van huisbedienden

Uit bestudering van de plattegronden kunnen we opmaken dat de aanwezigheid van bedienden in de periode tussen de twee wereldoorlogen nog steeds gangbaar was, zelfs in appartementen met weinig kamers, zoals in sommige gebouwen van Roux-Spitz. Ook als ze op smalle kavels zijn gebouwd, zijn ze voorzien van twee liften, een voor de eigenaars van het huis en een voor de bedienden: in deze sociale klassen werden er geen concessies gedaan aan comfort of aan sociale barrières.

De aandacht voor 'service' is al heel lang een van de kenmerken van luxe. De aanwezigheid ervan verbindt deze gebouwen met gebouwen van voor de Eerste Wereldoorlog. Opnieuw is het bestaan van diensttrappen en -gangen typerend voor het appartementengebouw, evenals de positie ervan of de aanwezigheid van een 'bediendenkamer', zelfs in een vierkamerappartement. Alleen de kleinste appartementen hadden geen provisiekast of galerij.

Na de Tweede Wereldoorlog woonden huisbedienden niet langer in hetzelfde gebouw als de mensen voor wie ze werkten, met enkele zeldzame uitzonderingen. En de bediendenkamers werden door de kinderen gebruikt of verhuurd – soms zelfs aan

buildings by Roux-Spitz. Although built on narrow lots, they are equipped with two elevators, one for the masters of the house and one for the servants: in this social class there was no compromising with comfort or with social barriers.

The attention given to service has long been one of the signs of luxury. Its presence links these buildings to those built before the First World War. Once again, the existence of service stairs and passages distinguishes the apartment building, as does its location or the presence of a 'maid's room', even in a four-room apartment. Only the smallest apartments lacked a pantry or a gallery.

After the Second World War, domestic servants no longer lived in the same building as the people they worked for, with some rare exceptions. And the maids' rooms were used by the children or let – sometimes even to servants, insuring that a certain mix was maintained in the so-called bourgeois neighbourhoods.

Modern, French and Neo-Regionalist

At the end of the nineteenth century, the 'measured' quality of 'French' architecture was set off against the brutality of modern starkness. A further objection was heard at the 1910 Salon d'Automne: modern architecture was accused of being 'from Munich' and branded as foreign. In luxury housing, as we have seen, architects presented buildings with often rhythmic façades, sometimes clad with coloured ceramics, and with suitably located apartments equipped with all kinds of 'modern comfort' that would not put off the prosperous classes. Starkness and foreign influences came under attack again in the 1930s: Rob Mallet-Stevens mentions an extremely vehement campaign against modern architecture, based on the same argument. 'Modern art isn't French' and 'leads to unemployment', because the stripped façades threatened the livelihood of many craftspeople: 'For these critics, the horizontal windows, the absence of roofs, the terraces, the plain walls, the use of concrete are not French,' he wrote indignantly.[25] Still, his definition of 'French art' fits in with that of the critics of modern architecture: 'French art . . . is sensible and tasteful, it dares with measure.' Other critics condemn modern architecture stating: 'The arabesque is French and the cube foreign.'[26]

Directly following the First World War, the bourgeoisie increasingly turned to the *old new* and to renovation, and a distinct preference for individual housing began to develop among the less well-off classes. After the Second World War, commissions for avant-garde houses disappeared almost completely, with some notable exceptions such as the Bordeaux region. This situation cleared the way for the prefabricated neo-regionalist 'constructor's' house, or the *house of the third type* as the French call it,[27] and for the apartment building of the property developer, who is supposed to be familiar with the demands of clients who are attached to tradition and partial to comfort. In fact, the majority of property developers think they know what these demands imply and water them down by instilling a fear of risk and innovation among the rich that precludes any kind of evolution. However, the predilection of Parisians for older buildings from the period that is discussed here, now described as 'historical' in the small property adds, proves that this is by no means a foregone conclusion.

The category of the *grand ensemble* made a very early first appearance in Paris and outside its gates, though the term hadn't yet been coined. It was conceived for the bourgeoisie and the

bedienden, zodat er een zekere menging bleef bestaan in de zogenoemde bourgeois-buurten.

Modern, Frans en neoregionalistisch

Aan het einde van de negentiende eeuw werd de 'afgemetenheid' van de 'Franse' architectuur gesteld tegenover de brutaliteit van de moderne kaalheid. Vanuit de Salon d'Automne van 1910 was nog een ander bezwaar te horen: de moderne architectuur werd ervan beticht 'uit München' afkomstig te zijn en als buitenlands gebrandmerkt. Zoals we hebben gezien, voorzagen architecten in de luxe woningbouw gebouwen vaak van ritmische gevels, soms bekleed met gekleurde keramische tegels, en met goed gesitueerde appartementen die waren uitgerust met allerhande 'modern comfort' dat de welgestelde klassen niet zou afschrikken. Kaalheid en buitenlandse invloeden kwamen in de jaren dertig weer onder vuur te liggen: Rob Mallet-Stevens vermeldt een extreem felle campagne tegen de moderne architectuur, gebaseerd op hetzelfde argument. 'Moderne kunst is niet Frans' en 'leidt tot werkloosheid', omdat de uitgeklede gevels veel ambachtslieden in hun bestaan bedreigen: 'Voor deze critici zijn de horizontale vensters, de afwezigheid van daken, de terrassen, de sobere muren en het gebruik van beton niet Frans,' schreef hij verontwaardigd.[25] Toch sluit zijn definitie van 'Franse kunst' aan bij die van de critici van de moderne architectuur: 'Franse kunst [...] is doelmatig en smaakvol, ze durft met mate'. Andere critici veroordelen de moderne architectuur met de uitspraak: 'De arabesk is Frans en de kubus buitenlands'.[26]

Direct na de Eerste Wereldoorlog koos de bourgeoisie in toenemende mate voor het *oude nieuwe* en voor renovatie, en begon zich onder de minder welgestelde klassen een uitgesproken voorkeur te ontwikkelen voor het individuele woonhuis. Na de Tweede Wereldoorlog verdwenen opdrachten voor avant-garde huizen bijna volledig, met enkele opvallende uitzonderingen zoals in de regio rond Bordeaux. Deze situatie maakte de weg vrij voor het geprefabriceerde neoregionalistische 'aannemershuis', of het *huis van het derde type*, zoals de Fransen het noemen[27], en voor het appartementengebouw van de projectontwikkelaar, die geacht wordt de wensen te kennen van kopers en huurders die gehecht zijn aan traditie en comfort. De meeste projectontwikkelaars denken wel te weten wat die eisen inhouden en zwakken ze af door de rijken een angst voor risico's en vernieuwing aan te praten, die elk soort ontwikkeling uitsluit. De voorkeur van Parijzenaars voor oudere gebouwen uit de periode die hier wordt besproken en die tegenwoordig in de kleine vastgoedadvertenties als 'historisch' worden omschreven, bewijst echter dat dit geenszins een uitgemaakte zaak is.

De categorie van het *grand ensemble* deed al heel vroeg haar intrede in Parijs en daarbuiten, al was de term nog niet officieel gemunt. Zij werd bedacht voor de bourgeoisie en de middenklassen die mobieler begonnen te worden. Deze voorbeelden, gebouwd voor en na de Tweede Wereldoorlog, bestaan uit parallelle blokken en geprefabriceerde, zich herhalende elementen en staan op prestigieuze locaties, zoals het project van Faure-Dujarric (1929-1931) dat zich tussen de Seine en de jardin de Bagatelle in Neuilly bevindt en uit 450 appartementen bestaat. Ook Heckly en Béguin bouwden in 1946 huurappartementengebouwen voor de middenklasse (boulevard Suchet 199, voor SAGI, een deels particuliere, deels overheidsonderneming). De

Gebouw voor de Caisse des Dépôts, Parijs - Saint-Cloud, Louis Faure-Dujarric, 1937
Building for the Caisse des Dépôts, Saint-Cloud, by Louis Faure-Dujarric, 1937

Appartementengebouwen Résidence du Point-du-Jour, Parijs, 16e arrondissement, Fernand Pouillon
Residence du Point-du-Jour apartment buildings, Paris, 16e arrondissement, by Fernand Pouillon

gebouwen – percelen of blokken met zeer grote binnenplaatsen – staan in een lijn opgesteld langs de Hippodrome d'Auteuil en bestaan uit kleine appartementen van twee tot vijf kamers met dienstingangen die uitkomen op galerijen of binnenplaatsen.

De huidige homogenisering van woningbouwprojecten heeft geleid tot een gebrek aan vernieuwingen, gegenereerd door luxe huisvesting. In opdracht van particulieren gebouwde woonhuizen, ontworpen voor de bourgeoisie of de hogere middenklasse, kopiëren zelfs de elementen die men vindt in woningbouwprojecten voor de arbeidersklasse en de lagere middenklasse. De enige verschillen zitten hem in de gebruikte materialen en in de extra ruimtes, zoals terrassen, loggia's of opslagruimten. Al 20 jaar leveren gesubsidieerde woningbouwprojecten van de intermediaire huurprogramma's (Programmes Locatifs Intermédiaires, PLI), bedoeld voor de hogere middenklasse, de modellen die worden geïnitieerd in het zogenoemde 'bourgeois' huis, gebouwd door min of meer verlichte particuliere aannemers, terwijl bij de meer alledaagse bouwproductie wordt geput uit de sociale woningbouw, waarvan de afmetingen worden overgenomen en de indeling geïmiteerd.

Wat de vernieuwing betreft: er zijn maar weinig experimenten ondernomen in de categorieën van het grote collectieve appartementengebouw en de torenflat, die in de jaren zestig populair werden bij bouwpartijen als Cogedim. Een plan dat in die tijd[28] werd gelanceerd als reactie op veranderingen in leefstijl en familierelaties, introduceerde de studio als een uitbouw naast, boven of onder het eigenlijke appartement. Dit idee is eindelijk opgepikt en heeft de laatste tijd veel succes in woningen voor de welgestelde klassen. Het stelt ze in staat hun kinderen overgangshuisvesting te bieden, of hun ouders een plek om te wonen, waarbij beide partijen toch hun autonomie behouden.

Conclusie

Tijdens het interbellum volgde de standaard luxe woningbouw de regels die tegemoet kwamen aan eclectische eisen: de bourgeois-opdrachtgevers wilden gevels met decoraties in Louis XIV of neoklassieke stijl, et cetera. Ze vroegen de architecten echter ook een indeling te bedenken die was afgestemd op een bepaalde levenskunst van dat moment en de locatie van de voorzieningen zorgvuldig te plannen. Anderen pasten zich aan aan moderne, van alle gemakken voorziene appartementengebouwen of de huizen die op moderne wijze (geprefabriceerd) werden gebouwd, maar in neoregionalistische stijl. Ze opteerden meestal voor traditioneel meubilair. Zo ontwikkelden de huizen van de welgestelde klassen zich, afhankelijk van de subgroepen en de smaak gerelateerd aan het cultuurniveau, van 'modern exterieur, traditioneel interieur' naar het tegendeel. Een combinatie van 'modern exterieur en interieur' is nog altijd een uitzondering. Maar de modernisering van de interieurarchitectuur lijkt door te gaan, zij het op discrete wijze.

Ook in deze tijd meten bewoners luxe af aan de aanwezigheid van extra ruimte (linnenkamers, waskamers) en aan de afmetingen van de kamers, vooral die van de dienstruimten, en aan het evenwicht tussen de drie delen, waarbij de dienstruimten vaak dezelfde afmetingen hebben als de andere ruimten. De behandeling van oppervlakken is ook een onderscheidend element, zowel op de gevel als in de hal en de overloop, maar ook in het appartement zelf. Tegelijkertijd toont het succes van gebouwen met

middle classes who were starting to enjoy greater mobility. Built before and after the Second World War, these examples consist of parallel blocks and prefabricated, repetitive elements and are set on prestigious locations, such as the project by Faure-Dujarric (1929-1931), which was bordered by the Seine and the Jardin de Bagatelle in Neuilly and consisted of 450 apartments. Similarly, in 1946, Heckly and Béguin constructed rental apartment buildings for the middle classes (199 Boulevard Suchet, for the SAGI, a mixed enterprise corporation). Aligned along the Hippodrome d'Auteuil, the buildings – plots or blocks with very large courtyards – are composed of small, two- to five-room apartments with service entrances that open out onto galleries or courtyards.

Today, the homogenization of housing plans has lead to a lack of innovations generated by luxury housing. Privately commissioned residences designed for the bourgeoisie or the upper middle classes in fact copy the features found in public housing for the working or lower middle classes. The only differences are found in the materials used and in the additional spaces, such as terraces, loggias or storage spaces. For 20 years now, subsidized housing projects of the intermediary rent programmes (Programmes Locatifs Intermédiaires, PLI), destined for the upper middle classes, have been providing models that are imitated in the so-called 'bourgeois' house, built by more or less enlightened private contractors, while run-of-the-mill developments draw on public housing, adopting its dimensions and imitating its layout.

As for innovation, few experiments have been undertaken in the categories of the large collective apartment building and the high-rise block that became popular among building parties in the 1960s. A plan launched in those years[28] as a reaction to changes in lifestyle and family relationships introduced the studio as an annex situated either adjacent to, under or above the main apartment, has finally been taken up and has recently enjoyed great success in housing for the moneyed classes. It allows them to give their children transitional accommodation, or their elders a place to live that guarantees their respective autonomy.

Conclusion

During the interbellum, ordinary luxury housing obeyed rules that catered to eclectic demands: the bourgeois clients wanted buildings with façades with Louis XVI or neoclassical decorations, etcetera. However, they also asked architects to come up with a layout that tied in to a certain art of living and to carefully consider the placement of conveniences. Others adapted to modern, fully equipped apartment buildings or houses constructed in a modern (prefabricated), but neo-regionalist manner. They mostly opted for traditional furniture. Thus, depending on the subgroups and the construction of taste in relation to the level of culture, the houses of the well-to-do classes evolved from 'modern exterior, traditional interior' to its opposite. A combined 'modern exterior and interior' is still the exception. But it appears that the process of modernization of interior architecture is continuing, albeit discretely.

Today, inhabitants still define luxury by the presence of annexes (linen rooms, laundry rooms) and by the size of the rooms, notably of the service rooms, as well as by the balance between the three parts, the service area often having the same size as the others. Panelling is also a distinguishing element, on the façade as well

Appartementengebouw rue Vavin, Parijs, Henri Sauvage en Charles Sarrazin, 1912
Apartment building on the Rue Vavin, Paris, by Henri Sauvage and Charles Sarrazin, 1912

geïntegreerd groen het verlangen naar een minder steenachtige omgeving en de behoefte aan originaliteit die inherent is aan het proces van sociale onderscheiding.

Het discours van tegen de modernen gekante critici over de Franse 'maatvoering', 'elegantie' en 'afgewogenheid' vindt men ook nu nog in advertenties, maar weinig in de 'producten' van particuliere ontwikkelaars, van wie de meeste de architectuur en passant simpelweg aan de kant hebben gezet. Enkele getalenteerde architecten die goed thuis zijn in de sociale woningbouw, hebben gesubsidieerde woningbouwprojecten voor de middenklasse gepresenteerd die inspelen op levenskunst, met veel ruimte, terrassen verbonden met een ruime woonkamer en de keuken, wintertuinen (zoals het appartementengebouw van Christian de Portzamparc in de ZAC in Bercy – 1998), of zelfs een badkamer aan de straatkant tussen kamers en grote erkers aan weerszijden (bijvoorbeeld F. Montés, ook in Bercy – 1998).

Ook vandaag onderscheidt men zich nog, opnieuw, door in een 'gesigneerd' gebouw te wonen. Samenvattend zouden we kunnen zeggen dat de bewoners van deze *'immeubles-vedettes'* een verstandige keus hebben gemaakt, toen ze kozen voor de modernisering van de uitrusting, de voorzieningen en de relatie interieur/exterieur, maar ook de moed hadden een moderne of liever eigentijdse stijl te omarmen, iets wat we nog altijd zelden zien. Misschien zien ze in dat architectuur een toegevoegde waarde is.

as the hall and the landings, but also in the apartment itself. The success of buildings with integrated vegetation simultaneously shows the desire for a less stony environment and the need for originality that is inherent to the process of social distinction.

The discourse of the critics who opposed the moderns, about French 'measure', 'elegance' and 'balance', is still found in advertising today, but hardly in the 'products' of private developers, most of whom have simply dispensed with architecture in the process. A few talented architects who are well-acquainted with public housing have presented subsidized housing projects for the middle classes that cater to the art of living, with large areas, terraces connected to a spacious living room and to the kitchen, winter gardens, like the apartment building by Christian de Portzamparc in the ZAC in Bercy (1998) or even bathrooms on the façade with rooms and large bay windows on either side, for example F. Montés, also in Bercy (1998).

Today, living in a 'signed' building still is, or is once more, a distinguishing mark. We could surmise that the people who live in these 'starchitecture' buildings made a wise choice when they opted for the modernization of features and facilities and of the relation between interior and exterior, but also had the courage to embrace a modern or rather a contemporary style, something which is still rare. Maybe they understand that architecture is a value.

Acht woongebouwen voor de middenklasse, boulevard Suchet en boulevard Franchey d'Espeyret, Parijs, Heckly en Béguin, 1946
Eight residential buildings for the middle class on the Boulevard Suchet and the Boulevard Franchey d'Espeyret, Paris, by Heckly and Beguin for the SAGI, 1946

Noten

1 Monique Eleb (met Anne Debarre-Blanchard), *Architectures de la vie privée. Maisons et mentalités. XVIIe-XIXe siècles*, Parijs: Éditions Archives de l'Architecture Moderne, 1989, 311 (nieuwe editie: Parijs: Hazan, 1999); Monique Eleb (met Anne Debarre), *L'invention de l'habitation moderne, Paris, 1880-1914, Architectures de la vie privée. Suite*, Parijs: Hazan/Archives de l'Architecture Moderne, 1995, 550 (nieuwe editie: 2000; derde deel nog te verschijnen).

2 Monique Eleb (met A.M. Châtelet), *Urbanité, sociabilité, intimité. Des logements d'aujourd'hui*, Parijs: Éditions de l'Épure, 1997, 352; Monique Eleb (met A.M. Châtelet en T. Mandoul), *Penser l'habiter. Le logement en questions (PAN 14, 1987)*, Luik - Parijs: Éditions Mardaga, 1988, 183 (nieuwe editie: 1990); Monique Eleb (met A. M. Châtelet, J. C. Garcias, T. Mandoul en C. Prélorenzo), *L'habitation en projets. De la France à l'Europe Europan 1989*, Luik - Parijs: Éditions Mardaga, 1990, 147.

3 Zie Monique Eleb, 'L'autre modernité', *Le Moniteur*, 2000, dec. 1999 - jan. 2000.

4 Verg. Philippe Panerai, 'Bd Victor, Paris XV, Pierre Patout', rubriek 'Nostalgie', *AMC*, nr. 35, dec. 1974.

5 César Daly, *L'architecture privée au* XIXe *siècle sous Napoléon III*, Parijs: Éditions Morel & Cie, 1864.

6 Deze definitie werd geformuleerd naar aanleiding van de debatten van het bestuur van de GMO en bij de vaststelling van het programma van haar appartementengebouw aan de avenue Daumesnil in Parijs. Verg. mijn boek *L'apprentissage du 'chez-soi'. Le Groupe des Maisons Ouvrières, Paris, Avenue Daumesnil, 1908*, Marseille: Éditions Parenthèses, 1994, 122.

7 Verg. *La Revue Générale de l'Architecture et des Travaux Publics* (RGA), samengest. door César Daly, bijv. het artikel van E. Rivoalen: 'À travers Paris. Première promenade', 1882, jrg. 39, 26-36.

8 *L'Architecture Usuelle*, samengest. door E. Rivoalen, oorspr. uitg. 1901, en meer specifiek over Parijs: E. Rivoalen (red.), *Maisons modernes de rapport et de commerce*, Parijs: G. Fanchon, z.d. (oorspr. uitg. 1906).

9 Verg. Monique Eleb, 'Immeubles et îlots du nouveau Casablanca: reflets parisiens et horizons modernes', in: A. Lortie (red.), *Paris s'exporte*, tentoonstellingscatalogus van het Pavillon de l'Arsenal, Parijs: Picard, juni 1995.

10 De meeste architecten kenden en accepteerden deze principes al voordat de reflectie op minimumnormen voor huisvesting en de moderne doctrine overheersend werden. Verg. mijn artikel 'Distribuer ou comment jouer à subvertir la convention. Les habitations des Frères Perret', in: J. Abram, J. L. Cohen, B. Reichlin (red.), *Encyclopédie Perret*, Parijs: Monum, 2002.

11 Deze regel was in de 18e eeuw al helemaal ingeburgerd en zou veel later Louis Kahn inspireren tot zijn befaamde onderscheid tussen 'dienende ruimte en bediende ruimte'.

12 'Quelques immeubles nouveaux à Paris', *L'Architecture d'Aujourd'hui*, april-mei 1931.

13 Philippe Panerai, op.cit. (noot 4).

14 Michel Roux-Spitz, *Réalisations, vol. 1. 1924-1932*, Parijs: Éditions Vincent, Fréal & Cie, 11.

15 P. Vago, 'Immeuble du Rond-point Mirabeau, Bassompierre, de Rutté et Sirvin, architectes', *L'Architecture d'aujourd'hui*, nr. 5, mei 1933, 54-60. Zie ook de zeer fraaie voorbeelden van twee gebouwen in de rue Raynouard, het ene van M. Julien en L. Duhayon (1932) en het andere van L. Nafilyan (1933), met uitzicht op de Seine. Ze passen zowel de voorhof met de zaagtandgevel, als de binnenplaats toe.

16 'Groupe d'immeuble à Saint-Cloud, architecte L. Faure-Dujarric', *L'Architecture d'aujourd'hui*, nr. 9, sept. 1937, 68-72. Zie voor de carrière van deze architect het proefschrift van Édouard Grassin, onder begeleiding van Bernard Huet aan de UPA, nr. 8: 'Faure-Dujarric, architecte' (z.d.), en de samenvatting ervan: 'Deux bâtiments de Louis Faure-Dujarric (1875-1943)', *AMC*, nr. 3, maart 1984, rubriek 'Nostalgie', 68-73.

17 Bernard Huet, 'La modernité de Fernand Pouillon', in: Jean-Lucien Bonillo (red.), *Fernand Pouillon*, Marseille: Éditions Imbernon, 2001, 35.

18 Verg. over dit onderwerp Jacques Lucan, *Fernand Pouillon architecte: Pantin, Montrouge, Boulogne-Billancourt, Meudon-la-Forêt*, Parijs: Picard, 2003, 198.

19 Monique Eleb en Anne Debarre, *L'invention de l'habitation moderne*, op.cit. (noot 1), 474.

20 'Quelques immeubles nouveaux', *L'Architecture d'aujourd'hui*, nr. 5, april - mei 1931.

21 Zie Monique Eleb, 'L'immeuble à cour: lendemains d'éclipse', in: P. Gangnet (red.), *Paris côté cours. La ville derrière la ville*, tentoonstellingscatalogus van het Pavillon de l'Arsenal, Parijs: Picard, 1998, 80-89. 'Du besoin au luxe. Sous les toits de Paris' en 'Être ou paraître. De la coupole au toit-terrasse. Sur les toits de Paris', in: F. Leclerc en Ph. Simon (red.), *Sous les toits de Paris*, tentoonstellingscatalogus van het Pavillon de l'Arsenal, Paris: Picard, sept. 1994, 77-88 en 159-176.

22 Zie hierover een artikel en een proefschrift, voltooid onder mijn leiding: Daniel H. Tajan, *Un front bâti populaire*. DEA inter-écoles d'architecture/Université de Paris 8, 1998, en een onder dezelfde titel gepubliceerd artikel in *Le Visiteur*,

Notes:

1 Monique Eleb (with Anne Debarre-Blanchard), *Architectures de la vie privée. Maisons et mentalités. XVIIé-XIXè siècles* (Paris: Édition Archives de l'Architecture Moderne, 1989), 311 (new edition Paris: Hazan, 1999); Monique Eleb (with Anne Debarre-Blanchard), *L'invention de l'habitation moderne, Paris, 1880-1914, Architectures de la vie privée. Suite* (Paris: Hazan/Archives de l'Architecture Moderne, 1995, new edition 2000), 550; third volume forthcoming.

2 Monique Eleb (with A.M. Châtelet), *Urbanité, sociabilité, intimité. Des logements d'aujourd'hui* (Éditions de l'Épure, 1997), 352; Monique Eleb (with A-M. Châtelet and T. Mandoul), *Penser l'habiter. Le logement en questions (PAN 14, 1987)* (Liège, Paris: Éditions Mardaga, 1988, new edition 1990), 183; Monique Eleb (with A-M. Châtelet, J.-C. Garcias, T. Mandoul and C. Prélorenzo), *L'habitation en projets. De la France à l'Europe. Europan 1989* (Liège, Paris: Éditions Mardaga, 1990),147.

3 See Monique Eleb, "L'autre modernité", annuel du *Moniteur*, 2000, December 1999-January 2000.

4 Cf. Philippe Panerai, 'Bd Victor, Paris XV, Pierre Patout', section 'Nostalgie', *AMC* no. 35, December 1974.

5 César Daly, *L'architecture privée au XIXe siècle sous Napoléon III* (Paris: éd. Morel et cie, 1864).

6 This definition was formulated on the occasion of the debates of the board of the GMO foundation and in the definition of the programme of their apartment building on the Avenue Daumesnil in Paris. Cf. my book *L'apprentissage du 'chez-soi'. Le Groupe des Maisons Ouvrières, Paris, Avenue Daumesnil, 1908* (Marseilles: Éditions Parenthèses, 1994), 122.

7 Cf. *La Revue Générale de l'Architecture et des Travaux Publics* (RGA), edited by César Daly, for example the article by É. Rivoalen: 'À travers Paris. Première promenade', 1882, vol. 39, 26-36.

8 *L'Architecture Usuelle*, edited by É. Rivoalen, first issued in 1901, and more specifically about Paris : É. Rivoalen (ed.), *Maisons modernes de rapport et de commerce* (Paris: G. Fanchon, s.a., first issued in 1906).

9 Cf. Monique Eleb, 'Immeubles et îlots du nouveau Casablanca: reflets parisiens et horizons modernes', in: A. Lortie (ed.) *Paris s'exporte*, exhibition catalogue of the Pavillon de l'Arsenal (Paris: Picard June 1995).

10 Most of the architects knew and accepted these principles before reflection on minimum housing and the modern doctrine became predominant. Cf. my article 'Distribuer ou comment jouer à subvertir la convention. Les habitations des Frères Perret', in: J. Abram, J-L. Cohen, B. Reichlin (eds.), *Encyclopédie Perret* (Paris: Monum, 2002).

11 This rule was already well-established in the eighteenth century and much later would inspire Louis Kahn to make the famous distinction 'serving space/served space'.

12 'Quelques immeubles nouveaux à Paris', *l'Architecture d'Aujourd'hui*, April-May 1931.

13 Panerai, op.cit. (note 4).

14 Michel Roux-Spitz, *Réalisations, vol. 1. 1924-1932* (Paris: Éditions Vincent, Fréal & Cie, s.a.), 11.

15 P. Vago, 'Immeuble du Rond-point Mirabeau, Bassompierre, de Rutté et Sirvin, architectes', *l'Architecture d'aujourd'hui* no. 5, May 1933, 54-60. See also the very nice examples provided by two buildings in the Rue Raynouard, by M. Julien and L. Duhayon (1932) and L. Nafilyan (1933), overlooking the Seine, that use both the solution of the front courtyard, the saw-tooth façade and the interior courtyard.

16 'Groupe d'immeuble à Saint-Cloud, architecte L. Faure-Dujarric', *l'Architecture d'aujourd'hui* no. 9, September 1937, 68-72. See for the career of this architect, the thesis by Édouard Grassin, under the direction of Bernard Huet at the UPA no. 8: 'Faure-Dujarric, architecte' (s.a.), and its summary: 'Deux bâtiments de Louis Faure-Dujarric (1875-1943)', *AMC* no. 3, March 1984, section 'Nostalgie', 68-73.

17 Bernard Huet, 'La modernité de Fernand Pouillon', in: Jean-Lucien Bonillo (ed.), *Fernand Pouillon* (Marseilles, Éd. Imbernon, 2001), 35.

18. Cf., on this point, Jacques Lucan, *Fernand Pouillon architecte: Pantin, Montrouge, Boulogne-Billancourt, Meudon-la-Forêt* (Paris, Picard, 2003), 198.

19. See Eleb and Debarre, *L'invention de l'habitation modern*, op. cit. (note 1), 474.

20 'Quelques immeubles nouveaux', *l'Architecture d'aujourd'hui* no. 5, April-May 1931.

21 See Monique Eleb, 'L'immeuble à cour: lendemains d'éclipse', in: P. Gangnet (ed.), *Paris côté cours. La ville derrière la ville*, exhibition catalogue of the Pavillon de l'Arsenal (Paris: Picard, 1998), 80-89; 'Du besoin au luxe. Sous les toits de Paris' and 'Être ou paraître. De la coupole au toit-terrasse. Sur les toits de Paris', in F. Leclerc and Ph. Simon (eds.), *Sous les toits de Paris*, exhibition catalogue of the Pavillon de l'Arsenal (Paris: Picard, September 1994), 77-88 and 159-176.

22 See in this a paper and a thesis completed under my direction: Daniel H. Tajan, *Un front bâti populaire*, DEA inter-écoles d'architecture/ Université de Paris 8, 1998, and the article published under the same title in *Le Visiteur* no. 4, Summer 1999, 20-31; Cristiana Mazzoni, *De la ville-parc à l'immeuble à cour ouverte. Paris 1919-1939*, Thesis

nr. 4, zomer 1999, 20-31; Cristiana Mazzoni, *De la ville-parc à l'immeuble à cour ouverte. Paris 1919-1939*, proefschrift stedenbouw en architectuur, Université de Paris 8, 2000.

23 'Immeubles de la Caisse des dépôts et consignations à la porte Molitor. L. Faure-Dujarric, architecte', *L'Architecture d'aujourd'hui*, nr. 6, juni 1936, 60-62.

24 *Le Corbusier et P. Jeanneret, œuvre complète de 1929-1934*, Zürich: Les Éditions d'architecture, deel 2, 1964, 144 -153.

25 'Défense de l'architecture et de la décoration modernes', lezing voor de T.S.F. van 28 juni 1932 door Rob Mallet-Stevens, verschenen in *L'Architecture d'aujourd'hui*, nr. 4, mei 1932, ongepagineerd.

26 Voor hen stond 'vrouwenmeubilair' (met gebogen lijnen) ook tegenover 'mannenmeubilair' (met rechte lijnen), in 'Pour l'art moderne cadre de la vie contemporaine', artikelen van Pingusson en Carlu, bijeenkomst van de UAM, verschenen in *L'Architecture d'aujourd'hui*, nr. 5, juni 1934, 88-89. Ze citeren ook de volgende mening (van een lezer?): 'Al te vaak zien authentiek Franse architecten zich gedwongen naar Marokko of nog verder weg te gaan om te kunnen creëren.'

27 In Monique Eleb en Lionel Engrand, *Préfabriquer la tradition. La 3e voie de la maison individuelle (1945-1960)*, onderzoeksproject gefinancierd door de PUCA (nog te verschijnen).

28 Verg. bijv. het multifunctionele gebouw, met appartementen, kamers en studio's, voorzien van huishoudelijke apparaten van Jean Dubuisson, rue des Cévennes 2/rue Balard 22, in het 15e arrondissement, 1966-67, fonds Archives IFA.

Urbanism and Architecture, Université de Paris 8, 2000.

23 'Immeubles de la Caisse des dépôts et consignations à la porte Molitor. L. Faure-Dujarric, architecte', *l'Architecture d'aujourd'hui* no. 6, June 1936, 60-62.

24 *Le Corbusier et P. Jeanneret, œuvre complète de 1929-1934*, Les Éditions d'architecture, vol. 2 (Zurich: Willy Boesiger, 1964), 144-153.

25 "Défense de l'architecture et de la décoration modernes", Lecture for the T.S.F. of 28 June 1932 by Rob Mallet-Stevens, published in *L'Architecture d'aujourd'hui*, nr. IV, May 1932, no page numbers.

26 For them, 'women's furniture' (with curves) was also opposed to 'men's furniture' (with straight lines), in 'Pour l'art moderne cadre de la vie contemporaine', articles by Pingusson and by Carlu, réunion de l'UAM published in *l'Architecture d'aujourd'hui*, no. 5, June 1934, 88-89. They also quote the following opinion (of a reader?): 'All too often, true French architects are forced to go to Marocco or even farther away in order to create'.

27 In Monique Eleb and Lionel Engrand, *Préfabriquer la tradition. La 3e voie de la maison individuelle (1945-1960)*, research project financed by the PUCA (forthcoming).

28 Cf. for example the mixed building, with fully equipped apartments, rooms and studios, by Jean Dubuisson, 2 rue des Cévennes / 22 rue Balard, in the 15th arrondissement, 1966-1967, fonds Archives IFA.

Monique Eleb (1945), Frans psychologe en sociologe, geeft les op de Paris-Malaquais School of Architecture. Ze is directeur van de onderzoeksorganisatie Architecture, Culture et Société (CNRS) en is bestuurder van de opleiding 'Ville et Environnement' voor promovendi. Ze maakte 11 films over woningbouwarchitectuur voor het Franse televisiekanaal La Cinquième (2000). Op dit moment is ze betrokken bij de Grand Pari(s) plannen, samen met MVRDV.
Ze heeft, onder andere, de volgende publicaties geschreven: *Architectures de la vie privée; maisons et mentalités. XVIIe-XIXe siècles* (1989), met A. Debarre; *L'invention de l'habitation moderne: Paris, 1880-1914* (1995), met A. Debarre; en *Urbanité, sociabilité, intimité, des logements d'aujourd'hui* (1997), met A.-M. Châtelet.
Monique Eleb (b. 1945), French psychologist and sociologist, teaches at the Paris-Malaquais School of Architecture; she is director of the Architecture, Culture et Société research unit (CNRS). She is also on the board of the Doctoral School 'Ville et Environnement'. Her research work centres on genealogy and sociology of housing and on the analysis of contemporary trends in the architecture of housing.
She is also the author of 11 films for the French television channel La Cinquième, on the Architecture of Housing (2000). At this moment she is taking part in the Grand Pari(s) consultation with MVRDV.
Her published work includes: *Architectures de la vie privée; maisons et mentalités. XVIIe-XIXe siècles* (1989), with A. Debarre; *L'invention de l'habitation moderne: Paris, 1880-1914* (1995), with A. Debarre; and *Urbanité, sociabilité, intimité, des logements d'aujourd'hui* (1997), with A.-M. Châtelet.

Dick van Gameren (1962) is architect en hoogleraar. In 2005 richtte hij het bureau Dick van Gameren architecten op. Van 1993 tot 2005 was hij partner bij de architectengroep in Amsterdam. Het werk van Van Gameren is veelvuldig gepubliceerd in nationale en internationale tijdschriften. In 2007 won Van Gameren samen met Bjarne Mastenbroek de Aga Kahn Award voor het ontwerp van de Nederlandse ambassade in Ethiopië. Sinds 2005 is Dick van Gameren als hoogleraar Architectonisch Ontwerpen verbonden aan de TU Delft. Publicaties: *Prototype en Experiment* (2000), samen met B. Mastenbroek; *Revisies van de Ruimte* (2005).
Dick van Gameren (b. 1962) is an architect and professor. In 2005, he founded Dick van Gameren architecten. From 1993 to 2005, he was a partner of 'de architectengroep' in Amsterdam. Van Gameren's work has been published frequently in national and international magazines. In 2007, Van Gameren and Bjarne Mastenbroek won the Aga Kahn Award for the design of the Dutch Embassy in Ethiopia. Since 2005, Dick van Gameren has been affiliated with Delft University of Technology as a professor of Architectural Design. Publications: *Prototype > Experiment* (2000), together with B. Mastenbroek; *Revisions of Space* (2005).

Christoph Grafe (1964) is architect en auteur. Hij woont in Amsterdam, Londen en Bremen en is als universitair hoofddocent Architectural Design/Interior verbonden aan de TU Delft. Hij studeerde af aan de TU Delft en deed vervolgens praktisch werk in Amsterdam en volgde het Histories and Theories Programme van de Londense Architectural Association School of Architecture. Hij is redacteur van tijdschrift voor architectuur *OASE* en zijn artikelen over moderne en hedendaagse architectuur zijn in allerlei Europese architectuurtijdschriften verschenen. Hij publiceerde onder meer artikelen over 20e-eeuwse architectuur en openbare interieurs. Zijn boek *Cafés and Bars – The Architecture of Sociability* (mederedacteur Franziska Bollerey) kwam uit in 2007. Momenteel werkt hij aan een onderzoeksproject dat zich richt op Europese culturele bouwwerken uit de naoorlogse periode.
Christoph Grafe (b. 1964) is an architect and writer based in Amsterdam, London and Bremen, and associate professor of Architectural Design/Interior at Delft University of Technology. A graduate of Delft, he subsequently worked in practice in Amsterdam and studied in the Histories and Theories Programme at the Architectural Association School of Architecture in London. He is an editor of *OASE, Journal for Architecture* and has published on modern and contemporary architecture in a variety of European architectural magazines. Publications include articles on twentieth-century architecture and public interiors. The book *Cafés and Bars: The Architecture of Sociability* (co-edited with Franziska Bollerey) was published in 2007. Currently he is working on a research project focussing on European cultural buildings of the post-war period.

Sebastiaan Kaal (1973) studeerde in 1996 met eervolle vermelding af aan de faculteit Bouwkunde van de TU Delft. Vanaf 1998 werkte hij voor Dick van Gameren en Bjarne Mastenbroek binnen de architectengroep in Amsterdam; vanaf 2005 is hij werkzaam bij Dick van Gameren architecten. Sinds 2006 is hij tevens als onderzoeker verbonden aan de leerstoel Woningbouw van de faculteit Bouwkunde te Delft. Daarnaast heeft hij als zelfstandig architect tussen 2002 en 2004 met Michael Durgaram enige particuliere woningen gerealiseerd.
Sebastiaan Kaal (b. 1973) graduated with honourable mention in 1996 from the Faculty of Architecture at Delft University of Technology. In 1998, he began working for Dick van Gameren and Bjarne Mastenbroek within 'de architectengroep' in Amsterdam; since 2005, he works at Dick van Gameren architecten. As of 2006, he also is affiliated as a researcher with the Chair of Architecture and Dwelling of the Faculty of Architecture in Delft. As an independent architect, he additionally designed and realized several private dwellings between 2002 and 2004 in collaboration with Michael Durgaram.

Olv Klijn (1973) studeerde Bouwkunde aan de TU Eindhoven. Hij schreef voor verschillende architectuurbladen, waaronder *de Architect*, en werkte als juniorarchitect bij OMA in Rotterdam. Hij is sinds 2007 partner en oprichter van FABRIC, bureau voor architectuur en stedenbouw. Klijn is ghostwriter van de in 2007 verschenen monografie over de geschiedenis van architectenbureau VMX, getiteld *Agenda*.
Olv Klijn (b. 1973) studied architecture at Eindhoven University of Technology. He has written articles for various architecture magazines, including *de Architect*, and worked as a junior architect for OMA in Rotterdam. In 2007, he cofounded FABRIC, an architecture and urban design practice. Klijn is the ghostwriter of *Agenda*, a monograph on the history of the architecture firm WMX, published in 2007.

Vincent Kompier (1967), planoloog en demograaf, werkte als onderzoeker bij verschillende architectenbureaus (o.a. de Architekten Cie.), onderzoeksbureaus (Arnold Reijndorp Stedelijk Onderzoek & Advies) en overheidsinstanties (o.a. projectbureau IJburg en het Ontwikkelbedrijf). In 2004 werkte hij mee aan [NOT DONE], een onderzoek naar voorwaarden in ruimtelijke planvorming voor kleinschalige ontwikkeling als alternatief voor de Vinex-opgave. In 2007 was Kompier universitair docent gebiedsontwikkeling aan de TU Delft. Sinds 2008 woont en werkt hij als freelance journalist, onderzoeker en stadsgids in Berlijn. Hij schrijft regelmatig voor diverse vaktijdschriften en webmagazines als *Duurzaam, ArchiNed, Ruimtevolk, Architectuur Lokaal* en *Stedebouw & Ruimtelijke Ordening*.
Vincent Kompier (b. 1967), town and country planner and demographer, has worked as a researcher at various architecture firms (De Architekten Cie.), research bureaus (Arnold Reijndorp Stedelijk Onderzoek & Advies) and government agencies (including Projectbureau IJburg and the Ontwikkelbedrijf). In 2004, he collaborated on [NOT DONE], an investigation into conditions in spatial planning for small-scale development as an alternative for Vinex. In 2007, Kompier was a university lecturer in urban area development at Delft University of Technology. Since 2008, he has lived and worked as a freelance journalist, researcher and city guide in Berlin. He regularly writes for various professional journals and web magazines such as *Duurzaam, ArchiNed, Ruimtevolk, Architectuur Lokaal* and *Stedebouw & Ruimtelijke Ordening*.

Paul Kuitenbrouwer (1964) studeerde in 1988 af als architect aan de faculteit Bouwkunde van de TU Delft. Hij werkte sindsdien ondermeer voor Wiel Arets en Jo Coenen, voor wie hij plaatsvervangend supervisor was van het Céramique-terrein in Maastricht. Hij volgde Coenen in 2001 naar het Atelier Rijksbouwmeester in Den Haag. Sinds 2006 is hij universitair docent aan de TU Delft bij de leerstoel Woningbouw onder Dick van Gameren. Daar doet hij onderzoek naar Intense Laagbouw, geeft hij Master ontwerponderwijs met de nadruk op dichtheid en stedelijke context en is hij coördinator van het eerste Bachelor ontwerpproject 'Huis en Verankering'.
Paul Kuitenbrouwer (b. 1964) graduated in 1988 as an architect at the Faculty of Architecture of Delft University of Technology. Since then he worked for, among others, Wiel Arets and Jo Coenen, for whom he was deputy supervisor of the Céramique terrain in Maastricht. He followed Coenen in 2001 to the Atelier Rijksbouwmeester in The Hague. Since 2006, he has been a university lecturer at Delft University of Technology in the Chair of Architecture and Dwelling under Dick van Gameren, where he does research on Intense Low-Rise Housing, teaches Masters' design courses with the emphasis on density and the urban context and is coordinator of the first Bachelor's project for design, 'Home and Context'.

Paul Meurs (1963) is architect en hoogleraar Restauratie aan de TU Delft. Daarnaast heeft hij zijn eigen bureau, *Urban Fabric* in Schiedam. Hij specialiseerde zich in onderzoek en advies voor stedelijke en architectonische transformaties. Het hoofdthema van dit vakgebied is de plaats die het verleden inneemt in het architectonisch landschap van de toekomst. Bovendien heeft Paul Meurs zich sinds 1986 gespecialiseerd in de Braziliaanse architectuur en stadscultuur. Hij publiceerde een tiental artikelen over Brazilië en organiseerde documentaires, tentoonstellingen, studiereizen, universitaire uitwisselingsprogramma's en workshops waarbij deskundigen uit Brazilië en Nederland betrokken waren. Paul Meurs promoveerde op de transformatie van Nederlandse binnensteden in de periode 1883-1940 (*The Modern Historic City*).
Paul Meurs (b. 1963) is an architect and professor at the Chair of Restoration at Delft University of Technology. He also has his own office, Urban Fabric in Schiedam (the Netherlands). His specialization is research and consultancy concerning urban and architectural transformations. The key issue in this field is the place of the past in the urban landscape of the future. Since 1986, Paul Meurs has specialized in Brazilian architecture and urbanism. He published a dozen articles on Brazil and organized documentaries, exhibitions, study trips, university exchanges and workshops, involving specialists from Brazil and the Netherlands. Paul Meurs wrote a PhD on the transformation of Dutch inner cities in the period 1883-1940 (*The Modern Historic City*).

Harald Mooij (1974) is architect in Amsterdam en betrokken bij verschillende actuele woningbouwopgaven in zowel de oude binnenstad als nieuwe (woon-)gebieden. Sinds 2004 is hij daarnaast als docent en onderzoeker verbonden aan de leerstoel Woningbouw van de TU Delft. Hij schrijft regelmatig in vakbladen in binnen- en buitenland en is samen met Bernard Leupen auteur van het boek *Het ontwerpen van woningen – een handboek* dat in 2008 bij NAi Uitgevers verscheen.

Harald Mooij (b. 1974) is an Amsterdam architect who is involved in various current housing assignments in both the old city centre and new districts. Since 2004, he has also been affiliated with the Chair of Architecture and Dwelling at Delft University of Technology as a lecturer and researcher. He regularly writes in Dutch and international professional journals and recently co-authored a book with Bernard Leupen titled *Het ontwerpen van woningen – een handboek*, brought out by NAi Publishers in 2008.

Pierijn van der Putt (1973) studeerde bouwkunde aan de TU Delft, University of Illinois in Chicago en Drexel University in Philadelphia. Hij was vijf jaar redacteur van architectuurtijdschrift *de Architect* alvorens hij naar de TU Delft terugkeerde. Daar is hij is als docent verbonden aan de leerstoel Woningbouw en is hij redacteur van het woningbouwtijdschrift *DASH* (Delft Architectural Studies on Housing). Als freelance architectuurcriticus en -publicist schrijft Van der Putt voor verschillende tijdschriften, instanties en architectenbureaus.

Pierijn van der Putt (b. 1973) studied architecture at Delft University of Technology, the University of Illinois in Chicago and Drexel University in Philadelphia. He edited the architectural magazine *de Architect* for five years before returning to Delft, where he teaches for the department of Architecture and Dwelling and is editor of the magazine *DASH* (Delft Architectural Studies on Housing). As a freelance architecture critic and publicist, Van der Putt writes for various magazines, institutes and architectural agencies.

Onafhankelijk peer-reviewed architectuurtijdschrift, halfjaarlijks uitgegeven door NAi Uitgevers voor de afdeling Architectuur, leerstoel Woningbouw aan de faculteit Bouwkunde van de Technische Universiteit Delft
Independent peer-reviewed Journal for Architecture, published twice a year by NAi Publishers for the Chair of Architecture and Dwelling of Delft University of Technology

TU Delft

DASH, Delft Architectural Studies on Housing
Leerstoel Architectuur en Woningontwerp (Chair of Architecture and Dwelling)
Julianalaan 132-134
2628 BL Delft
Postbus 5043
2600 GA Delft

Redactie/Editors
Dick van Gameren
Dirk van den Heuvel
Harald Mooij
Pierijn van der Putt
Olv Klijn
Frederique van Andel

Plandocumentatie/Plan documentation

Tekst/Text
Paul Kuitenbrouwer (tenzij anders vermeld/unless stated otherwise)
Tekenwerk/Drawings
Sebastiaan Kaal
Foto's/Photos
Sebastiaan Kaal (tenzij anders vermeld/unless stated otherwise)

Dank voor het aanleveren van tekeningen en beeldmateriaal/We would like to thank the following firms for contributing drawings and images:
awg architecten, Antwerp
Cité de l'architecture et du patrimoine, Centre d'archives d'architecture du XXe siècle, Paris
David Chipperfield Architects, Londen
de Architekten Cie., Amsterdam
Gemeente Den Haag, Dienst Stedelijke Ontwikkeling, Monumentenzorg
Herzog & de Meuron, Basel
KCAP Architects and Planners, Rotterdam
Lake Point Condominium Association, Chicago
NAi, Warnersarchief, Rotterdam
Neil Bingham, Royal Academy, London
Profession Comunicações, São Paulo
Steven Holl architects, New York
Tangram architecten, Amsterdam
Vesteda, Maastricht

Dank voor het verschaffen van achtergrondinformatie en toegang tot de gedocumenteerde projecten/We would like to thank the following people and firms for their contributions of background information and access to documented projects:
Alexander Latimer; Stephen Elias, Albert Hall Mansions, London
Mevrouw Beekmans
Laura Roscam Abbing
Mevrouw Rosenboom
Bewoners van/inhabitans of Duinwyck, The Hague
Marcel Teunissen
Antonio Cumplido Nadales & Monica Popczyk
Paco Cazorla & Marga Velarde
Alexander Petrovic

De redactie bedankt de volgende personen voor hun bijdrage aan de totstandkoming van dit nummer/The editors are indebted to the following people for their contribution to the realization of this issue:
Paul Kuitenbrouwer
Sebastiaan Kaal
Monique Eleb
Christoph Grafe
Vincent Kompier
Paul Meurs

Fotografie/Photo credits
Cover: Foto/photo: J. Musch
Fountainhead, page 4-15
1: Aquarel: S. Holl
2A-3C: Foto/photo: KCAP Architects & Planners
4A-C: Foto/photo: Verkoopbrochure/sales brochure Fountainhead
5: Foto/photo: Niet bekend/unknown
6: Foto/photo: KCAP Architects & Planners © DPI
Amsterdam versus Berlin, page 16-27
1: Foto/photo: C. Richters
2A: Foto/photo: K. Zwarts
2B: Foto/photo: J. Musch
2C: Foto/photo: de Architekten Cie.
3A, 3B: Foto/photo: J.L. Marshall
3C: Foto/photo: Tangram architecten
4A, 4B: Foto/photo: C. Richters
Interview Huub Smeets, page 28-35
1: Foto/photo: R. Halbe
2: Foto/photo: P. Driessen fotografie Maastricht
3: Foto/photo: K. Zwarts
Interview Winka Dubbeldam, page 36-41
1, 2: Foto/photo: Floto + Warner Studio
3: Rendering: Archi-Tectonics
The Club Idea, page 42-48
1-2B: Foto/photo: P. Meurs
3A, B: Foto/photo: Verkoopbrochure/sales brochure
Project Documentation, page 50-136
Tekeningen/drawings: S. Kaal
Foto's/photos (tenzij anders vermeld/unless stated otherwise): S. Kaal
Parque Cidade Jardim
Foto's/photos: JHSF
Artists' impressions: Verkoopbrochure/sales brochure JHSF
40 Bond Street
Foto's/photos: I. Baan
Torres Blancas
2B: Foto/photo: Alwin Nöller. Bron/source: www.flickr.com
2D: Foto/photo: O. Huarte Lain (OHL). Bron/source: http://www.ohl.es/plantillas/grid1detalle.aspx?IdF=107&IdC=257&idM=419
2C: Bron/source: H. Aregger, O. Glaus, *Hochhaus und Stadtplanung* (Zurich: Verlag für Architektur (Artemis), 1967), 112
11A an 11B Foto/photo: M. Popczyk
11C Bron/source: www.flickr.com -> Restaurante Comedor de Rupert de Nola'
Lake Point Tower
2B: foto/photo: Chicago Aerial Survey. Bron/source: O.W. Grube; P.C. Pran; F. Schulze, *100 Years of Architecture in Chicago: Continuity of Structure and Form* (Chicago: Follett Publishing, 1977), 177
8A: foto/photo: H. Blessing, Chicago Historical Society. Bron/source: Andres Lepik, *Skyscrapers* (London: Prestel Publishing, 2004), 85
8B: Foto/photo: Lake Point Tower Condominium Association
11A, 11B: Foto/photo: H. Blessing, Chicago Historical Society. Bron/source: Neil Harris, *Chicago Apartments: A Century of Lakefront Luxury* (New York: Acanthus Press, 2004), 166-167
Woonhotel Duinwyck
2B, 2C: Foto/photo: C.A. Schouten. Bron/source: Haags Gemeentearchief
6A en 6B: Foto/photo: P. Kuitenbrouwer
Huize Westhove
2B, 6B, 8A-C: Bron/source: Warners-archief NAi, Rotterdam
Avenue de Wagram
4, 5B: Bron/source: Centre d'Archives d'Architecture du XXe Siècle, Parijs
2B, 2C: Foto/photo: J.-L. Cohen
Albert Hall Mansions
7: Bron/source: W. Shaw-Sparrow (ed.), *Flats, Urban Houses & Cottage Homes: A Companion Volume to the British Home of Today* (London: Hodder and Stoughton, 1906), 26
Mansion Flats and Middle-Class Living, page 137-155
1: Bron/source: S. Perks, Residential Flats of All Classes, Including Artisan Dwellings: A Practical Treatise on Their Planning and Arrangement (London: Batsford, 1905)
2A, 2B: Bron/source: Perks, ibid.
2C: Foto/photo: D. van Gameren
3A: Bron/source: *Survey of London*, vol. 38
3C: Foto/photo: S. Kaal
3D: Bron/source: A. Saint, *Richard Norman Shaw* (London/New Haven: Yale University Press, 1976)

3B: Bron/source: H. Muthesius, *Das Englische Haus, Entwicklung, Bedingungen, Anlage, Aufbau, Einrichtung und Innenraum* (Berlin: Wasmuth, 1904-1908, 2e editie/2nd edition, 1910)
4A: Bron/source: Perks, ibid.
4B: Bron/source: E. Hollamby, *Red House Philip Webb: Architecture in Detail* (London: Phaidon, 1991)
5A, 5B: Bron/source: R. Blomfield, *Richard Norman Shaw, R.A. Architect 1831-1912* (London: Batsford, 1940)
5C: Bron/source: Muthesius, ibid.
5D: Bron/source: *The Building News*, 20 October 1881
6A-C: Bron/source: W. Shaw Sparrow (ed.), *Flats, Urban Houses & Cottage Homes* (London: Hodder & Stoughton, 1906)
7A, 7B, 8A-C: Bron/source: Perks, ibid.
8D, 8E: Bron/source: M.H. Baillie Scott, *Houses and Gardens* (London: George Newnes, 1906)
Exchanges, Adaptations and Borrowings, page 156-173
1: Bron/source: M. Roux-Spitz, *Réalisations vol. I. 1924-1932* (Paris: Éditions Vincent, Fréal & Cie, 1933)
2A: Foto/photo: J.-L. Cohen
2B-D: Foto/photo: Niet bekend/unknown
2E: Bron/source: Centre d'Archives d'Architecture du XXe Siècle, Parijs
3A-C: Bron/source: Roux-Spitz, ibid.
4A-C: Bron/source: P. Panerai, 'Bd Victor, Paris XV, Pierre Patout', rubriek/section 'Nostalgie', *AMC*, no. 35 (December 1974)
4D: 2B-D: Foto/photo: Niet bekend/ unknown
4E: Foto/photo: J.-L. Cohen
5A: Foto/photo: M. Eleb
5B: Bron/source: J. Lucan, *Fernand Pouillon, architecte* (Paris: Picard Éditeur, 2003)
6: Bron/source: J.-B. Minnaert, *Henri Sauvage* (Paris: Éditions Norma, 2002)
7A, 7B: Foto/photo: Niet bekend/ Unknown

Tekstredactie/Copy editing
Gerda ten Cate, D'Laine Camp

Vertaling/Translation
Jane Bemont, Laura Vroomen

Vormgeving/Design
Joseph Plateau, Amsterdam i.s.m./with Angeline Demuynck (die Keure)

Papier/Paper
Perigord 1.1, 150 gr/m²
Munken Print White 1.5, 100 gr/m²

Druk/Printing
Die Keure, Brugge/Bruges

Projectleiding/Production
Marcel Witvoet
NAi Uitgevers/Publishers

Uitgever/Publisher
Eelco van Welie,
NAi Uitgevers/Publishers

NAi Uitgevers is een internationaal georienteerde uitgever, gespecialiseerd in het ontwikkelen, produceren en distribueren van boeken over architectuur, beeldende kunst en verwante disciplines. www.naipublishers.nl

NAi Publishers is an internationally orientated publisher specialized in developing, producing and distributing books on architecture, visual arts and related disciplines.
www.naipublishers.nl

Available in North, South and Central America through D.A.P./Distributed Art Publishers Inc, 155 Sixth Avenue 2nd Floor, New York, NY 10013-1507, Tel 212 6271999, Fax 212 6279484.

Available in the United Kingdom and Ireland through Art Data, 12 Bell Industrial Estate, 50 Cunnington Street, London W4 5HB, Tel 208 7471061, Fax 208 7422319.

Printed and bound in Belgium

Abonnementenadministratie/
Subscriptions and administration
Abonnementenland
P.O. Box 20
1910 AA Uitgeest
the Netherlands
Tel +31 (0)900 – ABOLAND
(0900-2265263 - 0,10 p.m)
Fax +31 (0)251 310405
www.aboland.nl

Abonnementen/Subscriptions
DASH verschijnt twee keer per jaar. Recht op reductie hebben: studenten aan universiteiten en academies van bouwkunst, houders van CJP. Abonnementen worden stilzwijgend verlengd. Opzeggingen (uitsluitend schriftelijk) dienen 4 weken voor afloop van de abonnementsperiode in het bezit te zijn van de administratie. Prijswijzigingen voorbehouden.

DASH is published twice times a year. For subscriptions please contact the administration. Subscriptions are renewed automatically. If you wish to cancel, please inform the administration in writing 4 weeks before the end of the subscription period. Prices are subject to change.

Abonnementen in Nederland en België
particulieren € 49,50
instellingen € 49,50
studenten € 45,00

Abonnementen Europa/
Subscriptions in Europe
particulieren/individuals € 59,50
instellingen/organisations € 59,50
studenten/students € 52,50

Abonnementen buiten Europa/ Subscriptions outside Europe
particulieren/individuals € 59,50
instellingen/organisations € 59,50
studenten/students € 52,50

ISSN 1877-7007
ISBN 978-90-5662-717-1